O Paradoxo da Prosperidade

TAMBÉM DA AUTORIA DE CLAYTON CHRISTENSEN
The Innovator's Solution
The Innovator's Prescription
Inovação na Sala de Aula
A Universidade Inovadora
O Dilema da Inovação
DNA do Inovador
Seeing What's Next

Com Karen Dillon
Como Avaliar Sua Vida?
Muito Além da Sorte

Clayton M. Christensen
Efosa Ojomo e Karen Dillon

O Paradoxo da Prosperidade

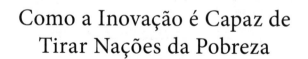

Como a Inovação é Capaz de
Tirar Nações da Pobreza

Rio de Janeiro, 2019

O Paradoxo da Prosperidade
Copyright © 2019 da Starlin Alta Editora e Consultoria Eireli. ISBN: 978-85-508-1023-2

Translated from original The Prosperity Paradox. Copyright © 2019 by Clayton M. Christensen, Efosa Ojomo and Karen Dillon. ISBN 9780062851826. This translation is published and sold by permission of HarperCollins Publishers, the owner of all rights to publish and sell the same. PORTUGUESE language edition published by Starlin Alta Editora e Consultoria Eireli, Copyright © 2019 by Starlin Alta Editora e Consultoria Eireli.

Todos os direitos estão reservados e protegidos por Lei. Nenhuma parte deste livro, sem autorização prévia por escrito da editora, poderá ser reproduzida ou transmitida. A violação dos Direitos Autorais é crime estabelecido na Lei nº 9.610/98 e com punição de acordo com o artigo 184 do Código Penal.

A editora não se responsabiliza pelo conteúdo da obra, formulada exclusivamente pelo(s) autor(es).

Marcas Registradas: Todos os termos mencionados e reconhecidos como Marca Registrada e/ou Comercial são de responsabilidade de seus proprietários. A editora informa não estar associada a nenhum produto e/ou fornecedor apresentado no livro.

Impresso no Brasil — 1ª Edição, 2019 — Edição revisada conforme o Acordo Ortográfico da Língua Portuguesa de 2009.

Publique seu livro com a Alta Books. Para mais informações envie um e-mail para autoria@altabooks.com.br

Obra disponível para venda corporativa e/ou personalizada. Para mais informações, fale com projetos@altabooks.com.br

Produção Editorial	**Produtora Editorial**	**Marketing Editorial**	**Vendas Atacado e Varejo**	**Ouvidoria**
Editora Alta Books	Juliana de Oliveira	marketing@altabooks.com.br	Daniele Fonseca Viviane Paiva	ouvidoria@altabooks.com.br
Gerência Editorial Anderson Vieira		**Editor de Aquisição** José Rugeri j.rugeri@altabooks.com.br	comercial@altabooks.com.br	

Equipe Editorial	Adriano Barros Bianca Teodoro Ian Verçosa Illysabelle Trajano	Kelry Oliveira Keyciane Botelho Larissa Lima Leandro Lacerda	Livia Carvalho Maria de Lourdes Borges Paulo Gomes	Thales Silva Thauan Gomes Thiê Alves
Tradução Bruno Menezes	**Copidesque** Ana Gabriela Dutra	**Revisão Gramatical** Wendy Campos Hellen Suzuki	**Diagramação** Lucia Quaresma	

Erratas e arquivos de apoio: No site da editora relatamos, com a devida correção, qualquer erro encontrado em nossos livros, bem como disponibilizamos arquivos de apoio se aplicáveis à obra em questão.

Acesse o site www.altabooks.com.br e procure pelo título do livro desejado para ter acesso às erratas, aos arquivos de apoio e/ou a outros conteúdos aplicáveis à obra.

Suporte Técnico: A obra é comercializada na forma em que está, sem direito a suporte técnico ou orientação pessoal/exclusiva ao leitor.

A editora não se responsabiliza pela manutenção, atualização e idioma dos sites referidos pelos autores nesta obra.

Dados Internacionais de Catalogação na Publicação (CIP) de acordo com ISBD

C554p   Christensen, Clayton M.
           O Paradoxo da Prosperidade: como a inovação é capaz de tirar nações da pobreza / Clayton M. Christensen, Efosa Ojomo, Karen Dillon ; tradução de Bruno Menezes. - Rio de Janeiro : Alta Books, 2019.
           352 p. : il. ; 17cm x 24cm.

           Tradução de: The Prosperity Paradox
           Inclui índice e anexo.
           ISBN: 978-85-508-1023-2

           1. Administração. 2. Inovação. 3. Prosperidade. I. Ojomo, Efosa. II. Dillon, Karen. III. Menezes, Bruno. IV. Título.

2019-1343   CDD 658.4063
                                         CDU 658.011.4

Elaborado por Vagner Rodolfo da Silva - CRB-8/9410

Rua Viúva Cláudio, 291 — Bairro Industrial do Jacaré
CEP: 20.970-031 — Rio de Janeiro (RJ)
Tels.: (21) 3278-8069 / 3278-8419
www.altabooks.com.br — altabooks@altabooks.com.br
www.facebook.com/altabooks — www.instagram.com/altabooks

Sumário

Agradecimentos .... *vii*

Prefácio .... *xxi*

SEÇÃO 1
O PODER DAS INOVAÇÕES CRIADORAS DE MERCADO / 1

Capítulo 1 Uma Introdução ao Paradoxo da Prosperidade *3*

Capítulo 2 Nem Todas as Inovações São Criadas da Mesma Forma *17*

Capítulo 3 Na Dificuldade É que Existe a Oportunidade *43*

Capítulo 4 Estratégias Pull e Push *71*

SEÇÃO 2
COMO A INOVAÇÃO CRIOU PROSPERIDADE PARA MUITOS / 95

Capítulo 5 História de Inovação dos EUA *97*

Capítulo 6 Como o Oriente Encontrou o Ocidente *127*

Capítulo 7 O Problema de Eficiência do México *151*

SEÇÃO 3
A SUPERAÇÃO DE BARREIRAS / 175

Capítulo 8 Boas Leis Não São Suficientes...177

Capítulo 9 A Corrupção Não É o Problema; É a Solução.................................201

Capítulo 10 Se Você Construir, Pode Ser que Eles Não Venham.....................229

SEÇÃO 4
E AGORA? / 253

Capítulo 11 Do Paradoxo da Prosperidade ao Processo da Prosperidade.......255

Apêndice O Mundo sob Novas Perspectivas..273

Índice..309

Sobre os Autores 315

Agradecimentos

Clayton Christensen: Além da Prosperidade

A Coreia do Sul era um país muito pobre quando eu o deixei para retornar aos Estados Unidos em 1973. A taxa de mortalidade de crianças com menos de cinco anos era muito alta e as pessoas simplesmente não viviam até uma idade avançada. Lembro-me de amigos e conhecidos que se esforçavam para proporcionar até mesmo a vida mais miserável para suas famílias. Eu fui profundamente transformado pelos meus anos no país; deixei metade do meu coração na Coreia do Sul, determinado a encontrar uma maneira de ajudar meus amigos a sair da pobreza desesperadora à qual se acostumaram.

Contudo, por mais implacável que seja a imagem da nação, minha impressão mais duradoura foi algo muito diferente, de felicidade. Lembro-me de ter encontrado um de nossos amigos, que chamamos de irmão Yoo, no alto das colinas de Ulsan, puxando um carrinho atrás dele. Ele nos disse que estava em processo de mudança de apartamento, e nos oferecemos para arregaçar as mangas e ajudá-lo. Com um sorriso, ele apontou para o carrinho atrás dele e disse: "Isso é tudo o que temos". Nele estavam todos os pertences de sua família, tão poucos que ele conseguia facilmente levar as coisas de sua esposa e seu bebê sozinho. Muitas das pessoas que conheci pareciam ter essa alegria inexplicável que não dependia de quanto tinham. Havia algumas posses materiais, mas suas vidas eram enriquecidas por amigos e familiares.

Hoje em dia, quando visito a Coreia do Sul, quase não há sinais evidentes da pobreza generalizada que originalmente associei ao país. Fico feliz em informar que a nação praticamente erradicou a mortalidade infantil (agora apenas 2,9 a cada 1.000 nascimentos; a dos EUA é 5,6) e a expectativa de vida aumentou para mais de 82 anos. Igualmente impressionante é o crescimento econômico — entre 1973 e 2017, o PIB per capita do país cresceu quase 6700%, de cerca de US$406 para US$27.539 em 2016. Isso é um crescimento anual composto de 10,3% ao longo de 43 anos — uma taxa de crescimento, década após década, que emocionaria qualquer empresa e ainda mais um país. Por causa de todas essas melhorias, a Coreia do Sul foi capaz de se transformar de uma nação "em desenvolvimento" para uma que não apenas sediou as Olimpíadas — duas vezes —, mas também que agora financia projetos assistenciais em muitos países de baixa renda.

O país é hoje o lar de inúmeras marcas globais renomadas que projetam e fabricam produtos sofisticados, que incluem carros, smartphones e grandes navios. A Coreia do Sul tem exito até mesmo em exportar sua cultura (pergunte ao seu filho adolescente sobre o K-pop ou folheie as páginas de uma revista de moda para ver a influência da moda coreana) para países de todo o mundo.

A nação resolveu seu problema de prosperidade. Contudo, receio que possa ter adquirido alguns novos ao longo do processo.

A taxa de suicídio no país é chocantemente alta: uma média de 29,1 pessoas a cada 100.000 em 2012, cerca de 2,5 vezes maior do que a média da OCDE. A nação também tem a maior taxa de hospitalização por doença mental entre os países da OCDE, com mais de 2 milhões de pessoas sofrendo de depressão anualmente (e ainda mais desolador é o fato de que apenas 15 mil optam por tratamento regular para a doença, devido a estigma social e pressão familiar). A Coreia do Sul é comumente classificada como tendo um dos melhores sistemas educacionais do mundo — e o país tem investido pesado nisso —, mas a pressão sobre os estudantes para que apresentem bom desempenho resultou em um debate nacional sobre o custo humano dessas altas expectativas.

Queremos deixar claro que desejamos prosperidade para o mundo, mas ela, por si só, não resolve todos os problemas de uma sociedade e nem nossos problemas pessoais. Como Robert Kennedy disse uma vez: o PIB não registra "a beleza de nossa poesia ou a força de nossos casamentos, ou a inteligência de nosso debate público...". O PIB mede tudo, "exceto o que faz a vida valer a pena".

Espero que em nossa luta para tornar o mundo um lugar melhor, nunca esqueçamos do que mais importa. Para mim, é construir minha vida em torno do desejo de ajudar as pessoas, uma meta que serviu de base para meu papel como professor, como colega e como amigo. E o mais importante, continuo minha busca para conhecer Deus mais profundamente.

Ao compartilhar nosso pensamento com você, eu, Efosa e Karen esperamos ajudá-lo também.

Trabalhar lado a lado com Karen Dillon e Efosa Ojomo foi uma experiência encantadora. Verdadeiramente encantadora. Escrevemos este livro como uma equipe, embora cada um de nós tenha desempenhado papéis importantes. A capacidade de Efosa de dominar e sintetizar as contribuições da universidade e dos profissionais para esse complexo assunto — uma pesquisa profunda e ampla — e, então, compreender como nosso pensamento aqui se encaixa foi a base deste livro. Seu papel foi entender os corações e as mentes da África, Ásia e das Américas, tanto do passado quanto do presente, simultaneamente, e dar vida a esse conhecimento, primeiro em sua própria pesquisa e depois nestas páginas. Sua compreensão de partes do mundo que eu nunca conheci, exceto de maneira superficial, é bastante notável. Ainda lembro exatamente onde Efosa se sentava na minha aula há alguns anos — da segunda à última fileira à esquerda, no fundo da sala. Ninguém jamais ocupou aquela cadeira com o mesmo prazer e compreensão que ele trouxe à minha aula. Eu acreditava que Efosa estava entre os meus alunos mais promissores na época, e seu trabalho neste livro provou como eu estava certo. Como parceiro e colaborador, ele superou todas as minhas expectativas.

Esta é a terceira vez que tenho o prazer de colaborar com Karen em um livro, e cada vez mais aprecio suas contribuições. Nesse projeto, ela conduziu nossas reuniões ao fazer perguntas, ouvir atentamente minhas respostas, contestar e incitar o que respondíamos. Karen então conseguiu transformar pensamentos complexos em considerações claras e poderosas ao mesmo tempo. Ela escreve por meio da compreensão de minha mente e meu coração e fez um belo trabalho ao captar ambos neste livro. Como escritora, ela é insuperável. Karen realmente tem sido uma parceira de reflexão, colaboradora e amiga inestimável. Eu sinto muito por quem não tem a chance de trabalhar com ela.

Também quero agradecer às muitas pessoas que nos auxiliaram neste projeto. Começarei por meus amigos na Coreia do Sul, na década de 1970, particularmente o Presidente Edward e a irmã Carol Brown, que ajudaram a suscitar meu interesse inicial pelas questões concernentes à prosperidade.

À medida que discutimos e compartilhamos essas ideias em sala de aula, meus alunos se tornaram meus maiores professores. Sinto-me satisfeito ao ver como eles usaram essas ideias em seu próprio trabalho (os fundadores da IguanaFix e das Clinicas del Azúcar, por exemplo, tiveram contato com essas reflexões pela primeira vez, enquanto alunos de Cambridge e as utilizaram para moldar suas inovações criadoras de mercado) e como suas experiências, por sua vez, ajudaram a formular e refinar nosso pensamento.

Meus colegas da Harvard Business School que ministram o curso de BSSE, Willy Shih, Steve Kaufman, Chet Huber, Derek van Bever, Rory McDonald, Raj Chowdhury, VG Narayanan e Ray Gilmartin, têm sido uma fonte inestimável de apoio e feedback. O reitor Nohria, que nos conduz, tem sido um constante apoiador da minha pesquisa e um amigo querido. O professor Roberto Unger, da Harvard Law School, com quem tenho compartilhado com frequência reflexões sobre como usamos a disrupção para elevar o potencial humano, tem sido fonte de inspiração e pensamento provocativo. Howard Yu, meu ex-aluno de doutorado, demonstrou o poder dos "mergulhos profundos", que influenciaram esse trabalho. Entre meus mentores originais, cuja liderança e apoio valorizo imensamente, estão Kim Clark, que me ensinou como fazer pesquisa, Kent Bowen, que me ensinou a lecionar, e Steve Wheelright, que foi um guia constante enquanto eu estabelecia meu caminho na universidade.

A equipe do Fórum de Crescimento e Inovação da Harvard Business School, liderada por Derek van Bever, tem sido uma fonte inestimável de apoio e liderança de pensamento, inclusive ao permitir que trabalhemos em colaboração com Nate Kim, que nos proporcionou inúmeras horas de assistência à pesquisa e pensamento crítico à medida que coletamos informações de todo o mundo, e

Pooja Venkatraman, cujo trabalho paralelo sobre inovações criadoras de mercado e mercados de capital foi importante para moldar nossas ideias. Clare Stanton ajudou a organizar e coordenar grande parte dos esforços do Fórum para que apresentássemos nosso trabalho no campus, o que nos favoreceu imensamente.

Também quero agradecer aos meus colegas e queridos amigos do Christensen Institute e da Innosight, particularmente Michael Horn, meu cofundador, e Scott Anthony, meu sócio majoritário, que dedicaram horas de reflexão para fornecer um feedback indispensável para este trabalho. Sou grato pelo seu apoio e sua amizade, e este livro ficou melhor por causa de vocês. Agradeço verdadeiramente à TCS e à Li & Fung por serem apoiadoras valiosas de nossos maiores esforços de pesquisa no Christensen Institute.

Tive a sorte, na verdade, de ter o apoio de uma equipe excepcional na Harvard Business School, incluindo Cliff Maxwell, meu incansável chefe de equipe, que tem sido meu parceiro em tantos trabalhos importantes no último ano. Sua mente afiada, o retoque de edição hábil e o sincero desejo de fazer um trabalho que torna o mundo um lugar melhor foram uma enorme dádiva para este projeto. Seu antecessor, Jon Palmer, que agora está fazendo seu próprio doutorado na HBS, foi um dos mais fortes apoiadores originais deste trabalho, e agradecemos pelas horas e horas de pensamento e energia que ele dedicou para nos ajudar a dar vida a este livro. Brittany McCready, minha assistente, magicamente manteve tudo sob controle, e sou grato por seu apoio neste e em todos os outros projetos que, com tranquilidade, permitiu que dessem certo. Antes de Brittany, havia Emily Snyder, que continuou a torcer por este trabalho, mesmo depois de deixar a HBS para cursar seu próprio MBA na Columbia Business School. Também sou grato por ter a maravilhosa Erin Wetzel ao meu lado.

Tive a sorte de trabalhar com uma excelente equipe na HarperCollins ao longo dos anos, incluindo Hollis Heimbouch, meu editor e colaborador de longa data, que realmente melhorou tudo que publiquei. Danny Stern, meu agente de longa data, e sua excelente equipe da Stern Strategy, que inclui Ned Ward, Kristen Soehngen Karp e Ania Trzepizur, nos forneceram apoio constante e orientação competente.

A família Christensen está entre os meus parceiros mais importantes no que diz respeito à reflexão e apoio — neste livro e em todo o meu trabalho nas últimas décadas. Quero agradecer a Matthew e Liz, Ann, Michael, Spencer, Channing e Katie por seu interesse incansável em me ajudar a refinar meu pensamento e por realizarem o trabalho que ajudará a tornar o mundo um lugar melhor. Minha esposa, Christine, e eu estamos orgulhosos de seu sucesso em suas próprias vidas e carreiras — em parte porque eles usaram as teorias sobre administração que foram aperfeiçoadas nas discussões em casa. Além disso, Christine e eu estamos ainda mais orgulhosos de que todos os dias eles se lembram do motivo pelo qual Deus nos enviou a essa terra.

E, finalmente, para minha esposa, Christine, que realmente tem sido minha parceira mais essencial em tudo que já importou na minha vida. Ela leu e revisou todos os livros que já escrevi, mas acho que neste ela foi além. Tanto sua mente quanto seu coração estiveram realmente envolvidos neste trabalho, e seu toque se reflete em todas as páginas. Ela fez tudo isso enquanto me ajudava em alguns problemas de saúde desafiadores nos últimos anos. Considero-me feliz por ter Christine ao meu lado, e meu trabalho — e minha vida — tem sido melhor por isso.

Efosa Ojomo: Além do Sonho Americano

Há 20 anos, não passei no vestibular da universidade na Nigéria. Duas vezes. Entretanto, como Deus gostaria, tive a sorte de ser admitido em uma faculdade nos Estados Unidos. E assim, em agosto de 2000, me mudei para cursar a faculdade e conseguir minha fatia do sonho americano. Nunca pretendi voltar para a Nigéria e, por muito tempo, nem sequer visitei o país. Eu me formei, consegui um emprego, comprei uma casa e um SUV. Estava indo bem no meu caminho para realizar o sonho americano que tinha ouvido tanto falar. Então, em 2008, nas páginas de *The White Man's Burden*, do professor William Easterly, da NYU, conheci Amaretch.

Em uma noite fria de fevereiro em Wisconsin, li sobre Amaretch — uma garota etíope de dez anos — cuja história instantaneamente mudou a trajetória da minha vida. Depois de saber que ela tinha que acordar todo dia às 3h, buscar lenha e vendê-la no mercado, pedi a alguns amigos que me ajudassem a começar a Poverty Stops Here. O que nos faltava em competência e experiência, compensamos em dedicação e paixão. Depois de levantar algumas centenas de milhares de dólares, percebi que o problema era muito mais complexo do que eu pensava inicialmente. E assim, em 2013, fui para a Harvard Business School aprender como os negócios podem contribuir na erradicação da pobreza. Foi lá que conheci o professor Clayton Christensen.

CLAY: Poucas pessoas que conheci que são tão brilhantes e gentis quanto o professor Christensen. Ele tem a capacidade de mudar não apenas o modo como você vê o mundo, mas também como você enxerga a si mesmo e seu potencial. Conheci Clay quando fiz o curso Building and Sustaining a Successful Enterprise [Construindo e Mantendo uma Empresa de Sucesso, em tradução livre], e fiquei instantaneamente fascinado por sua disposição em ajudar todos a se tornarem uma versão melhor de si mesmos. Sua dedicação ao ensino só é superada pela afeição genuína que nutre por seus alunos. Depois de frequentar suas aulas, foi fácil tomar a decisão de trabalhar para ele. Para mim, este livro é o ápice de um processo de três anos de reflexão, escrita e aperfeiçoamento de nossas ideias. Para ele, representa uma jornada de três décadas para tornar este mundo um lugar melhor. Clay acreditou em mim o suficiente para me levar nessa jornada especial e sou eternamente grato por isso. Ele ampliou meu pensamento quando achei que tínhamos encontrado uma resposta para uma pergunta urgente. Ele teve paciência enquanto trabalhávamos no aprimoramento da mensagem do *Paradoxo da Prosperidade*. E todos os dias em que nos encontrávamos ele era simplesmente gentil. Agradecer a uma pessoa assim não é fácil. Além da minha família, Clay teve o impacto mais profundo em minha vida. Ele é meu professor e meu mentor, mas, acima de tudo, ele é meu amigo. E, para Christine, muito obrigado pelas incontáveis horas que dedicou para ler e nos dar um feedback inestimável.

KAREN: Escrever um livro é como correr uma maratona, pois pode demorar um pouco. Nesse processo, entre momentos de excitação e descoberta, houve instantes de dúvida e ansiedade. A parceria de Karen foi essencial para que este livro e as ideias atravessassem a linha de chegada. Sua capacidade de questionar, simplificar conceitos e enfatizar partes de uma história para impactar os leitores é realmente incomparável. Ela estava sempre pronta para dedicar seu tempo e a si mesma em benefício deste livro. Karen tem sido uma verdadeira parceira nesse processo, porém, mais importante, se tornou "família". Eu sou muito grato a ela.

NATE KIM dedicou incontáveis horas para fornecer pesquisas e edições excelentes que tornaram este livro mais forte. Ele tem uma grande capacidade de simplificar conceitos complexos para torná-los acessíveis a todos os públicos. A ajuda de Nate neste projeto foi realmente fundamental para que escrevêssemos o melhor livro possível.

ANN CHRISTENSEN, minha gerente, me faz a mesma pergunta toda semana desde que comecei a trabalhar no Christensen Institute: "Como posso ser mais útil para você?" Ann não apenas tornou a escrita deste livro prazerosa, mas também fez com que trabalhar fosse uma alegria. Por todos os sacrifícios que faz por nós, obrigado, Ann.

CLIFF MAXWELL, que atua como chefe de gabinete do professor Christensen, leu esse livro quase tantas vezes quanto nós e nos forneceu um feedback inestimável. Até o momento final, Cliff ainda estava nos ajudando a refinar nosso pensamento. Carinhosamente nos referimos a ele como nosso quarto autor.

BRITTANY MCCREADY, assistente do corpo docente de Clay, foi fundamental para nos ajudar a manter o andamento do processo à medida que escrevíamos este livro. Ela sempre foi encorajadora e nos manteve animados.

JON PALMER teve a brilhante ideia de "recrutar" Karen para se juntar a nós neste projeto, além de ler gentilmente os primeiros manuscritos. Seu talento editorial é realmente inigualável. Obrigado por nos ajudar a melhorar este livro.

Embora **EMILY SNYDER** tenha saído para cursar seu MBA na Columbia, a cultura e a estrutura que ela estabeleceu para apoiar o trabalho de Clay ainda estão presentes e foram essenciais para garantir que fizéssemos o melhor possível.

SCOTT ANTHONY E MICHAEL HORN forneceram o feedback que praticamente mudou a direção deste livro. Eles leram rascunhos preliminares de todos os capítulos (incluindo nossas muitas notas de rodapé ☺) e foram gentis o suficiente para dedicar seu tempo na explicação do feedback. Estamos em dívida com vocês.

COLEGAS DO CHRISTENSEN INSTITUTE — Ruth Hartt, David Sundahl, Horace Dediu, Spencer Nam, Ryan Marlin, Alana Dunagan, Aroop Gupta, Subhajit Das, Jenny White, Rebecca Fogg, Julia Freeland Fisher, John George, Tom Arnett, Chandrasekar Iyer, Richard Price, John Riley, Meris Stansbury, Parthasarathi Varatharajan — trabalhar com todos vocês é verdadeiramente uma das alegrias da minha vida. Sua dedicação para tornar o mundo um lugar melhor me encoraja a progredir a cada dia.

Gostaria de agradecer especialmente a **HAYDEN HILL** e **CHRISTINA NUNEZ** pela leitura dos primeiros manuscritos e por fornecer um excelente feedback.

POOJA SINGHI E TERRENS MURADZIKWA, dois dos estudantes universitários mais brilhantes com os quais já interagi, forneceram um feedback perspicaz e fizeram uma excelente pesquisa que ajudou a melhorar as ideias do livro.

MINHA FAMÍLIA DA POVERTY STOPS HERE — Jeremy e Amanda Akins, Ranjit e Sneha Mathai, Donald e Grace Ogisi, Terry e Mary Claire Esbeck, Jeff Meisel, Ese Efemini e Femi Owoyemi — há dez anos vocês tiveram a chance de criar a PSH. Sua crença de que poderíamos criar um mundo melhor para aqueles em situações difíceis continua a me motivar até hoje.

MINHA FAMÍLIA DA IGREJA — Pastor Chris e Becky Dolson, Jason e Veronica Zhang, Lee-Shing Chang, Bright Amudzi e o meu City on a Hill Community Group — vocês me apoiaram em alguns dos dias mais difíceis que tive nos últimos tempos. Vocês oraram por mim, tiveram esperança em mim e me ajudaram a me tornar uma versão melhor de mim mesmo. Vocês me lembraram da importância de Cristo. Obrigado. Para Priscila Samuel, que mudou minha vida de uma forma que ela sequer imagina, obrigada por sempre ser gentil.

MEUS AMIGOS DO FÓRUM DE CRESCIMENTO E INOVAÇÃO DA HBS — Derek van Bever, Pooja Venkatraman, Clare Stanton, Bryan Mezue, Tom Bartman, Katie Zandbergen e Tracy Horn — obrigado por seu apoio, seu rigor intelectual e por ajudar a divulgar a mensagem. Também quero agradecer a Taddy Hall, que nos apresentou vários empresários que descrevemos no livro.

HOLLIS HEIMBOUCH, nossa editora na HarperCollins, obrigado. Você não apenas acreditou em nós quando nossas ideias ainda estavam em formação, mas também nos ajudou a torná-las melhores.

AMY BERNSTEIN, da *Harvard Business Review*, obrigado por acreditar em mim. Você tem sido fundamental no meu crescimento como escritor.

Aos nossos amigos do **CENTER FOR INTERNATIONAL PRIVATE ENTERPRISE (CIPE)** e seus colegas — Toni Weis, Kim Bettcher, Brian Levy e Katrin Kuhlman — obrigado por ler rascunhos, fornecer feedback e nos ajudar a melhorar nossas ideias. Um agradecimento muito especial a Philip Auerswald, que leu todo o nosso manuscrito e proporcionou feedback e referências inestimáveis.

Para minha família — **PAI, MÃE, ESOSA, FEYI, EDEFE, EDEMA, GIGI E UYI** —, obrigado. Tudo o que sou devo ao amor duradouro e ao encorajamento incessante que vocês me deram. Obrigado aos meus pais por sempre acreditarem em mim. Esosa e Feyi (meu irmão e sua esposa), vocês são tão generosos quanto geniais e, por meio de inúmeras conversas, me ajudaram a pensar mais criticamente sobre muitas ideias neste livro. Seus lindos filhos — Gigi e Uyi — são uma constante fonte de inspiração para todos nós. Minhas duas irmãs — uma das quais tem um doutorado e a outra que está atualmente estudando para obter um — sabem muito bem o que é preciso para escrever. Nesse processo, vocês duas me ajudaram a fazer perguntas melhores e me lembraram de considerar o livro como um convite para uma conversa. Vocês sempre me apoiaram, mesmo quando isso teve um preço para vocês. Obrigado.

Acima de tudo, sou grato a Deus, responsável por conceder todas as minhas bênçãos.

Há 20 anos, eu fui para os Estados Unidos em busca do sonho americano. Fui para encontrar prosperidade pessoal. No entanto, tudo isso mudou. A vida, aprendi, não pode simplesmente ser sobre si mesmo. A vida necessariamente tem que ser sobre ajudar o máximo possível de pessoas no pouco tempo que todos nós temos aqui na Terra. É minha mais profunda esperança que você considere as palavras no *Paradoxo da Prosperidade* úteis para sua causa de tornar o mundo um lugar melhor. Obrigado.

Karen Dillon: Além da Preocupação

Dois anos atrás, minha filha Rebecca recebeu a tarefa de convidar um palestrante com uma "perspectiva única e inovadora" sobre o mundo para falar com sua classe no ensino médio. Quando ela me perguntou se eu conhecia alguém que se encaixasse nessa descrição, imediatamente pensei em Efosa Ojomo. Eu sabia que ele fazia pesquisas pertinentes sobre inovação e prosperidade no Christensen Institute, embora apenas o suficiente para sugerir que Rebecca o procurasse. Tendo cumprido o meu "dever de mãe", me eximi da situação. No dia em que ele foi dar a palestra na sala dela, no entanto, fui atraída de volta. Naquela noite, ao longo do jantar, tivemos uma conversa entusiasmada sobre o discurso de Efosa para os alunos. Eu sabia o quão difícil era a situação nos EUA apenas algumas gerações atrás? Eu sabia dos poços de Efosa? Eu sabia sobre a inovação que acontecia nos lugares mais improváveis do mundo? Minha filha de 16 anos foi cativada por suas ideias, e agora, eu também.

No início de 2018, a revista científica *Nature* publicou os resultados de dois estudos de pesquisa sobre o progresso que está sendo feito em relação à nutrição infantil precária e aos baixos níveis de educação em 51 países da África. Os estudos avaliaram, em detalhes extraordinários, quão próximo cada país africano está de atingir a meta da ONU de acabar com a desnutrição infantil. As descobertas apresentadas na *Nature* eram deprimentes: não só nenhum país cumpriu o objetivo inicial do Desenvolvimento do Milênio de 2015 de erradicar a fome, como também não se esperava que nenhum deles o atingisse até 2030. Simon Hay, um dos autores dos artigos publicados na *Nature*, sugeriu que a meta global da ONU era meramente "ambiciosa" e que a pretensão específica de erradicar a desnutrição infantil, segundo ele, "está muito, muito distante".

Essa conclusão é desoladora para mim. Mais de 30 anos atrás, eu era um dos milhões de adolescentes colados à televisão para assistir à transmissão ao vivo do concerto do Live Aid, que apresentou uma reunião sem precedentes das maiores estrelas do rock do mundo que levantaram milhões de dólares para ajudar a alimentar as pessoas famintas na África. Memorizamos a letra de "Feed the World", telefonamos para fazer doações e nos convencemos de que, se nos importássemos o suficiente, poderíamos ajudar a mudar o mundo.

Minhas duas filhas estão agora mais ou menos na mesma idade que eu tinha naquela época, e é dolorosamente claro que não houve mudança. Contudo, recuso-me a ver a geração delas mergulhar lentamente no mesmo desespero — ou, pior, indiferença — que acometeu as gerações anteriores. Preocupar-se não é suficiente. Precisamos de novas ferramentas, novas armas. Com este livro, Clay, Efosa e eu nos juntamos à luta. Ao compartilhar nossas melhores ideias, contestar e incitar a sabedoria convencional, e incentivar uma nova perspectiva para problemas antigos, esperamos que motivemos você a fazer o mesmo.

Foi um dos privilégios da minha vida colaborar com Clayton Christensen. Este é agora o nosso terceiro livro juntos, e eu nunca deixo de apreciar a dádiva de trabalhar em estreita colaboração com um dos acadêmicos mais respeitados do mundo. Porém, muito mais importante do que isso, tive a oportunidade de colaborar com o homem verdadeiramente bom por trás da merecida reputação. Nosso trabalho em conjunto e a profunda amizade que desenvolvemos ao longo desses anos são inestimáveis para mim. Você realmente mudou minha vida.

Efosa Ojomo: foi uma alegria absoluta ser sua parceira neste livro. Você me inspirou de muitas maneiras ao longo de nossa colaboração. Você não é apenas genial, mas também é realmente gentil, uma combinação extremamente rara nos dias de hoje. Para mim, um dos melhores benefícios desse projeto é a maravilhosa amizade que estabelecemos nos dias, semanas e meses de dedicação ao que nos preocupamos profundamente. Você foi mais que um parceiro; se tornou família. Sei que os poços que você queria tão desesperadamente devolver à Nigéria não resistiram, mas espero que de alguma forma este livro se torne seu primeiro "poço" duradouro — uma ideia que pode ajudar muito mais pessoas. Mal posso esperar para ver as grandes realizações que você tem para oferecer ao mundo nos próximos anos.

Para o chefe de gabinete de Clay, Cliff Maxwell, não poderíamos ter desejado um parceiro mais favorável nesse processo. Você se importou tanto quanto nós com este livro; nos ofereceu seu melhor pensamento, nos desafiou e suas edições ajudaram a elevar esse trabalho a outro nível. Somos todos gratos a você. Christine Christensen, que é gentil e acolhedora, foi uma das nossas mais fortes apoiadoras deste projeto, e sou muito grata pelo seu trabalho. E, para a extraordinariamente engenhosa Brittany McCready, um sincero agradecimento por estar sempre presente quando precisávamos de você, fosse com um spray de cabelo em uma sessão de fotos, mantendo o andamento do projeto, ou apenas fazendo-nos rir. Você foi uma alma gêmea durante todo esse processo. Nate Kim, eu sabia que sua pesquisa para este livro seria inestimável; contudo, a maravilhosa surpresa foi descobrir o quão ótimo editor e escritor você é. Se lêssemos este livro com um marcador e destacássemos todas as partes em que você foi fundamental, as páginas estariam cobertas de amarelo. Obrigada pela sua total dedicação.

Para Jon Palmer, que gentilmente me convenceu a olhar o trabalho de Efosa nos primeiros dias e dedicou horas de seu próprio tempo para fornecer feedback sobre este livro, tenho com você uma enorme dívida de gratidão. Você tem sido um verdadeiro parceiro e amigo. Scott Anthony e Michael Horn, duas das pessoas mais inteligentes que conheço, nos deram insights inestimáveis sobre os primeiros rascunhos deste trabalho, e o livro é muito mais forte devido a eles. Fomos beneficiados por muitas outras mentes brilhantes ao longo do caminho, incluindo Ann Christensen, Pooja Venkatraman, Hayden Hill, Christina Nunez, Karen Player, Khuyen Bui e Stephanie Gruner. Mallory Dwinal-Palisch foi uma leitora inicial extremamente valiosa, que trabalhou com entusiasmo em todo o manuscrito entre as horas em que ajudava a tornar o mundo um lugar melhor na Oxford Day Academy. Charlene Bazarian, você tem sido uma das minhas armas secretas nos últimos anos, me inspirando diariamente com seu espírito incansável. Pode ainda não ser o ápice de nossa jornada, mas considere meu sincero agradecimento. Aos meus amigos, próximos e distantes, que me encorajaram quando mergulhei de cabeça neste livro, agradeço seu apoio incondicional.

Danny Stern, Ania Trezpizur, Ned Ward, Kristen Soehngen Karp e toda a equipe da Stern Strategy ofereceram orientação e incentivo constantes durante todo esse processo e estou muito grata por vocês serem parte do nosso time. Somos extremamente afortunados por ter tido a orientação do talentoso Hollis Heimbouch, nosso antigo editor na HarperCollins, que deu um salto de fé conosco neste livro. Hollis é o equilíbrio perfeito entre forçar e atrair como editor, garantindo que lhe entreguemos nosso melhor trabalho. Sua colega Rebecca Raskin também foi uma aliada inestimável à medida que nos esforçávamos para finalizar este livro.

Para Rob Lachenauer e todos os meus colegas da BanyanGlobal Family Business Advisors: vocês têm sido motivo de muita felicidade ao me receberem, me desafiarem a aprender e crescer, e me lembrarem de que trabalhar junto com colegas de primeira classe é um presente. É uma honra fazer parte da equipe.

Para meus pais, Bill e Marilyn Dillon, que incutiram em mim um sentimento de compaixão pelos outros, lhes devo uma enorme dívida de gratidão por seu apoio incansável e vitalício. Minha amada mãe, Marilyn, revisou todos os livros que eu já escrevi, e conto com seu olhar afiado para melhorar o meu trabalho. Meu irmão, Bill Dillon, e minha irmã, Robin Ardito, estão entre os meus mais fervorosos apoiadores, possibilitando que eu me concentrasse neste livro ao cuidar das responsabilidades de nossa família. Eu amo todos vocês mais do que palavras podem expressar.

Para minhas filhas, Rebecca e Emma, que eu sei que encontrarão suas próprias maneiras de tornar o mundo um lugar melhor nos próximos anos, sou grata por seu apoio e interesse sempre que eu discutia entusiasticamente cada nova descoberta de pesquisa para este livro. Ser sua mãe tem sido a maior alegria da minha vida. Vocês sempre me inspiraram a fazer o trabalho que importa, e espero que com este livro eu faça vocês se sentirem orgulhosas. E ao meu marido, Richard, que tem sido, dia após dia, um ávido observador de insights e exemplos para este livro, meu parceiro de pensamento mais confiável e meu melhor amigo: podemos não resolver todos os problemas do mundo em nossas longas caminhadas, mas com certeza tentaremos da melhor forma. Não poderia ter um parceiro melhor para compartilhar minha vida.

Prefácio

No início dos anos 1970, passei dois anos como missionário mórmon na Coreia do Sul, uma das nações mais pobres da Ásia na época. Lá testemunhei, em primeira mão, os efeitos devastadores da pobreza: perdi amigos para doenças evitáveis, vi famílias inteiras, dia após dia, tendo que fazer escolhas impossíveis entre colocar comida na mesa, prover educação aos seus filhos ou dar suporte aos mais idosos. O sofrimento era parte do cotidiano. Essa experiência me deixou tão comovido que, ao receber uma Bolsa Rhodes para Oxford, decidi estudar o desenvolvimento econômico, com enfoque na Coreia do Sul. Tinha a esperança de que essa iniciativa me concedesse um cargo no Banco Mundial, lugar no qual tentaria ajudar a resolver os problemas que vira no tempo em que passei na Coreia do Sul. Entretanto, no ano em que quis fazer parte da instituição, o Banco Mundial já não estava mais contratando norte-americanos. Essa porta foi fechada para mim. Foi aí que, nas reviravoltas do destino, acabei estudando a área de negócios em Harvard. No entanto aquelas imagens assombrosas daquele país empobrecido permaneciam na minha mente.

Fico feliz em dizer que, atualmente, quando visito a Coreia do Sul, o país não guarda semelhança alguma com aquele do meu passado. Desde as décadas em que vivi lá, o país tornou-se não apenas um dos mais ricos do mundo, mas também passou a integrar as respeitadas nações da Organização para Cooperação e Desenvolvimento Econômico (OCDE), deixando de ser um receptor de ajuda externa e passando a ser um doador.[1] Fareed Zakaria, jornalista norte-americano, chegou a chamar a Coreia do Sul de "o país de maior sucesso no mundo".[2] Impossível não concordar. A transformação dessa nação em apenas algumas décadas é no mínimo milagrosa.

Infelizmente, uma transformação tão significativa não foi possível para muitas outras nações que se assemelhavam à Coreia do Sul há algumas décadas. Em contrapartida, Burundi, Haiti, Níger, Guatemala e muitos outros países extremamente pobres na década de 1970 ainda permanecem da mesma forma. As questões que originalmente despertaram meu interesse em ajudar a Coreia do Sul anos atrás continuaram me incomodando por décadas. Por que alguns países encontram o caminho para a prosperidade, enquanto outros definham na pobreza profunda?

A verdade é que a prosperidade é um fenômeno relativamente recente em grande parte dos países. A maioria das nações ricas nem sempre foi próspera. Pensemos, por exemplo, nos Estados Unidos. Talvez tenhamos esquecido o longo caminho percorrido por esse país. Não faz muito tempo que essa nação era extremamente pobre, repleta de corrupção e governada de maneira caótica. Em quase todos os dados de análise, na década de 1850, os Estados Unidos estavam mais empobrecidos do que a Angola, a Mongólia ou o Sri Lanka dos dias de hoje.[3] A mortalidade infantil na época era de aproximadamente 150 mortes por 1.000 partos — 3 vezes pior do que a taxa de mortalidade infantil da África subsaariana em 2016.[4] A sociedade norte-americana naquela ocasião — com falta de instituições e infraestruturas estáveis — não se parecia em nada com o que é atualmente. No entanto é exatamente por isso que a história dos EUA oferece esperança às nações pobres ao redor do mundo. Encontrar um caminho para sair da pobreza é possível. A questão é *como*.[5]

Por décadas estudamos como conter a pobreza e desenvolver o crescimento econômico nos países pobres, e observamos algum progresso real. A taxa de pobreza extrema global, por exemplo, diminuiu de 35,3% em 1990 para 9,6% em 2015.[6] Isso representa mais de 1 bilhão de pessoas sendo retiradas da pobreza desde 1990. No entanto, por mais impressionante que essa estatística possa ser, uma falsa sensação de progresso pode estar sendo apresentada. Entre o número estimado de 1 bilhão de pessoas que foram retiradas da pobreza, a maioria — aproximadamente 730 milhões — tem origem em um país em especial: China. Esse país asiático conseguiu reduzir sua taxa de pobreza extrema de 66,6% em 1990 para menos de 2% nos dias de hoje.[7] Sem dúvida, isso impressiona. Em algumas regiões, no entanto, como na África subsaariana, o número de pessoas que vivem em extrema pobreza, na verdade, *aumentou* de maneira significativa.[8] Mesmo para aqueles que não estão tecnicamente vivendo em extrema pobreza, a sobrevivência ainda é muito precária.

Embora seja verdade que certamente tivemos algum progresso, parece não haver consenso sobre como erradicar a pobreza. Há sugestões que vão desde o reparo das péssimas infraestruturas sociais (incluindo educação, saúde, transporte, entre outras) até o aperfeiçoamento das instituições, o aumento da ajuda externa, a promoção do comércio exterior, entre outras ideias.[9] Porém mesmo aqueles que discordam sobre a solução apropriada certamente concordam com a avaliação de que o progresso tem sido lento demais.

País	Década de 1960	2015	% de mudança
1. Burundi	US$470	US$315	-33%
2. República Centro-Africana	US$677	US$339	-50%
3. Malawi	US$412	US$353	-14%
4. Gâmbia	US$773	US$384	-50%
5. Madagascar	US$1.108	US$393	-65%
6. Níger	US$1.196	US$403	-66%
7. Libéria	US$1.447	US$469	-68%
8. República Democrática do Congo	US$1.742	US$478	-73%
9. Togo	US$783	US$578	-26%
10. Afeganistão	US$698	US$615	-12%
11. Uganda	US$686	US$625	-9%
12. Serra Leoa	US$1.128	US$675	-40%
13. Benin	US$802	US$709	-12%
14. Senegal	US$2.003	US$935	-53%
15. Zimbábue	US$2.207	US$1.037	-53%
16. Costa do Marfim	US$1.545	US$1.319	-15%
17. Gana	US$1.632	US$1.401	-14%

País	Década de 1960	2015	% de mudança
18. Zâmbia	US$2.252	US$1.576	-30%
19. Venezuela	US$8.507	US$4.263	-50%
20. Kuwait	US$34.087	US$29.983	-12%

Figura 1: Entre 1960-1969, foi calculada uma média para se obter um valor de renda per capita para a década de 1960 como um todo. Os valores foram ajustados em virtude da inflação.
Fonte: Banco de dados do World Economic Outlook do FMI

Pensemos no seguinte: desde 1960, gastamos mais de US$4,3 *trilhões* em assistência oficial ao desenvolvimento, tentando ajudar países mais pobres.[10] Muitas das nossas intervenções, infelizmente, não tiveram tanto impacto quanto esperávamos. Na realidade, muitos dos países mais pobres do mundo em 1960 ainda são pobres hoje em dia. E o pior: pelo menos 20 países estavam mais pobres em 2015 do que eram em 1960 (consulte a Figura 1), na maioria dos casos mesmo depois de bilhões de dólares em ajuda.[11]

Efosa Ojomo, coautor deste livro e um dos meus ex-alunos em Harvard, conhece de perto a dor do fracasso, apesar da existência de esforços bem-intencionados. Sua experiência possibilita uma percepção da frustração que acompanha tantos projetos outrora esperançosos, concebidos para trazer melhores condições de vida e de trabalho para economias empobrecidas. Efosa nasceu na Nigéria, mas passou a maior parte de sua vida adulta vivendo e trabalhando nos Estados Unidos. Embora conhecesse a pobreza que atormentava os países pobres, tal preocupação era distante, até ler a dedicatória do livro *The White Man's Burden*, de William Easterly, professor da Universidade de Nova York, que criticava os esforços ocidentais para ajudar países pobres. Nesse livro, Easterly conta a história de Amaretch, uma menina etíope de dez anos de idade que se levantava às três da manhã para recolher lenha. Depois, ela precisava andar quilômetros para vender a lenha no mercado e, assim, ajudar a sustentar sua família.

Efosa não conseguiu dormir naquela noite depois de ler a história da garotinha. Nenhuma criança merecia viver uma vida tão difícil. Então, juntamente com alguns de seus amigos, montou uma organização sem fins lucrativos, a Poverty Stops Here [A Pobreza Termina Aqui, em tradução livre], com o objetivo de arrecadar dinheiro para construir poços em várias partes de sua terra natal. "A falta de água é a primeira coisa que o sensibiliza ao visitar uma comunidade pobre", confidenciou-me Efosa. "Água é vida. Por isso é que existem tantos projetos sobre água em todo o mundo. Precisamos fornecê-la a essas pessoas. Tudo começa por isso." De forma semelhante, quando você visita um país pobre, a falta de educação de qualidade, estradas não pavimentadas, má governança e outros indicadores de pobreza são dolorosamente óbvios. Não seria razoável supor que a resposta para resolver a pobreza está em fornecer uma ou todas essas coisas?

Efosa conseguiu levantar mais de US$300 mil em fundos e identificou 5 comunidades para auxiliar com a construção de poços artesianos. No dia em que ele e seus colaboradores visitaram essas comunidades para ativar os poços, o momento foi marcado por uma alegria impressionante, tanto para Efosa quanto para os habitantes locais. Imagino que não exista cena tão emocionante quanto presenciar água abundante e limpa saindo de um poço em uma aldeia que não tinha fonte de água alguma anteriormente.

Acontece que até poços dão problema. Cerca de seis meses depois de construir um novo poço, Efosa recebeu uma ligação em sua casa, em Wisconsin, informando que a água não estava mais fluindo, e ele teria que descobrir, a milhares de quilômetros de distância, como arranjar alguém na Nigéria para resolver o problema. Como todos os poços construídos por sua organização eram em áreas rurais, sempre era desafiador encontrar um técnico qualificado para obter peças e ir até a aldeia. Quando se resolvia um problema, um outro surgia. Hoje, apenas um dos cinco poços que a Poverty Stops Here instalou ainda funciona. Efosa e seus amigos, que haviam se empenhado com tanta vontade em ajudar essas aldeias, desistiram de construir outros poços.

A história da Poverty Stops Here, no entanto, não é a única. De acordo com um estudo do Instituto Internacional de Meio Ambiente e Desenvolvimento

(IIED, na sigla em inglês), há mais de 50 mil poços danificados em toda a África. Em algumas comunidades, 80% deles estão danificados.[12] Em uma das aldeias que Efosa almejava perfurar um poço, ele notou que já havia um avariado a apenas alguns metros de onde a Poverty Stops Here havia perfurado um. O poço havia sido anteriormente instalado por uma organização de ajuda internacional, mas em seguida foi abandonado.

A experiência foi profundamente desanimadora para Efosa, que estava tão ansioso para ajudar a aliviar o sofrimento. O fracasso no empreendimento trouxe à sua mente algumas questões difíceis. Se esses problemas inquietantes não pudessem ser resolvidos com uma injeção de recursos e boa vontade, o que ajudaria então? Por que alguns esforços são bem-sucedidos e outros não? Por que alguns países se saem melhor que outros? Talvez, lá no fundo, Efosa reconhecera que amenizar a pobreza — ou seus sinais mais evidentes — poderia não resolver o problema em longo prazo. Atenuar a pobreza não é o mesmo que criar prosperidade. Precisamos começar a pensar de maneira diferente. Esperamos que este livro mude a maneira como você pensa sobre o problema do desenvolvimento econômico, as perguntas que faz a respeito e as soluções propostas para ajudar as comunidades que precisam imensamente desse suporte.

O que queremos dizer com "prosperidade"? Há alguns indicadores óbvios e normalmente utilizados para avaliar a prosperidade, como acesso à educação, assistência médica, segurança e proteção, boa governança e assim por diante. O Índice de Prosperidade Legatum, que classifica 148 nações nessas categorias, também inclui várias outras métricas, como esforços ambientais. Não é de se surpreender que países como a Noruega, a Nova Zelândia e a Finlândia sejam os de melhor desempenho, enquanto o Sudão, o Iêmen e a República Centro-Africana estejam na parte inferior do índice.

Embora essas medidas sejam importantes para avaliar o bem-estar dos membros de uma sociedade, acreditamos que um indicador ainda mais importante seja o acesso ao trabalho remunerado e à mobilidade social ascendente.

Nesse sentido, para os propósitos deste livro, definimos "prosperidade" como o processo pelo qual cada vez mais pessoas em uma região melhoram seu bem-estar econômico, social e político.

Essa é uma distinção importante porque podemos classificar alguns países como "ricos", mas não particularmente prósperos, como por exemplo nações providas de valiosos recursos naturais. A prosperidade gera liberdades crescentes — econômicas, sociais e políticas — e é menos dependente de um acesso a um ou dois recursos singulares, como o petróleo. Dessa forma, embora alguns países sejam ricos e tenham descoberto maneiras de distribuir suas riquezas para alguns de seus cidadãos, não os consideramos prósperos, porque suas riquezas não criaram uma cultura de pesquisa, inovação e uma diversidade de mercados. Eles não possibilitaram a mobilidade socioeconômica para todos. Além disso, esses recursos naturais não promoveram um ambiente em que a prosperidade poderá se tornar sustentável após sua escassez ou perda de valor no futuro. Esse fato ilustra a importância de entender o que gera pobreza.

Dessa forma, meus coautores — Efosa Ojomo e Karen Dillon, ex-editora da *Harvard Business Review* — e eu nos propusemos a investigar como as nações pobres podem se tornar prósperas.

Para deixar este livro mais fácil de ser lido, escrevemos em primeira pessoa (minha voz), mas o pensamento expresso aqui é produto da nossa colaboração. Efosa e Karen foram coautores em todos os sentidos da palavra, e sou grato pela parceria e paixão deles em tentar tornar o mundo um lugar melhor. Nós sabemos que muitos de vocês possuem metas iguais às nossas.

Assim, direcionamos esta obra para quatro tipos de pessoas.

Primeiro, escrevemos este livro para aqueles na área do desenvolvimento social e que estão trabalhando de forma diligente para livrar o mundo da pobreza. Aplaudimos os esforços dessas pessoas e esperamos que a abordagem que apresentamos as ajude a pensar de maneira diferente, talvez até além do senso comum, sobre os problemas que estão tentando resolver.

Em segundo lugar, escrevemos este livro para investidores, pessoas inovadoras e empreendedoras que buscam construir empresas de sucesso em mercados emergentes. O trabalho dessas pessoas desempenha um papel fundamental na criação de prosperidade em países de baixa e média renda. O mundo nunca precisou tanto de vocês como agora. Nossas ideias aqui, no entanto, não são desenvolvidas para levá-los a investir nesses países meramente por um senso de responsabilidade cívica — elas se fundamentam na percepção de oportunidades em potencial que os outros podem perder.

Terceiro, escrevemos este livro para os formuladores de políticas públicas voltadas a estimular o desenvolvimento em seus países. Há poucos cargos no mundo tão difíceis quanto o de uma autoridade pública em um país com poucos recursos. Esperamos que, ao fornecer um modelo para o desenvolvimento teoricamente embasado, você adapte estas ideias em políticas de desenvolvimento apropriadas para as circunstâncias específicas de seu país.

Por último e mais importante, escrevemos este livro para as crianças de dez anos em todo o mundo, como a pequena Amaretch, que merecem uma vida melhor. Esta obra é para os aldeães na Nigéria, que comemoraram a água jorrando dos poços perfurados por Efosa, e que, alguns meses depois, os viram quebrar. Este livro é para os pais e para as mães que trabalham incansavelmente para sustentar suas famílias, mas não conseguem ir além de uma vida com o mínimo de subsistência. Por fim, escrevemos *O Paradoxo da Prosperidade* para o crescente número de jovens que, a cada dia que passa, sentem suas esperanças se esvaindo, pois seu mundo parece desprovido de oportunidades. Esperamos que este livro restabeleça a confiança e o otimismo desses jovens; um futuro melhor espera por eles. Um futuro melhor espera por todos nós.

NOTAS

1. A OCDE é a Organização para Cooperação e Desenvolvimento Econômico. Trata-se de um grupo de 35 países-membros, incluindo Estados Unidos, França, Alemanha e várias das nações mais desenvolvidas do mundo. "About the OECD: Members and Partners", OCDE, acesso em 16 de janeiro de 2018, http:// www.oecd.org/about/membersandpartners/#d.en.194378.

2. Fareed Zakaria, "Give South Korea a Gold Medal", *Washington Post*. 8 de fevereiro de 2018, https://www.washingtonpost.com/opinions/give-south-korea-agold-medal/2018/02/08/76be5e7e-0d1a-11e8-8890-372e2047c935_story.html?utm_term=.ac6f9aa492cf.

3. Em dólares de hoje, por exemplo, a renda anual per capita dos Estados Unidos naquela época era de aproximadamente US$3.363. Em Angola, essa renda atual é de US$3.695, na Mongólia é de US$3.694 e no Sri Lanka é de US$3.844. Salvo indicação contrária, os números do PIB per capita se baseiam em valores de 2016, obtidos do Banco Mundial. "GDP per capita (em US$)", Dados do Banco Mundial, acesso em 5 de fevereiro de 2018, https://data.worldbank.org/indicator/NY.GDP.PCAP.CD?locations=AO-MN-LK .

4. Michael Haines, "Fertility and Mortality in the United States", Economic History Association. Acesso em 16 de janeiro de 2018, https://eh.net/encyclopedia/fertility-and-mortality-in-the-united-states/.

"Mortality rate, infants (per 1,000 live births)", Banco Mundial, acesso em 21 de fevereiro de 2018, https://data.worldbank.org/indicator/SP.DYN.IMRT.IN.

5. Muito tem sido escrito sobre como o Ocidente se tornou próspero e, de forma mais genérica, como os países pobres podem fazer o mesmo. Reconhecemos que há uma grande variedade de trabalhos importantes nessa área. Diversos livros e artigos trazem esclarecimentos muito importantes para essas questões. O trabalho fundamental é *A Teoria do Desenvolvimento Econômico: Uma investigação sobre lucros, capital, crédito, juro e o ciclo econômico*, de Joseph Schumpeter (traduzido para o inglês em 1934 a partir da transcrição original em alemão de 1911). Nesse livro, Schumpeter nos ajuda a enxergar claramente o papel da inovação e do empreendedor no desenvolvimento econômico. À medida que empreendedores inovam, ou criam novos produtos ou novos métodos de produção, eles perturbam o "fluxo circular" em uma economia, um processo que caracteriza um estado de equilíbrio na sociedade. Embora esse "distúrbio" perpétuo — um processo marcado por inovações — venha acompanhado de certo grau de instabilidade e incerteza, geralmente, o resultado final é uma sociedade mais próspera. O carro, por exemplo, desestabilizou o cavalo, a carruagem e os bondes elétricos, mas nos tornou mais prósperos. Para Schumpeter, os empreendedores — os Henry Fords do

mundo — são os protagonistas da história do desenvolvimento econômico. À medida que você ler este livro, certamente concordaremos.

Na última metade do século XX, as leituras obrigatórias para os interessados na ascendência do Ocidente incluem *The Rise of the Western World: A New Economic History*, de Douglass North e Robert Thomas (1973); *A História da Riqueza do Ocidente: A Transformação Econômica do Mundo Industrial*, de Nathan Rosenberg e Luther E. Birdzell (1986); e *A Riqueza e a Pobreza das Nações: Por que São Algumas tão Ricas e Outras Tão Pobres*, de David Landes (1999). David Landes nos proporciona uma ampla história econômica e destaca vários fatores, incluindo geografia e cultura, que ajudaram a Europa a prosperar. North e Thomas resumem seu argumento da seguinte forma: "Uma organização econômica eficiente é a chave para o crescimento; o desenvolvimento de uma organização econômica na Europa Ocidental explica a ascensão do Ocidente." Essencialmente, eles ajudaram a trazer à luz a importância das instituições e dos direitos de propriedade.

Além disso, vários artigos fundamentais esclarecem esse assunto. Aprendemos, por exemplo, com *Making a Miracle* (1993), de Robert Lucas; *Economic Development as Self-Discovery* (2002), de Ricardo Hausmann e Dani Rodrik; e *Investment in Humans, Technological Diffusion, and Economic Growth*, de Richard Nelson e Edmund Phelps. À sua própria maneira, cada um desses economistas tem ajudado a simplificar, em diferentes graus, a complexidade inerente ao tema do crescimento e desenvolvimento econômico. Isso nos ajudou a entender melhor alguns dos elementos necessários para um crescimento econômico sustentável. Robert Lucas nos ajuda a entender, na prática, a importância do "aprender fazendo" para o aumento da produtividade das economias. Além disso, ele explica que as principais características dos milagres do Leste Asiático "envolveram movimentos sustentados pela força de trabalho a partir de produtos menos sofisticados para aqueles mais sofisticados", algo além do que o mero aumento da eficiência na produção dos produtos existentes. Hausmann e Rodrik explicam que, embora seja importante que os empreendedores de um país tenham noção de seus talentos, os retornos sociais muitas vezes superam os retornos privados. Isso porque, teoricamente, as empresas que aprendem como desenvolver inovações capazes de resolver um problema social podem ser facilmente copiadas por "concorrentes secundários". Tal acontecimento tem o efeito *a priori* de diluir os incentivos de forma intensa na realização do árduo trabalho de desenvolver a inovação acima de tudo. Dessa forma, ficam comprometidos os investimentos em aprendizado, que são capazes de conduzir uma mudança econômica estrutural. Nessas circunstâncias, os profissionais de desenvolvimento e os formuladores de políticas públicas possuem um papel significativo. Nelson e Phelps se concentram nos conceitos de capital humano e na difusão de tecnologia. Na realidade, eles levantam a hipótese de que "em uma economia tecnologicamente progressiva ou dinâmica, a gestão da produção é uma função que exige adaptação à mudança, e que quanto mais instruído for um gestor, mais rápido ele será para introduzir novas técnicas de produção".

Neste livro, temos como enfoque o impacto que as inovações criadoras de mercado têm na criação e sustentação da prosperidade econômica. No Capítulo 2, fornecemos uma definição e uma categorização para a palavra inovação e explicamos como os diferentes tipos de inovação impactam as economias.

6. Comunicado de Imprensa, "World Bank Forecasts Global Poverty to Fall Below 10% for First Time; Major Hurdles Remain in Goal to End Poverty by 2030", Banco Mundial, 4 de outubro de 2015, http://www.worldbank.org/en/news/press-release/2015/10/04/world-bank-forecasts-global-poverty-to-fall-below-10-for-first-time-major-hurdles-remain-in-goal-to-end-poverty-by-2030.

7. De certa forma, o desenvolvimento meteórico da China nos últimos 50 anos não será uma surpresa para os estudantes da história. O carrinho de mão, a ciência agrícola, o papelão, a bússola, a perfuração profunda de gás natural, o conhecimento da circulação sanguínea, o papel e a impressão, a pólvora e centenas de outras invenções são atribuídas aos chineses. Foram os europeus que tentaram recuperar o atraso no período da Idade Média. No século XVI, por exemplo, a economia da China representava 25% do PIB global. Na década de 1950, porém, era apenas 5%. Atualmente, no entanto, à medida que a China está voltando aos trilhos, sua participação no PIB global gira em torno de 19%.

Ainda assim, é espetacular o recente crescimento econômico da China, especialmente se considerarmos as centenas de milhões de pessoas que foram retiradas da pobreza. A história convencional do crescimento da China é que as descontinuidades na política iniciada por Deng Xiaoping, no final da década de 1970, acordaram o gigante econômico, anteriormente adormecido. Sem dúvida, isso é verdade. Até certo ponto. É impossível, no entanto, contar a história da ascensão da China sem dar destaque à iniciativa de empresários e outros cidadãos. Yasheng Huang, do MIT, explica que a política econômica da China na década de 1980 realmente favoreceu o empreendedorismo e as soluções voltadas para o mercado, como se verificou com um aumento significativo dos Town and Village Enterprises (TVEs) [empreendimentos de pequenas cidades e aldeias, em tradução livre] no país. Ele chama a década de 1980 de "a década do empreendedorismo". Porém, na década de 1990, a política econômica do país mudou para uma abordagem top-down, liderada pelo Estado, com o surgimento de muitas empresas estatais. Embora a economia ainda cresça, Huang explica que esse tipo de crescimento não foi tão robusto e inclusivo quanto o crescimento da China nos anos 1980.

Mesmo assim, ainda é possível ver a China em ascensão. Recentemente, o *Washington Post* publicou um artigo intitulado "China increasingly challenges American dominance of science" [A China desafia cada vez mais o domínio norte-americano da ciência, em tradução livre]. Os autores observam que um número crescente de cientistas em algumas das instituições de maior prestígio nos EUA está deixando o país para montar laboratórios na China. Embora os EUA ainda gastem cerca de meio trilhão de dólares em pesquisas científicas anualmente, o país asiático está bem perto e a caminho de superar os EUA até o final de 2018. E pela primeira vez, em 2016, publicações científicas anuais da China superaram as norte-americanas. A economia chinesa está muito diferente do que era nos anos 1960 e 1970, e parece estar voltando ao seu domínio de antigamente.

Yasheng Huang, *Capitalism with Chinese Characteristics: Entrepreneurship and the State* (Nova York: Cambridge University Press, 2008).

Ben Guarino, Emily Rauhala e William Wan, "China increasingly challenges American dominance of science", *Washington Post*, 3 de junho de 2018, https://www.washingtonpost.com/national/health-science/china-challenges-american-dominance-of-science/2018/06/03/c1e0cfe4-48d5-11e8-827e-190efaf1f1ee_story.html?noredirect=on&utm_term=.99a54422d595.

Philip Auerswald, "China's sudden fall and slow recovery", *New York Times*, 11 de agosto de 2008, https://www.nytimes.com/2008/08/11/opinion/11iht-edauerswald.1.15175911.html.

8. Em 1990, havia aproximadamente 282 milhões de pessoas vivendo na linha da pobreza, representando cerca de 55% da população da África subsaariana. Em 2013, esse número foi de 401 milhões, aproximadamente 42% da população. "Poverty headcount ratio at $1.90 a day (2011 PPP)", Dados do Banco Mundial, acesso em 13 de março de 2018, http://povertydata.worldbank.org/poverty/region/SSF.

9. A trilogia Bourgeois, de Deirdre McCloskey, nos fornece uma visão detalhada da história econômica e uma análise das muitas causas sugeridas para o crescimento econômico. No segundo dos três livros, *Bourgeois Dignity: Why Economics Can't Explain the Modern World*, McCloskey detalha muitas das teorias amplamente aceitas — instituições, infraestrutura de transporte, comércio exterior, escravidão, poupança, acumulação de capital, ética protestante do trabalho, expropriação, capital humano (educação), geografia ou recursos naturais, ciência, além de alguns outros — sobre o que poderia ter causado a transformação econômica trazida pela Revolução Industrial e sugere que todos esses fatores falharam. Por mais interessantes e plausíveis que pareçam todas essas explicações, esse volume específico de 592 páginas explica por que elas não são responsáveis por nos proporcionar banheiros, condicionadores de ar, automóveis e telefones celulares. Deirdre McCloskey, *Bourgeois Dignity: Why Economics Can't Explain the Modern World* (Chicago: University of Chicago Press, 2010), 34–35.

10. Esse montante não inclui fundos privados despendidos por algumas das fundações e organizações mais ricas do mundo, como a Fundação Bill e Melinda Gates, a Fundação Skoll, a Omidyar Network e muitas outras.

"ODA 1960-16 Trends", Official Development Assistance, 2016. Compare Your Country. Acesso em 1º de fevereiro de 2018, http://www2.compareyourcountry.org/oda?cr=20001&lg=en&page=1#.

11. Muitos dos países apresentados na Figura 1 receberam, do Banco Mundial e de várias outras instituições de desenvolvimento, assistência oficial ao desenvolvimento para fins de erradicação da pobreza. O Níger, por exemplo, recebeu US$2,9 bilhões de ajuda do Banco Mundial desde 1964, mas em 2015 sua renda per capita era menos da metade do que era nos anos 1960. "Urban Water and Sanitation Project", Banco Mundial, http://www.worldbank.org/projects/P117365/urban-water-sanitation-project?lang=en.

12. Jamie Skinner, "Why every drop counts: tackling rural Africa's water crisis", IIED briefing. Acesso em 1º de fevereiro de 2018, http://pubs.iied.org/pdfs/17055IIED.pdf.

O Paradoxo da Prosperidade

Seção 1

O Poder das Inovações Criadoras de Mercado

Capítulo 1

Uma Introdução ao Paradoxo da Prosperidade

Ser ridicularizado por pessoas sérias não é uma coisa fácil. E foram pessoas sérias que me ridicularizaram quando lhes disse que gostaria de construir uma rede de telecomunicações na África, 20 anos atrás. Elas me enumeraram todos os motivos pelos quais o projeto nunca daria certo. Por alguma razão, continuei a pensar: sei que há desafios, mas por que elas não conseguem ver a oportunidade?

— MO IBRAHIM

Resumo da Ideia

Crianças famintas perambulando nas esquinas. Favelas sem fornecimento apropriado de água potável e saneamento. Baixas perspectivas de empregabilidade em meio a uma população crescente de jovens. Boa parte de nós, seres humanos, se sente comovida pelos dolorosos sinais de pobreza que vemos nos países pobres ao redor do mundo. Segundo dados do Banco Mundial, mais de 750 milhões de pessoas ainda vivem em condições de extrema pobreza, sobrevivendo com menos de US$1,90 por dia. Todos nós queremos ajudar. No entanto a solução aparentemente mais óbvia para esses problemas — uma ajuda direta aos países pobres por meio de investimentos para solucionar esses sinais visíveis de pobreza — não foi tão bem-sucedida como a maioria de nós desejava. Basta observar os bilhões de dólares que foram direcionados a esses problemas ao longo dos anos, com um progresso relativamente lento, para chegar à conclusão de que algo não está certo. A partir desses esforços, talvez estejamos amenizando temporariamente a pobreza para alguns — porém não vamos mudar a situação de forma significativa.

E se considerássemos analisar esse problema por uma perspectiva diferente?

E se, em vez de solucionarmos os sinais visíveis de pobreza, nos concentrássemos em desenvolver uma prosperidade duradoura? Isso pode exigir uma abordagem que contrarie o senso comum, mas fará com que seja possível enxergar as oportunidades em situações inesperadas.

No final dos anos 1990, quando Mo Ibrahim idealizou a criação de uma empresa de telefonia móvel na África, as pessoas disseram que ele estava louco. "Todos me diziam que a África era um fracasso econômico", lembra ele hoje. "É um lugar perigoso, cheio de ditadores, de gente maluca... todos corruptos." Na verdade, as pessoas riram dele quando expôs sua ideia.

Ibrahim, ex-diretor técnico da British Telecom, geria sua própria empresa de consultoria bem-sucedida e planejava desenvolver do zero uma rede de comunicações móveis na África subsaariana. Tratava-se de um lugar onde a maioria das pessoas nunca havia *usado* um telefone, quem dirá possuir um. A África, continente que abrange desde os bazares do Marrocos até grandes complexos empresariais de Joanesburgo, é o lar de 54 países. A população total de mais de 1 bilhão de pessoas se espalha por 30,3 milhões de quilômetros quadrados — um lugar 3 vezes maior do que os Estados Unidos. A grande maioria desse território não tinha infraestrutura para telefones fixos antigos, muito menos torres de celular necessárias para o funcionamento de uma empresa de telefonia móvel. Na época, os celulares eram vistos como um acessório caro para os ricos, um luxo que os pobres não podiam pagar e, acima de tudo, algo de que não precisavam. Quando a maioria, o que inclui os clientes de Ibrahim e ex-colegas das principais empresas de telecomunicações, avaliava uma oportunidade na África, eram notáveis o nível de pobreza, a ausência de infraestrutura, a fragilidade dos governos, e até mesmo a falta de acesso à água, à assistência médica e à educação. Era evidente como a pobreza generalizada permeava todos os aspectos da sociedade. Não era um território propício para novos negócios.

Porém, a seu próprio favor, Ibrahim teve uma perspectiva diferente. Em vez de enxergar apenas a pobreza, ele viu a *oportunidade*. "Se você quer falar com sua mãe, mas mora longe da aldeia dela, talvez seja necessário viajar por sete dias", lembra Ibrahim. "E se você pudesse usar um dispositivo para se comunicar com ela de forma instantânea? Qual seria o valor disso? Quanto dinheiro você pouparia com isso? Quanto tempo economizaria?" Observe que Ibrahim não disse: *Como milhões de africanos, para quem três refeições por dia são muitas vezes um luxo, pagarão por um telefone celular?* ou *Como é possível justificar investimentos em infraestrutura para um mercado que não existe?* Ele se concentrou na dificuldade enfrentada para então resolver uma situação importante, e para a qual havia poucas soluções boas. Para Ibrahim, a dificuldade representava um enorme potencial.

Na maioria das vezes, essa dificuldade se apresenta como uma "nulidade de consumo" — ambiente no qual consumidores em potencial estão desesperados para progredir em um aspecto particular de suas vidas, mas sem uma solução disponível e acessível para um problema em questão. Dessa forma, esses consumidores simplesmente seguem a vida como estão ou desenvolvem soluções alternativas. No entanto o sofrimento deles continua e geralmente passa despercebido das métricas convencionais usadas para avaliar as oportunidades de negócios. Foi nessa nulidade de consumo, porém, que Ibrahim viu a possibilidade de *criar* um mercado. Então, com muito pouco apoio financeiro e apenas cinco funcionários, ele fundou a Celtel[1] com o objetivo de criar uma empresa pan-africana de telefonia móvel.

Eram enormes os obstáculos. Criar a infraestrutura de telefonia móvel necessária era um empreendimento extraordinário e foi feito sem depender do suporte de governos locais ou de grandes bancos. A obtenção de capital era tão difícil que, mesmo depois de assegurar o funcionamento do seu modelo de negócios e de ter obtido um fluxo de caixa previsível na faixa dos milhões de dólares, os bancos ainda se recusavam a emprestar dinheiro. Ibrahim teve que financiar a Celtel inteiramente com capital próprio, "uma ação inédita na indústria de telecomunicações para uma empresa do nosso tamanho e escala", explica ele. No entanto esse e muitos outros desafios que enfrentou não o detiveram. Onde não havia energia, ele fornecia sua própria; onde não havia logística, ele desenvolvia a sua; onde não havia educação ou sistemas de saúde, ele oferecia treinamento e assistência médica para sua equipe; e onde não havia estradas, ele construía rotas improvisadas ou usava helicópteros para realizar a movimentação dos equipamentos. Ibrahim era impulsionado por sua visão: o imenso valor de ver milhões de africanos podendo manter contato uns com os outros sem grandes dificuldades. Finalmente, ele conseguiu.

Em apenas 6 anos, a Celtel montou operações em 13 países africanos — incluindo Uganda, Malawi, os 2 Congos, Gabão e Serra Leoa — e conquistou 5,2 milhões de clientes. Nas aberturas das muitas das lojas de Ibrahim, não era incomum ver centenas de clientes ansiosos nas filas. A empresa foi tão bem-sucedida que, em 2004, as receitas atingiram US$614 milhões e o lucro líquido foi de US$147 milhões. Em 2005, quando Ibrahim decidiu vender a Celtel, ele o fez por consideráveis US$3,4 bilhões. Em tão pouco tempo, sua empresa gerou valor na linha dos bilhões de dólares em alguns dos países mais pobres do mundo.

A Celtel, porém, era apenas a ponta do iceberg. Atualmente, a África abriga uma sofisticada indústria de telecomunicações móveis, com diversas empresas de telefonia móvel (incluindo Globacom, Maroc Telecom, Safaricom, MTN, Vodacom, Telkom, entre outras) que prestam serviços para mais de 965 milhões de linhas móveis. Além de levantar bilhões de dólares com a venda de títulos e ações, essas empresas devem gerar, até 2020, 4,5 milhões de empregos, contribuir com US$20,5 bilhões em impostos e adicionar mais de US$214 bilhões às economias africanas.[2] Os celulares também têm criado valor para outros setores, como a tecnologia financeira. Essas empresas já utilizam registros de uso do telefone como um indicador para determinar a solvabilidade do cliente, liberando crédito a milhões de pessoas com capacidade de pagamento, mas que historicamente não podiam obtê-lo.

Agora, pode parecer óbvio que os celulares estão em todos os lugares do mundo — e em toda a África. Porém, vale lembrarmos que, 20 anos atrás, Ibrahim enxergou o que os outros não conseguiram.

O mercado que Mo Ibrahim criou e as circunstâncias difíceis e aparentemente improváveis nas quais ele o construiu representam uma solução para o que chamamos de Paradoxo da Prosperidade. Pode parecer fora do senso comum, mas nossas pesquisas sugerem que uma prosperidade duradoura não acontecerá, em muitos países, com a resolução da pobreza, mas, sim, com o investimento em inovações que criam novos mercados dentro dessas nações.[3] Constatamos que uma prosperidade real e duradoura não é gerada de forma segura pelo fluxo de recursos que estamos injetando diretamente em países pobres para melhorar os indicadores de pobreza, como educação de baixa qualidade, cuidados de saúde abaixo da média, má administração, infraestrutura inexistente e muitos outros nos quais uma melhora sugeriria prosperidade. Em vez disso, acreditamos que, para muitos países, a prosperidade geralmente começa a se enraizar na economia quando investimos em um tipo particular de inovação — a inovação criadora de mercado — que, muitas vezes, serve como catalisadora e alicerce para o desenvolvimento econômico sustentável.

Compare a abordagem de Mo Ibrahim para fundar a Celtel com os esforços de Efosa para construir poços por meio de sua organização sem fins lucrativos, a Poverty Stops Here — que é significativamente menor em tamanho, mas é simbólica para explicar a filosofia de muitos dos esforços empreendidos para ajudar os países pobres nos dias de hoje. Apenas 18,2% da Assistência Oficial ao Desenvolvimento, por exemplo, destina-se a projetos de "infraestrutura econômica", enquanto a maior parte financia educação, saúde, infraestrutura social e outros projetos de desenvolvimento convencionais.[4] Além da ajuda dos países da OCDE, que representa uma vasta maioria das despesas de auxílio externo, o padrão dos gastos também tem um efeito sinalizador para muitos outros países que doam e financiam projetos em países pobres. De certo modo, foi o que inspirou os projetos de Efosa, ou seja, a crença de que apenas canalizar recursos para uma área empobrecida resolverá a pobreza.

O que aconteceria, porém, se passássemos a dar ênfase a soluções baseadas em inovação e mercado, em vez de soluções convencionais e baseadas em desenvolvimento? Em outras palavras: e se focássemos menos os projetos como o de Efosa e mais os projetos como o de Mo Ibrahim? Efosa desejava financiar e construir mais poços como forma de resolver um problema. Ibrahim descobriu como resolver problemas ao criar um mercado direcionado a pessoas dispostas a pagar por um produto. Os projetos não são a mesma coisa e, como nossos estudos já vêm demonstrando, eles têm efeitos muito diferentes em longo prazo.

Compreensão do Paradoxo da Prosperidade

Não sou especialista em todas as economias de baixa e média renda, mas meu arsenal pessoal para resolver desafios se baseia em teorias, que nos auxiliam a chegar à fonte de um problema. Uma boa teoria nos ajuda a entender o mecanismo que está por trás da condução das coisas.

Vamos pensar, por exemplo, sobre as tentativas de voo da humanidade. Os primeiros pesquisadores observaram as fortes correlações que existiam entre a capacidade de voar e ter penas e asas. Histórias de homens que tentaram voar amarrando asas em si mesmos datam de centenas de anos atrás. Eles replicavam o mecanismo que concedia às aves a capacidade de voar: asas e penas.

A posse desses atributos tinha uma alta *correlação* — uma conexão entre duas coisas — com a habilidade de voar. Porém, quando os humanos tentavam seguir o que eles acreditavam ser as "melhores práticas" dos voadores mais bem-sucedidos, amarrando asas em si mesmos e batendo-as fortemente ao pular de catedrais... eles falhavam. O erro era que, embora as penas e as asas estivessem correlacionadas ao voo, os futuros aviadores não entendiam o *mecanismo causal* fundamental — a origem da causa de algo — que permitia que determinadas criaturas conseguissem voar.

Asas melhores ou o uso de mais penas, ainda que sejam elementos positivos, não foram a base do verdadeiro avanço no voo humano. A inovação foi trazida pelo matemático holandês-suíço Daniel Bernoulli e seu livro *Hydrodynamica*, um estudo da mecânica dos fluidos. Em 1738, ele delineou o que se tornaria conhecido como o princípio de Bernoulli, uma teoria que, quando aplicada ao voo, explicava o conceito de sustentação. Partimos, então, da correlação (asas e penas) para a causalidade (sustentação). A história contemporânea do voo pode ser atribuída diretamente ao desenvolvimento e à adoção dessa teoria.

Porém, nem mesmo a compreensão inovadora da causa do voo era suficiente para torná-lo perfeitamente *confiável*. Com a queda de um avião, os pesquisadores questionavam: "O que levou ao fracasso nas circunstâncias daquela tentativa de voar? Seria o vento? Seria a névoa? Ou talvez o ângulo da aeronave?" Assim, eles poderiam definir quais regras os pilotos precisavam seguir para ter sucesso em circunstâncias diferentes. Esta é a característica de uma boa teoria: oferecer recomendações por meio de declarações do tipo "se/então".

Na função de professor da área de negócios, centenas de vezes por ano me pedem opiniões sobre desafios específicos em setores ou organizações nos quais não tenho conhecimento especial algum. No entanto sou capaz de fornecer uma visão porque possuo um arsenal de *teorias* que me ensinam não *o que* pensar, mas *como* pensar sobre um problema. Uma boa base teórica é a melhor maneira que conheço para analisar problemas, de modo que façamos as perguntas certas para nos levar às respostas mais úteis. Adotar teorias não significa mergulhar em minúcias acadêmicas, mas, pelo contrário, focar a questão extremamente prática do *que causa o que* — e por quê? Essa abordagem é a base deste livro.

Portanto, como a teoria se relaciona com nossa busca para criar prosperidade em muitos países pobres e, finalmente, tornar o mundo um lugar melhor? O apelo de muitas coisas correlacionadas à prosperidade — amarrar penas e asas em si mesmo, por exemplo — é extremamente fascinante. Quem não se comoveria com a visão de um poço recém-perfurado, proporcionando água potável a uma comunidade carente? Na realidade, porém, não importa o quanto nos esforcemos, se não melhorarmos nossa compreensão sobre o que cria e sustenta a prosperidade econômica, seremos lentos no alcance de progresso.

Em nosso estudo do caminho para a prosperidade, ao examinarmos o progresso (ou a falta dele) em uma variedade de economias ao redor do mundo — incluindo Japão, México, Nigéria, Rússia, Singapura, Coreia do Sul,

Estados Unidos e vários outros países —, constatamos que diferentes tipos de inovações têm impactos muito distintos no crescimento e na prosperidade de longo prazo de uma nação.

Cabe esclarecer aqui, no entanto, que o processo que descreveremos ao longo deste livro não explica como todas as nações prósperas saíram da pobreza. Alguns países, como Singapura, começaram com um governo que priorizava o desenvolvimento econômico e a criação de riqueza, enquanto outros, como os Estados Unidos, iniciaram a caminhada em direção à prosperidade há muito tempo e de forma mais gradual. Todas as boas teorias devem ser aplicadas ao contexto — elas são úteis somente em certas circunstâncias. Cada nação é distinta em termos de tamanho, população, cultura, liderança e capacidades. Essas circunstâncias têm relevância em seu destino.

No geral, porém, constatamos que o investimento em inovações, mais especificamente as inovações criadoras de mercado, é um caminho comprovadamente confiável em direção à prosperidade em todo o mundo. Este livro se baseia nas histórias de economias atualmente prósperas, a fim de ilustrar os elementos-chave da nossa teoria, que descreve o processo pelo qual a criação de novos mercados impacta uma sociedade. Por meio desse processo, alguns dos países mais pobres do mundo conseguiram criar valor na linha dos bilhões de dólares e gerar milhões de empregos para seus cidadãos.

Um Caminho Negligenciado em Direção à Prosperidade

Nosso pensamento se concentra no que identificamos como fatores essenciais para criar e sustentar a prosperidade em muitos países: encontrar oportunidades nas dificuldades, investir em inovações criadoras de mercado (que, entre outras coisas, cria empregos que ajudam a impulsionar uma economia local) e executar uma estratégia "pull" para desenvolvimento (processo no qual instituições e infraestruturas necessárias são atraídas para uma sociedade quando novos mercados as demandam). Discutiremos esses pontos com mais detalhes ao longo deste livro. Todas essas ideias e temas são essenciais para desvendar o Paradoxo da Prosperidade, e você os verá de forma reiterada, analisados sob diferentes perspectivas mediante as inovações e as histórias que compartilhamos aqui.

Quando falamos em inovação, não nos referimos apenas a produtos de alta tecnologia ou cheios de recursos. Nossa definição se refere a algo bastante específico: *uma mudança nos processos pelos quais uma organização transforma mão de obra, capital, materiais e informações em produtos e serviços de maior valor*[5]. As "inovações criadoras de mercado" transformam produtos e serviços complexos e caros em produtos simples e mais acessíveis, o que os torna disponíveis a todo um novo segmento de pessoas em uma sociedade que chamamos de "não consumidores".

Toda economia é composta de consumidores e não consumidores. Em economias prósperas, a proporção de consumidores para muitos produtos geralmente supera a dos não consumidores. Os não consumidores são pessoas que, de alguma forma, estão se esforçando para progredir, mas não conseguem, porque, historicamente, uma boa solução está além de seu alcance. Isso não significa que não haja uma solução no mercado, mas com frequência os não consumidores não conseguem arcar com as soluções existentes, ou não possuem tempo ou expertise para usar o produto com êxito.

As inovações criadoras de mercado têm a capacidade de ativar o motor econômico de um país. Quando bem-sucedidas, apresentam três resultados distintos. Primeiro, por sua própria natureza, elas geram **empregos** à medida que cada vez mais pessoas são obrigadas a fabricar, comercializar, distribuir e vender as inovações. A criação de empregos é um fator fundamental na avaliação da prosperidade de um país.

Em segundo lugar, elas geram **lucros** provenientes de uma ampla faixa da população, que são então aplicados para financiar a maioria dos serviços públicos na sociedade, incluindo educação, infraestrutura, assistência médica e assim por diante.

Por fim, elas têm o potencial de mudar a **cultura** de sociedades inteiras. Conforme demonstraremos a seguir, muitos países prósperos nos dias de hoje já foram pobres, corruptos e mal governados. A proliferação de inovações, no entanto, iniciou um processo que ajudou a transformar essas economias. Nos Estados Unidos, por exemplo, inovações criadoras de mercado, como a máquina de costura Singer, as câmeras de filme da Eastman Kodak e o Modelo T de Ford (as quais analisaremos em detalhes posteriormente), ajudaram a florescer uma cultura de inovação que mudou a sociedade norte-americana de forma impressionante. Uma vez que novos mercados que atendem aos não consumidores são criados, eles "atraem" outros componentes necessários — infraestrutura, educação, instituições e até mesmo uma mudança cultural — para garantir sua sobrevivência, como explicaremos minuciosamente ao longo deste livro. É assim que a trajetória de uma sociedade pode começar a mudar.

Elementos do nosso modelo podem ser vistos no que Ibrahim fez quando fundou a Celtel. Inicialmente, nas mais improváveis das circunstâncias, ele desenvolveu uma inovação que tornou um produto historicamente complexo e caro mais acessível para milhões de pessoas. Ao fazê-lo, ele criou um mercado vibrante que não apenas gerou diretamente milhares de empregos, mas também permitiu a criação de outros negócios, como serviços financeiros e saúde móvel. Em seguida, Ibrahim reuniu os recursos de que precisava para construir sua empresa. Como ele atraiu apenas os recursos necessários para um mercado novo, grande e lucrativo que estava criando, as coisas que desenvolveu podiam se sustentar. Esse será um tema recorrente devido à sua importância em nos ajudar a fazer investimentos inteligentes. Em terceiro lugar, a Celtel de Ibrahim também progrediu com foco nos cidadãos locais. Em vez de desenvolver um modelo de negócios em que os clientes pagassem mensalmente as contas de celular, como é o caso em países mais ricos com cidadãos de maior poder aquisitivo, Ibrahim instituiu cartões pré-pagos. Novos clientes poderiam comprá-los por apenas US$0,25, o que ocasionava muito mais compras. Além disso, 99% das vagas de emprego que gerou foram preenchidas por africanos nativos.

Especialmente hoje, o empenho de Ibrahim pode parecer estranho. Afinal, à semelhança do que acontece em muitos países prósperos, esperamos que os governos de nações pobres cuidem de muitas das responsabilidades assumidas por eles. Ainda assim, mostraremos que seus esforços pouco diferem daqueles empreendidos por muitos inovadores responsáveis por acender as chamas da prosperidade em seus países.

Certamente, para que as nações mantenham a prosperidade em longo prazo, elas precisam, em última instância, de bons governos que promovam e apoiem uma cultura de inovação. Porém inovadores que criam mercado podem acender a fogueira e os governos podem atiçar a chama. Acreditamos que, ao entender como a inovação criadora de mercado pode inflamar e catalisar a boa administração pública — um padrão que observamos em muitos dos países prósperos de hoje —, somos capazes de ajudar a criar uma prosperidade sustentável em longo prazo.[6]

Um Guia Para Este Livro

Aquilo que superficialmente pode parecer desesperador é, na verdade, uma oportunidade para criar mercados novos e prósperos. Essa percepção não é importante apenas para as partes interessadas que estão ativamente tentando melhorar a sociedade, como governos, ONGs (organizações não governamentais) e outros envolvidos na área de desenvolvimento, mas também para inovadores e empreendedores que podem não ter visto a oportunidade antes. Em vez de, por exemplo, enxergar as aproximadamente 600 milhões de pessoas na África sem eletricidade como apenas um sinal da imensa pobreza do continente, devemos vê-las como uma vasta oportunidade de criação de mercado esperando para ser identificada. Isso deveria ser um chamado para a inovação, e não um sinal de cautela. É nesse espírito que oferecemos as ideias deste livro.

Sabemos que estamos entrando em um território complicado ao escrever sobre desenvolvimento econômico, mas nossa esperança é que os modelos, histórias e casos compartilhados aqui forneçam uma nova perspectiva. Este livro foi escrito em quatro seções, detalhadas abaixo, para ajudá-lo a seguir nosso raciocínio e suas aplicações práticas no mundo.

Na **Seção 1**, explicamos **a importância da inovação na criação de prosperidade em uma economia**. Detalhamos como um tipo particular de inovação

— a criadora de mercado — serve como base sólida para gerar e manter uma prosperidade duradoura.

Na Seção 2, ilustramos nosso modelo com exemplos de **como a inovação e a cultura criada por ela impactaram os Estados Unidos, o Japão, a Coreia do Sul e o México.**

Na Seção 3, focamos mais especificamente as **barreiras para o desenvolvimento**. Discutimos a relação entre inovações criadoras de mercado e o desenvolvimento de boas instituições, a redução da corrupção e a construção e manutenção das infraestruturas de uma nação.

Em nossa Conclusão, discutimos a importância de transformar o paradoxo da prosperidade em um **processo de prosperidade** e revisamos alguns **princípios fundamentais deste livro**.

No **Apêndice**, analisamos várias oportunidades de novos mercados e esforços de desenvolvimento por parte de empresários, governos e ONGs para virar o jogo em diferentes partes do globo. Esperamos que isso ajude aqueles que buscam oportunidades para pensar de maneira diferente sobre onde investir e como é possível aplicar preciosos recursos para gerar riqueza e prosperidade.

Sabemos que há poucas questões tão complexas quanto a geração de prosperidade nos países pobres e entramos nesse debate com a esperança de que nosso pensamento estimule novas formas de enfrentar esses problemas enraizados e dolorosos. A essência deste livro é a celebração do poder e do potencial da inovação para mudar o mundo. Esperamos, no entanto, que seja apenas o começo de uma valiosa conversa.

NOTAS

1. Atualmente, parte da Bharti Airtel Limited.

2. "Number of unique mobile subscribers in Africa surpasses half a billion, finds new GSM study", GSMA, acesso em 1º de fevereiro de 2018, https:// www.gsma.com/ newsroom/press-release/number-of-unique-mobile-subscribers-in-africa-surpasses -half-a-billion-finds-new-gsma-study/.

3. Entendemos "mercado" como *um sistema que permite a produção, a compra e a venda de um produto ou serviço.*

4. "Aid at a glance charts", Estatísticas sobre finanças de desenvolvimento, OCDE, acesso em 23 de abril de 2018, http://www.oecd.org/dac/stats/aid-at-a-glance.htm.

5. Clayton Christensen, *The Innovator's Dilemma: When new technologies cause great firms to fail* (Nova York: HarperCollins Publishers, 2000). [Publicado no Brasil com o título: *O Dilema da Inovação: Quando as novas tecnologias levam empresas ao fracasso*].

   Essa definição está alinhada com o texto de Schumpeter em *The Theory of Economic Development*, no qual descreve a inovação como uma invenção, colocando-a de maneira firme em um dado mercado, ou seja, um processo que leva ao *desenvolvimento* ou *à produção de novas combinações*. No Capítulo 2, Schumpeter escreve que "produzir significa combinar materiais e forças dentro do nosso alcance. Produzir outras coisas, ou as mesmas coisas por um método diferente, significa combinar esses materiais e forças de maneira diferente" (65). Isso é importante porque a inovação é muitas vezes confundida com uma invenção ou algo totalmente novo. Para fins de desenvolvimento econômico, esse não é o caso. Segundo Schumpeter, um dos exemplos desse processo de combinação é "a abertura de um novo mercado, existente anteriormente ou não, no qual um ramo particular da indústria do país em questão nunca tenha entrado antes". Essencialmente, não importa se é algo que já exista em outro país. Na medida em que ele é novo para o país onde está sendo introduzido, ele está fadado a ter impacto no desenvolvimento.

   Ricardo Hausmann, de Harvard, e César Hidalgo, do MIT, fornecem dados que mostram que a prosperidade de uma economia está diretamente relacionada à quantidade de *know-how* da nação. Em sua pesquisa, esse conceito é referido como "complexidade econômica", que é uma "medida da quantidade de capacidades e *know-how* direcionada à produção de qualquer produto. Produtos são os vetores para o conhecimento. [Sua] teoria e as evidências empíricas explicam o motivo pelo qual o acúmulo de conhecimento produtivo é a chave para o crescimento econômico sustentável". Porém não é fácil acumular conhecimento produtivo, que, geralmente, é bem caro. Além disso, o acúmulo de conhecimento não é suficiente, ele deve ser dinâmico. Sidney Winter, da Wharton School of Business, na Universidade da Pensilvânia, escreveu bastante sobre a evolução das capacidades organizacionais. Sua pesquisa ajuda a explicar que uma das razões para o sucesso dos negócios é a habilidade de uma organização de desenvolver capacidades dinâmicas. Ele também explica, porém, que o desenvolvimento dessas capacidades não é tarefa fácil. Veja *Toward a Neo-Schumpeterian Theory of the Firm* (1968), *Understanding Dynamic Capabilities* (2003) e *Deliberate Learning and the Evolution of Dynamic Capabilities* (2002).

Joseph A. Schumpeter, *The Theory of Economic Development: An Inquiry into Profits, Capital, Credit, Interest, and the Business Cycle* (Cambridge: Harvard University Press, 1934), 65.

Ricardo Hausmann et al., *The Atlas of Economic Complexity: Mapping Paths to Prosperity*, 2ª ed. (Cambridge: MIT Press, 2013).

6. Aprofundamos melhor essa questão nos Capítulos 8 e 9, que lidam com *instituições* e *corrupção*, respectivamente, mas considere a colocação de Mancur Olson sobre o assunto em seu livro *Power and Prosperity*: "Quando passamos do melhor para o pior em prol da prosperidade, o consenso talvez seja que, quando há um incentivo mais forte para tirar do que para fazer, isto é, mais ganho com a predação do que com atividades produtivas e mutuamente vantajosas, as sociedades desmoronam." Olson passa então a destacar as virtudes e a importância do empreendedorismo, devido à natureza imprevisível da sociedade. Ele escreve: "Em virtude de as incertezas serem tão difundidas e insondáveis, as sociedades mais dinâmicas e prósperas são aquelas que tentam muitas e muitas coisas diferentes. Estas são sociedades com inúmeros empreendedores, que têm relativamente bom acesso a crédito e capital de risco. Não há como uma sociedade prever o futuro, mas se ela tiver uma ampla gama de empreendedores capazes de fazer uma grande variedade de transações mutuamente vantajosas, incluindo as de crédito e capital de risco, essa sociedade terá muitas opções — mais do que qualquer pessoa ou agência [ou governo] poderia imaginar." De fato, se aproveitarmos o poder dos empreendedores para desenvolver cada vez mais inovações criadoras de mercado, isso pode levar — e realmente levará — a uma governança pública cada vez melhor.

Mancur Olson, *Power and Prosperity: Outgrowing communist and capitalist dictatorships* (Nova York: Basic Books, 2000), 1, 188-189.

Iqbal Quadir, que fundou o Centro Legatum de Desenvolvimento e Empreendedorismo no MIT, trata isso em seu artigo na revista *Innovations* da seguinte forma: "Os intelectuais ocidentais, desde Adam Smith a Georg Simmel e Max Weber, reconheceram que o comércio transformou positivamente governos, culturas e comportamentos ao tornar as pessoas mais racionais e mutuamente responsáveis."

Capítulo 2

Nem Todas as Inovações São Criadas da Mesma Forma

Mercados são criações, e isso é uma das coisas que as pessoas não entendem. Eles não são algo que podemos [apenas] encontrar no meio do caminho. Um mercado tem que ser criado.[1]

— RONALD COASE, NOBEL DE ECONOMIA EM 1991

Resumo da Ideia

A maioria de nós entende o valor de construir instituições fortes e de desenvolver a infraestrutura de uma nação, no entanto não temos o mesmo esclarecimento em relação ao papel da inovação. Ela é importante e sabemos disso, mas, como possui significados distintos para pessoas diferentes, não há um consenso sobre como tipos variados de inovações podem afetar uma economia. Neste capítulo, descreveremos nossa categorização da inovação em três tipos — de sustentação (também conhecida como incremental), de eficiência e criadora de mercado — e explicaremos o diferente impacto que cada uma tem em uma organização e uma economia. Embora todas as inovações sejam importantes para manter uma economia vibrante, um tipo em particular — a inovação criadora de mercado — desempenha um papel significativo, fornecendo uma base sólida para a prosperidade econômica sustentável. Quando a prosperidade de um país não está melhorando, apesar de aparentar atividade intensa em seu território, ele pode não ter um problema de *crescimento*. Pelo contrário, acreditamos que o país possa ter um problema de *inovação*.

Desde que publiquei *O Dilema da Inovação*, livro no qual explico como grandes empresas às vezes fecham os olhos à ameaça representada por aquelas que inovam, venho trabalhando com centenas de corporações para ajudá-las a enfrentar seus próprios dilemas. Na base dessa obra está minha teoria da inovação disruptiva,[2] que descreve como uma empresa com menos recursos é capaz de desafiar negócios mais estabelecidos ao introduzir inovações mais simples, convenientes e acessíveis a um segmento de clientes saturado ou negligenciado, redefinindo, assim, a indústria.

Nas décadas que se seguiram à publicação do meu raciocínio, a teoria se enraizou na comunidade empresarial e em outras áreas, incluindo educação e saúde. Assim, sou regularmente bombardeado de perguntas sobre minha teoria e como ela se aplica a um setor específico ou outro. Embora eu saiba que nunca serei um especialista em todos os setores, descobri que posso sempre recorrer ao meu arsenal de teorias para ajudar as pessoas a adotar uma perspectiva diferente e, assim, enxergar os problemas de uma nova maneira.

Alguns anos atrás, depois de dar uma palestra em um encontro de CEOs da Innosight, a empresa de consultoria que eu havia cofundado, uma executiva fez uma observação que me lembrou da importância de adotar a perspectiva certa para começar a resolver um problema. "Na nossa empresa, classificamos tudo no grupo de pesquisa e desenvolvimento como 'inovação'", disse ela. "No entanto, com base na sua apresentação, vejo que existem diferentes tipos de inovação com alcance de objetivos diferentes. Precisamos reestruturar a pesquisa e o desenvolvimento na minha organização para refletir o que estamos realmente tentando fazer. Se a meta é crescer de forma real por meio da nossa inovação, não podemos pensar nisso como apenas uma coisa uniforme."

A executiva estava certa. Nem todas as inovações são criadas da mesma forma. Ao longo dos anos, nossa pesquisa descobriu que existem três tipos de inovação: a inovação de sustentação, a inovação de eficiência e a inovação criadora de mercado. Nenhum desses tipos é inerentemente ruim ou bom, mas cada um desempenha um papel único para as organizações que tentam dar suporte ao crescimento de suas operações.[3]

Enquanto refletia a respeito da observação da executiva sobre a escolha do tipo certo de inovação para garantir o futuro de sua empresa, me dei conta de que a percepção era muito mais ampla. Tendemos a fazer a mesma coisa quando falamos sobre todas as atividades de inovação que acontecem dentro de uma economia. Muitas vezes categorizamos todas as atividades de inovação da mesma maneira. Usamos indicadores como pedidos de patente, investimento em pesquisa e desenvolvimento e qualidade de instituições de pesquisa científica para avaliar a capacidade de inovação de um país.[4] No entanto, se diferentes tipos de inovação afetam as organizações de forma distinta, não seria possível argumentar que eles também afetarão as economias de maneira diversa?[5]

Afinal, as economias são em grande parte definidas pelas empresas (públicas e privadas) que nelas atuam.[6] E a inovação — definida no capítulo anterior como uma mudança nos processos pelos quais uma organização transforma mão de obra, capital, materiais e informações em produtos e serviços de maior valor — é o que a maioria das empresas faz. Perceba que *inovação* não é a mesma coisa que *invenção*, pois essa última descreve o processo de criar algo inteiramente novo, que nunca existiu antes. Inovações são frequentemente emprestadas, seja de um país para outro ou de uma empresa para outra, e posteriormente melhoradas. Nesse sentido, consideramos a inovação nossa unidade de análise, e buscaremos entender como o tipo, a escala e o impacto em uma empresa influenciam a economia de maneira mais ampla.[7]

Trata-se, então, de uma distinção meramente acadêmica e que não importa no mundo real? De forma alguma. Na minha sala de aula, meu foco é sempre a importância de entender a causa de algo acontecer — e o porquê.

Para mostrar isso aos meus alunos, todo semestre paro diante da minha turma com uma caneta ou um pedaço de giz na mão, e depois deixo o objeto cair no chão. Quando me abaixo para pegá-lo, digo: "Sabe de uma coisa, odeio a gravidade. Só que a gravidade não dá a mínima para mim. Ela sempre me puxa para baixo." O meu ponto é o seguinte: a gravidade está sempre em ação, quer tenhamos consciência disso ou não. Porém, se conscientemente tivermos noção disso e aprendermos como ela funciona, podemos aproveitá-la para atingir nossas próprias metas. O mesmo raciocínio se aplica à inovação. Se entendermos o que um tipo de inovação causa, podemos aproveitá-lo para nossos próprios objetivos. O primeiro passo fundamental é conhecer essas diferenças para entender como se conduz um desenvolvimento econômico sustentável.[8]

Inovações de Sustentação

As inovações de sustentação são aprimoramentos das soluções existentes no mercado, geralmente direcionadas a clientes que exigem melhor desempenho de um produto ou serviço. Meus amigos que trabalham nas indústrias de bens de consumo embalados chamam isso de "UMES [Unidades de Manutenção de Estoque] das novidades" — isto é, quando eles criam novos sabores, cores ou recursos de um produto existente, eles conseguem gerar algum entusiasmo nos consumidores que já compram seus produtos. Pense na marca de chá Lipton da Unilever. Hoje a proporção de sabores é quase a mesma de pessoas no planeta. Ou pelo menos é o que parece. Com sabores que variam de Chá Verde com Hortelã a outros como o Chá Verde Gelado, a marca está desenvolvendo produtos novos e empolgantes para conquistar cada vez mais um mercado de consumo já *existente* de chás — ou, pelo menos, manter sua participação de mercado. Essas são as inovações de sustentação, que não são projetadas para atrair novos clientes consumidores de chá, mas para assumir um caráter *substitutivo*. Elas são importantes para a marca Lipton e os clientes saberem que a empresa não está obsoleta, porém o novo sabor Frutas Vermelhas com Hibisco não criará necessariamente um mercado inteiramente novo de bebedores de chá.[9]

As inovações de sustentação são frequentemente vendidas por mais dinheiro e com uma margem maior. Assentos aquecidos em nossos carros são uma boa ideia, especialmente se as montadoras puderem vender os carros por um preço mais alto, mas eles geralmente são direcionados para os clientes que já compram carros. Não foram acessórios como esse que fizeram as pessoas pararem de usar cavalos para o transporte.

As inovações de sustentação estão ao nosso redor e, de fato, são um componente fundamental de nossas economias. Elas são importantes para empresas e países se manterem competitivos. Todavia, esse tipo de inovação tem um impacto muito diferente em uma economia do que os outros dois — a criadora de mercado e a de eficiência. As empresas raramente precisam criar novas vendas, distribuição, marketing e fabricação quando desenvolvem inovações de sustentação em um mercado maduro, pois vendem para um segmento relativamente conhecido da população de uma maneira amplamente estabelecida. Em virtude disso, quando comparadas com as inovações criadoras de mercado, as de sustentação têm um efeito muito diferente na criação de empregos, na geração de lucros e na mudança da cultura em uma região.

Considere os três círculos concêntricos da Figura 2. Cada um deles representa um mercado diferente composto de distintos membros de uma sociedade. É uma ilustração simples, mas esperamos que facilite nosso ponto de vista. O mercado A representa o conjunto de consumidores menor, mais rico e mais qualificado. O mercado B corresponde a um conjunto de consumidores maior, porém menos rico e menos qualificado. E da mesma forma, o mercado C representa o maior segmento, mas também o menos rico e menos qualificado. As inovações de sustentação, em qualquer um dos círculos concêntricos — não importa o tamanho do mercado —, normalmente têm como foco a venda de mais produtos para os mesmos clientes daquele mercado em particular.

É compreensível que muitas empresas sejam levadas a vender para os segmentos mais ricos da economia, pois esperam que, ao adicionar novos recursos e benefícios a um produto (ou serviço) existente, possam continuar a vender mais e com lucratividade maior. As inovações de sustentação geram certo crescimento e permitem o desenvolvimento, mas, como é perceptível, o impacto desse crescimento é limitado pelo número de consumidores no segmento visado. Além disso, a concorrência por clientes no segmento mais rico é muito acirrada, já que muitas outras empresas também disputam esses consumidores. De tempos em tempos, uma inovação de sustentação pode atrair um novo cliente, mas geralmente é ocasional, pois as empresas normalmente precisam desenvolver uma estratégia diferente para os clientes em um segmento ou círculo distinto.[10]

UMA SIMPLES ILUSTRAÇÃO DE MERCADOS

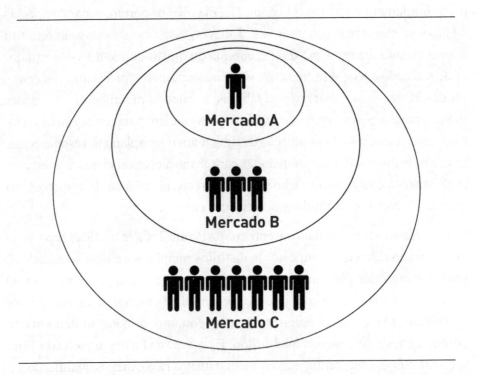

Figura 2: As inovações de sustentação melhoram os produtos existentes e visam pessoas que já conseguem pagar pelo produto em um segmento específico da economia. Quando esse segmento fica saturado, essas inovações geralmente têm um efeito substitutivo no consumo.

Consideremos um exemplo mais detalhado a seguir.

A Estratégia de Inovação de Sustentação do Carro Mais Vendido dos EUA

Poucos carros venderam mais nos EUA do que o Toyota Camry. Na época de escrita deste livro, o Camry tinha sido o carro mais vendido do país durante 19 dos últimos 20 anos.[11] Contudo, mesmo com o notável sucesso, suas vendas permaneceram relativamente baixas desde 2000. Embora as inovações feitas pela Toyota nas últimas duas décadas tenham mantido a empresa competitiva, relevante e lucrativa, elas não tiveram grande impacto no crescimento do automóvel. Em 1997, a Toyota vendeu 394.397 unidades do Camry; 20 anos depois, em 2017, a Toyota vendeu 387.081. (2007 foi o melhor ano para o Camry, quando a Toyota vendeu 473.108 unidades.[12])

As inovações de sustentação direcionadas ao Camry são muito importantes para a Toyota, pois foi isso que ajudou a mantê-lo como o carro mais vendido dos Estados Unidos durante 19 dos últimos 20 anos. No entanto as vendas constantes do veículo não representam um novo motor de crescimento para a empresa. Nem representam um grande crescimento para a economia. Essas vendas são direcionadas para "a economia de consumo" — clientes que a Toyota e outras montadoras já podem ver, contar e alcançar com canais de distribuição já existentes. As vendas do Camry geram receitas constantes ano após ano, muitas vezes retendo um cliente existente que apenas troca de carro para pegar uma nova versão do mesmo modelo que possuía.

Entretanto, mesmo sendo uma líder de vendas confiável, a Toyota não precisa necessariamente construir uma nova fábrica e contratar pessoal inteiramente novo toda vez que decidir lançar uma nova versão do Camry. Ela também não contrata uma nova força de vendas, não cria um novo canal de distribuição nem investe em uma equipe de projeto totalmente nova ao trabalhar em um novo modelo. A empresa, assim como a maioria, simplesmente reaproveita seus recursos existentes. Como resultado desse redirecionamento, a Toyota não precisa de tanto capital ou de tantas pessoas para desenvolver novos modelos do Camry. Nenhuma nova fábrica é construída e pouca força de trabalho adicional é contratada.

Mantendo o Crescimento em um Mercado Maduro e Estabelecido

A trajetória de inovação do Camry não é uma história incomum. A maioria das inovações é de sustentação por natureza. Isso é realmente algo bom para uma empresa — e seus clientes, que podem querer um produto ou serviço melhor. Exemplos de inovações de sustentação vão desde processadores mais rápidos em nossos computadores até uma memória maior em nossos celulares. O iPhone original foi uma inovação criadora de mercado, catalisando um novo mercado para smartphones e aplicativos correspondentes, mas o iPhone X é uma inovação de sustentação. A grande maioria dos clientes do iPhone X, pessoas que podiam desembolsar US$1.000, estavam simplesmente fazendo um upgrade e agora têm acesso a reconhecimento facial e uma tela Super Retina com tecnologia OLED. Como um exemplo adicional, pense no novo taco de golfe P790 da TaylorMade, que promete aos golfistas "sensação de toque, estabilidade e funcionalidade como nenhum outro taco dessa categoria". O produto é vendido por US$1.299,99. Certamente os tacos de golfe P790 da TaylorMade não estão trazendo muito mais consumidores para o esporte e, por isso, não criam muitos novos empregos em relação ao número de vagas existentes. Mas, assim como o iPhone X, eles certamente fazem a TaylorMade ganhar mais dinheiro, o que torna a empresa mais vibrante e permite que ela conquiste seu lugar como uma participante relevante em seu ramo. Não podemos subestimar a importância das inovações de sustentação.

As inovações de sustentação não se referem apenas a inovações de produtos; elas geralmente ocorrem em serviços também. Por exemplo, pelo menos uma vez por mês, meu banco me envia uma nova oferta de cartão de crédito, uma inovação que existe desde 1950. Este já é um mercado enorme: a dívida de cartão de crédito dos Estados Unidos atualmente é de pouco mais de um trilhão de dólares — uma quantia maior do que os PIBs do México, Turquia e Suíça. Meu banco não está necessariamente tentando criar um novo mercado para cartões de crédito; em vez disso, está tentando ganhar mais dinheiro ao vender serviços extras, como seguro de viagem, extensões de garantia e cashback em qualquer coisa que eu gaste. O mesmo acontece quando minha operadora de celular tenta me vender planos de dados cada vez maiores. Estas são inovações de sustentação, projetadas para vender mais serviços e obter mais dinheiro de clientes como eu.

Inovações de Eficiência

As inovações de eficiência, como o nome indica, permitem que as empresas façam mais com menos recursos. Em outras palavras, à medida que as empresas extraem o máximo possível de recursos existentes e recém-adquiridos, o modelo de negócios subjacente e os clientes-alvo permanecem os mesmos. As inovações de eficiência são cruciais para a viabilidade de empresas, à medida que as indústrias se tornam mais movimentadas e competitivas. Normalmente, as inovações de eficiência são inovações de *processo* — elas se concentram em *como* o produto é fabricado. Com esse tipo de inovação, as empresas podem se tornar mais lucrativas e, crucialmente, liberar o fluxo de caixa.

As inovações de eficiência existem em todos os setores e são uma parte fundamental do gerenciamento das alavancas que potencializarão a lucratividade e reterão clientes em qualquer organização. Embora essas inovações sejam boas para a produtividade de uma organização, nem sempre são boas para os funcionários existentes. Pense nas fábricas que fecharam ou foram realocadas como resultado da terceirização, um dos sinais de que as inovações de eficiência entraram em ação. Por si só, elas não tendem a gerar empregos (isto é, a menos que o capital que essas inovações liberam seja canalizado de volta para o desenvolvimento das criadoras de mercado. Falaremos mais sobre isso depois).

Considere a indústria de extração de recursos, um setor que prospera nos investimentos em inovações de eficiência.[13] Devido ao fato de que petróleo, gás, ouro, diamantes e muitos dos outros recursos que extraímos e processamos são commodities, o gerente típico desse setor está sempre procurando maneiras de melhorar a eficiência e diminuir os custos, um processo que libera fluxo de caixa e melhora as margens. Tudo o que você precisa fazer é observar qualquer nação com um vasto setor de extração de recursos e avaliar se esses setores estão constantemente adicionando cada vez mais empregos à economia, mesmo quando extraem mais recursos.

Consideremos os EUA como exemplo. Em 1980, havia aproximadamente 220 mil funcionários na indústria de extração de petróleo e gás responsáveis pela produção de aproximadamente 8,6 milhões de barris de petróleo.[14] Em 2017, o número de funcionários do setor caíra em mais de um terço, para cerca de 146 mil, mas a produção havia aumentado para mais de 9,3 milhões de barris por dia.[15] Os números não são muito melhores para a Nigéria, um dos maiores produtores de petróleo do mundo. Segundo dados do Departamento Nacional de Estatísticas da Nigéria, o setor de petróleo e gás emprega apenas 0,01% da força de trabalho nigeriana, embora esse setor corresponda a mais de 90% da receita de exportação da Nigéria e mais de 70% das receitas do governo.[16] As inovações de eficiência liberam fluxos de caixa, mas raramente acrescentam novos empregos a uma economia. Na maioria dos casos, elas eliminam mais do que criam. Como a própria natureza da extração de recursos é orientada pela eficiência, países como Nigéria, Venezuela, Arábia Saudita, África do Sul, Catar e outros que dependem fortemente dessa atividade não podem se apoiar nesse setor para gerar empregos para seus cidadãos.

Não podemos deixar de salientar que nem as inovações de eficiência nem as de sustentação são inerentemente ruins para um país. Na verdade, elas são boas para as nossas economias, mas desempenham papéis muito diferentes na promoção do crescimento econômico sustentável e na criação de empregos. Enquanto elas mantêm nossas economias competitivas e vibrantes, liberando o dinheiro necessário para futuros investimentos, nenhuma das duas gera novos motores de crescimento em mercados maduros. Isso é o resultado de um tipo completamente diferente: as inovações criadoras de mercado.

Inovações Criadoras de Mercado

As inovações criadoras de mercado fazem exatamente o que o nome indica — elas criam novos mercados. Porém não são apenas quaisquer novos mercados, mas do tipo que atendem pessoas para as quais não havia produtos, ou os produtos existentes eram caros demais ou inacessíveis por uma série de razões. Essas inovações transformam produtos complicados e caros em produtos que são muito mais baratos e acessíveis, que muitas pessoas conseguem comprar e usar. Em alguns casos, elas até criam categorias totalmente novas. A Celtel, de

Mo Ibrahim, tornou uma solução anteriormente cara — as telecomunicações móveis — simples e acessível a milhões de novos clientes. De certo modo, as inovações criadoras de mercado democratizam produtos e serviços anteriormente exclusivos.

Embora a escala do impacto de um novo mercado dependa das características da inovação que está sendo democratizada — nem todas as inovações terão o impacto que a democratização de um carro tem, por exemplo —, o impacto das inovações criadoras de mercado é significativo quando comparado aos outros tipos de inovações. Afinal, elas servem coletivamente como base para muitas das economias ricas de hoje e ajudaram a tirar milhões de pessoas da pobreza ao longo do tempo.[17]

Esse tipo de inovação não apenas cria mercados, mas também empregos. Isso porque, à medida que novos mercados com novos consumidores surgem, as empresas precisam contratar mais pessoas para fabricar o produto, fazer sua comercialização, distribuição, venda e assistência. As inovações criadoras de mercado têm o potencial de criar o que chamamos de empregos *locais* e *globais*.

Empregos Locais e Globais

Empregos locais são aqueles que devem ser criados para atender ao mercado local. Também têm a característica de não serem trabalhos tão facilmente transferíveis ou terceirizados para outros países. Trabalhos em design, publicidade, marketing, vendas e serviço pós-venda, por exemplo, geralmente se enquadram nessa categoria. Muitas vezes, eles são mais bem pagos quando comparados aos empregos globais. **Empregos globais**, embora também importantes, são mais facilmente transferidos para outros países por conta do benefício de salários mais baixos. A fabricação e o fornecimento de matérias-primas são, talvez, os maiores culpados. Com os avanços no gerenciamento global da cadeia de suprimentos, os empregos globais correm o risco de atravessar as fronteiras nacionais em direção ao próximo mercado de trabalho mais "eficiente" — ou de baixo custo. Por outro lado, os empregos locais são essenciais para apoiar inovações criadoras de mercado; eles são menos vulneráveis ao fascínio de salários menores em outros lugares.[18]

Quando os inovadores criam um novo mercado, voltado para uma grande população que historicamente não tinha condições de arcar com o produto — os não consumidores —, eles devem contratar muito mais pessoas não apenas para produzir o produto ou serviço, mas também para fazê-lo chegar aos novos clientes. Quanto maior a nulidade de consumo, maior o mercado em potencial; e quanto maior o mercado, maior o impacto. Essa dedicação às inovações criadoras de mercado geralmente estabelece as infraestruturas básicas, incluindo educação, transporte, comunicações e instituições, como políticas e regulamentações governamentais, além de outros componentes de muitas das sociedades prósperas de hoje. Essa atividade cria um ciclo econômico virtuoso que promove ainda mais o desenvolvimento de novos mercados.

O EFEITO DEMOCRATIZANTE DA INOVAÇÃO CRIADORA DE MERCADO

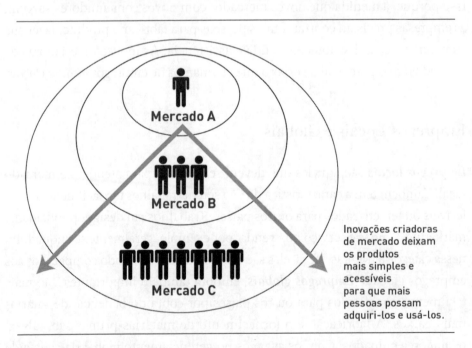

Figura 3: As inovações criadoras de mercado tornam os produtos disponíveis aos clientes em um novo círculo concêntrico.

Outra vantagem de investir em inovações criadoras de mercado é que, quando os empreendedores locais as desenvolvem e obtêm as recompensas por seu êxito, é mais provável que os retornos financiem futuras inovações a nível local. Pense nisto: dos mais de US$70 trilhões em ativos globais sob gestão, menos de US$2 trilhões são destinados a investimentos estrangeiros diretos (IED).[19] A maior parte do dinheiro fica no país.

COMO UM PRODUTO GERA EMPREGOS

Empregos Locais					Empregos Globais
Pesquisa e Desenvolvimento	Distribuição e Logística	Vendas e Marketing	Administração Geral	Serviço Pós-venda	Fabricação com Salários mais Baixos
					Montagem
					Suprimentos / Matérias-primas

Figura 4: As inovações criadoras de mercado geram empregos locais mais sustentáveis.

No Capítulo 1, explicamos que o investimento em inovações criadoras de mercado não define o modo como todo país atualmente próspero se desenvolveu. Os países são muito diferentes em tamanho, capacidades e outros parâmetros, e não afirmamos que existe apenas uma estratégia para o desenvolvimento. As inovações criadoras de mercado, no entanto, nos fornecem uma das estratégias mais viáveis para criar prosperidade nos países pobres de hoje.

As 5 Chaves para Direcionar Inovações Criadoras de Mercado

Como as inovações criadoras de mercado dependem da previsão do que os outros não conseguem enxergar, é sempre mais fácil identificá-las em retrospectiva do que prever seu desenvolvimento. Antes que carros, computadores e contas bancárias se tornassem a norma para a maioria de nós, os empreendedores primeiramente tiveram que criar um novo mercado para esses produtos e serviços. O que descobri é que a maioria dos novos mercados não faz sentido no início de sua formação, especialmente para especialistas do setor em questão. Em 1939, por exemplo, um repórter do *New York Times* que cobria a Feira Mundial de Nova York relatou que "[a] TV nunca será uma séria concorrente para o rádio, porque as pessoas precisam ficar sentadas e manter os olhos fixados na tela; a família norte-americana comum não tem tempo para isso".[20] Podemos até rir (ou suspirar de desespero) por quão equivocada foi essa previsão; contudo, a maioria de nós provavelmente teria concordado com essa avaliação na época — da mesma forma que muitos previram há 20 anos que os telefones celulares na África eram exclusivamente para os ricos e que, por isso, nunca se firmariam.

Então, como é possível direcionar as inovações criadoras de mercado? Elas precisam ser avaliadas pela perspectiva certa, tanto para empreendedores que veem potencial para construir algo do zero, quanto para organizações existentes que querem impulsionar essas inovações em seu portfólio. Apresentaremos a seguir um referencial útil para cinco atributos que os empreendedores e gestores devem procurar ao criar novos mercados.

1. **MODELOS DE NEGÓCIOS QUE VISAM O NÃO CONSUMO** — A maioria das inovações e modelos de negócios que existem hoje é direcionada para os consumidores existentes — aqueles que já podem comprar produtos no mercado. Quando a análise e os relatórios de consumo usam termos como *classe média crescente*, *aumento da renda disponível* e *dividendo demográfico*, muitas vezes eles estão se referindo aos padrões de consumo existentes. O não consumo é diferente. Ele representa a incapacidade de um possível consumidor comprar e usar (consumir) um produto ou serviço. Desde o início, a Celtel, de Mo Ibrahim, concentrou seu modelo de negócios no não consumo de telefones celulares na África, em vez de visar a população mais abastada.

2. **UMA TECNOLOGIA CAPACITADORA** — Uma tecnologia capacitadora é aquela que fornece melhores níveis de desempenho a um custo progressivamente

menor. Uma tecnologia é qualquer processo dentro de uma organização que converte entradas de menor valor em saídas de maior valor. Possibilitar tecnologias como a internet, os smartphones, o Sistema Toyota de Produção, ou até mesmo uma eficiente operação de distribuição e logística, pode fornecer uma vantagem competitiva para as empresas à medida que constroem novos mercados. A Celtel alavancou a rede de tecnologia celular sem fio em uma rápida mudança, a fim de fornecer um serviço para muitos que, historicamente, dependiam de conexões com fio.

3. **UMA NOVA REDE DE VALOR** — Uma rede de valor é o que define a estrutura de custos de uma empresa. Antes de um produto ir da fazenda à mercearia, por exemplo, ele deve primeiro ser colhido, processado, armazenado, transportado, empacotado, comercializado e assim por diante. Essa rede de atividades constitui o que é chamado de rede de valor do produto, com cada parte adicionando um pouco de custo ao preço do produto final. Como a maioria das empresas se direciona aos consumidores existentes, suas estruturas de custos impedem que elas alcancem os não consumidores. A criação de uma nova rede de valor permite que as empresas redefinam sua estrutura de custos para que suas soluções sejam adquiridas por não consumidores e lucrativas ao mesmo tempo. A Celtel fez isso ao mudar a forma como as pessoas compravam os minutos dos telefones celulares. Ela não apenas desenvolveu "cartões de raspadinha" (aqueles que permitiam que as pessoas comprassem minutos para conversar), mas também alavancou a rede informal de varejo em todo o continente. Isso ajudou a empresa a redefinir sua estrutura de custos.

4. **UMA ESTRATÉGIA EMERGENTE** — Ao criar um novo mercado, os inovadores normalmente usam uma estratégia emergente (ou flexível) porque estão tentando alcançar mercados que ainda não estão definidos e, portanto, precisam aprender muito com seus futuros clientes. Estratégias deliberadas (ou fixas) são normalmente usadas quando as empresas conhecem as necessidades do mercado. Gestores e empreendedores devem estar dispostos a aprender e modificar suas estratégias com base no feedback dos novos clientes que estão tentando atender, como a Celtel fez em diferentes países.

5. **APOIO EXECUTIVO** — As empresas que tentam criar um novo mercado são muitas vezes impopulares, pois não apenas visam um mercado que tecnicamente ainda não existe, mas também exigem mais recursos do que inovações sustentáveis e eficientes. É por isso que nenhum banco emprestou dinheiro a Mo Ibrahim no início. Assim, para sobreviver nas organizações existentes, as inovações criadoras de mercado precisam de apoio do CEO ou de alguém no alto escalão da equipe executiva.

O Efeito do Modelo T

Talvez o exemplo mais claro do poder em potencial das inovações criadoras de mercado possa ser encontrado na inovação do Modelo T. Cerca de um século atrás, os carros nos EUA eram brinquedos e símbolos de status para os ricos. Menos de 10 mil carros foram registrados no país em 1900, e esses eram automóveis produzidos sob encomenda, comprados tanto por seu status quanto por sua utilidade prática (não diferente do mercado de jatos particulares de hoje). Havia poucas estradas pavimentadas nas quais os carros pudessem circular, poucos postos de gasolina onde poderiam ser reabastecidos e poucas pessoas ricas o bastante para comprar um. Henry Ford mudaria tudo isso.

De fato, tantos norte-americanos compraram esses veículos — a produção anual passou de 20 mil em 1909 para mais de 2 milhões em 1922 — que o boom automobilístico levou a uma grande revolução cultural no país. As pessoas mudaram o modo e os lugares onde viviam, trabalhavam e jogavam; escolas e bairros começaram a se desenvolver. O transporte de produtos agrícolas tornou-se mais eficiente e surgiram novos negócios e indústrias — turismo, hotéis, fast food, oficinas mecânicas, seguros de automóveis, postos de gasolina etc. Muitas outras indústrias foram criadas para fornecer suprimentos diretamente às montadoras, como aço, óleo, tinta, madeira, cimento, vidro e borracha. As escolas começaram a oferecer programas que ensinavam as pessoas a fabricar e consertar carros. E nossas instituições públicas corresponderam à inovação ao construir novas estradas e criar novas leis que tornaram a condução mais segura no país. O carro e o mercado que Ford ajudou a criar, no entanto, vieram primeiro.

Além de o Modelo T criar um novo mercado que gerou uma significativa quantidade de empregos e impostos, a inovação teve grandes efeitos reativos na economia norte-americana. À medida que mais pessoas continuaram a comprar carros Modelo T, surgiram concorrentes, o que tornou a indústria ainda mais eficiente, vibrante e popular. Os norte-americanos amavam seus carros, e o governo precisava corresponder a essa demanda ao construir mais estradas. Tudo isso deu continuidade ao ciclo virtuoso que Ford iniciou — de 1909 a 1927, a empresa produziu 15 milhões de carros Modelo T. Eles resultaram em mais estradas e, consequentemente, mais bairros, mais empregos e, segundo pesquisas, menos crimes.[21]

Figura 5: O Impacto do Modelo T de Ford

A inovação de Ford, no entanto, não era simplesmente um carro, mas um modelo de negócio inteiramente nascido de sua visão para criar um mercado completamente novo para o automóvel. Como aconteceu com o Modelo T, as inovações criadoras de mercado têm menos a ver com o produto real que está sendo vendido e mais com a rede de valor e o modelo de negócio que um inovador desenvolve. Para que Ford pudesse vender seu carro a milhões de pessoas, ele não apenas precisou produzir um produto simples de dirigir e acessível para comprar, mas também teve que investir em muitas outras coisas, como postos de gasolina, oficinas de reparos, ferrovias para ajudá-lo a transportar seu produto e uma campanha publicitária agressiva direcionada a norte-americanos comuns que nunca haviam adquirido um carro.

Entretanto, por mais que o Modelo T e o novo mercado criados por ele fossem bem-sucedidos, Ford demorou para investir nas inovações de sustentação. Para ilustrar sua importância, considere o seguinte: em 1921, a Ford Motor Company dominava 60% do mercado automobilístico nos Estados Unidos. Porém o fracasso da empresa em investir em inovações de sustentação fez com que perdesse sua liderança e, em 1936, ela era a terceira no mercado. A General Motors, que proporcionava aos clientes novos modelos todos os anos e capacidade de comprar carros a crédito e em cores diferentes, tornou-se número um no mercado com 43% de participação, enquanto a Chrysler subiu para a segunda posição com 25%. Como descrevemos anteriormente, as inovações de sustentação e as de eficiência são importantes para manter as empresas e as economias vibrantes, mas as inovações criadoras de mercado fornecem a base para que o crescimento futuro aconteça.

A Força das Inovações Criadoras de Mercado

Cada tipo de inovação tem um papel a desempenhar em uma economia, seja o de criar ou manter mercados vibrantes. Porém as inovações criadoras de mercado são especialmente poderosas, pois muitas vezes se direcionam a grandes segmentos da população com uma solução que os ajuda a progredir frente a uma dificuldade. E como cada mercado é uma função tanto do valor do produto que está sendo vendido quanto de sua quantidade, um mercado que visa o não consumo tem o potencial de gerar ganhos significativos para investidores, inovadores e para a sociedade. Pense assim: todo novo mercado de sucesso criado, independentemente do produto ou serviço vendido, tem três resultados distintos: *lucros*, *empregos* e o mais difícil de acompanhar, mas talvez o mais poderoso dos três, *mudança cultural*. Juntos, eles criam uma base sólida para o crescimento futuro.

Para um mercado ser criado e depois sustentado, ele deve gerar **lucros** ou pelo menos ter a perspectiva de geração de lucro no futuro, afinal, eles fornecem o combustível para um maior crescimento.

Os **empregos**, o segundo resultado, são gerados para que o mercado cumpra sua promessa de produzir, distribuir, vender, melhorar e fornecer soluções para seus novos clientes. Sempre tive a impressão de que a criação de empregos é muito mais importante para uma sociedade do que o simples cálculo do valor econômico. Eles dão dignidade às pessoas, desenvolvem a autoestima e permitem que elas sustentem a si próprias e a suas famílias. As pesquisas nos dizem repetidamente que pessoas empregadas têm menos tempo (ou inclinação) para se envolver em crimes.[22]

O terceiro e talvez mais importante resultado é a **mudança cultural** que o novo mercado desencadeia e reforça. Além de democratizar produtos e serviços para que mais pessoas na sociedade tenham acesso, as inovações criadoras de mercado também democratizam os benefícios de novos mercados bem-sucedidos. Essas vantagens não se limitam apenas a empregos, mas também a oportunidades de propriedade que muitas vezes são oferecidas a investidores e funcionários. Quando muitas pessoas em uma região entendem que podem começar a resolver vários dos seus problemas (cuidar de si próprias e de suas famílias e ganhar status e dignidade na sociedade) de maneira produtiva — isto é, participando do novo mercado como investidoras, produtoras ou consumidoras —, elas são mais propensas a mudar o modo como pensam sobre sua sociedade. Essa é uma das maneiras pelas quais novos mercados começam a mudar a cultura de uma sociedade, o que pode fazer toda a diferença para um país que deseja prosperar.

Quando Tudo É Dito e Feito

Milton Freidman, laureado com o Nobel já falecido, afirmou certa vez: "A grande virtude do livre mercado, do mercado privado, [é que] ele permite às pessoas... cooperarem economicamente."[23] Descobrimos que os mercados são uma força poderosa que tem a capacidade de atrair para as sociedades muitos dos componentes que as tornam mais seguras, mais protegidas e mais prósperas. É por isso que entender o papel essencial que diferentes tipos de inovações desempenham é vital para o desenvolvimento econômico.

Ao investir em inovações criadoras de mercado, investidores e empreendedores involuntariamente se engajam na construção da nação. Essas inovações criam um mercado viável que atende ao não consumo — normalmente a maioria das pessoas em uma economia pobre —, gerando empregos e lucros que podem financiar outros elementos importantes de uma sociedade desenvolvida, os quais, em um bom círculo virtuoso, são atraídos pela inovação para que, assim, ela seja bem-sucedida.

Embora as inovações criadoras de mercado tratem de desenvolver produtos mais simples e acessíveis, de modo que muito mais pessoas do que antes possam adquiri-los, elas também começam a lançar as bases necessárias para construir uma economia. Quando esses novos mercados são criados, a economia se torna mais resiliente, pois gera mais receita para financiar escolas, estradas, hospitais e até mesmo uma melhor governança — um processo que exploraremos mais adiante neste livro. Obviamente, nem todas as inovações criadoras de mercado terão o mesmo impacto que o Modelo T de Ford, mas nossa pesquisa mostra que mesmo as pequenas podem começar a transformar a economia e a cultura dos países.

NOTAS

1. Ronald Coase, "Address at Markets, Firms and Property Rights: A Celebration of the Research of Ronald Coase Conference", publicado em 20 de abril de 2012, vídeo, 25:40, https://www.youtube.com/watch?v=ZAq06n79QIs.

2. Christensen, Raynor e McDonald (2015) oferecem um resumo conciso: "A inovação disruptiva descreve um processo pelo qual uma empresa com menos recursos é capaz de desafiar com sucesso as empresas estabelecidas. Como os players estabelecidos se concentram especificamente em melhorar seus produtos e serviços para seus clientes mais exigentes (e geralmente mais lucrativos), eles excedem as necessidades de alguns segmentos e ignoram as necessidades dos outros. Os novos players que se mostram disruptivos começam atacando com sucesso esses segmentos negligenciados, ganhando terreno ao fornecer uma funcionalidade mais adequada — frequentemente a um preço mais baixo. Os estabelecidos, que buscam maior lucratividade em segmentos mais exigentes, tendem a não reagir de forma vigorosa. Os novos players então se movimentam para o mercado de ponta, proporcionando o desempenho que os principais clientes dos players estabelecidos exigem, preservando as vantagens que conduziram o sucesso inicial. Quando os clientes convencionais começam a adotar as ofertas dos novos players em volume, a disrupção ocorreu." O tipo de inovação que possui a maior probabilidade de ser disruptiva é a inovação criadora de mercado (como veremos nos exemplos ao longo deste livro).

Veja também Clayton M. Christensen, *O Dilema da Inovação: Quando as Novas Tecnologias Levam as Empresas ao Fracasso* (São Paulo: Mbooks, 2011).

3. Em uma publicação do Banco Mundial de 2017 intitulada *The Innovation Paradox: Developing-Country Capabilities and the Unrealized Promise of Technological Catch-Up*, os autores Xavier Cirera e William F. Maloney sugerem que "a capacidade de inovação parece ser a prioridade política mais fundamental para o desenvolvimento econômico". O relatório prossegue ao sugerir que "equiparar a política de inovação à política de ciência e tecnologia de ponta levará à frustração e ao desperdício se a dimensão estabelecida for negligenciada... sem um corpo de empresas capacitadas para levar essas ideias ao mercado, esses investimentos renderão pouco em termos de crescimento". Nossa esperança é que a categorização que oferecemos aqui auxilie ainda mais o trabalho do Banco e nos ajude a entender melhor a importância das empresas para o desenvolvimento econômico.

Xavier Cirera e William F. Maloney, *The Innovation Paradox: Developing-Country Capabilities and the Unrealized Promise of Technological Catch-Up* (Washington, D.C.:

World Bank), doi:10.1596/978-1-4648-1160-9. Licença: Creative Commons Attribution CC BY 3.0 IGO.

4. O Fórum Econômico Mundial publica um relatório anual intitulado "Relatório de Competitividade Global", no qual a organização classifica os países com base em sua competitividade. Um dos parâmetros para medir a competitividade de um país é sua "inovação". Instituições, infraestrutura, saúde e educação são outros. Para avaliar a inovação de um país, o relatório mede aspectos como investimento em pesquisa e desenvolvimento, pedidos de patentes e a capacidade de um país de fornecer produtos novos ou exclusivos.

Alex Gray, "These are the ten most innovative countries in the world", *Fórum Econômico Mundial*, 11 de outubro de 2017, http://www.weforum.org/agenda/2017/10/these-are-the-10-most-innovative-countries-in-the-world/.

5. Entender como diferentes tipos de inovações impactam uma economia é fundamental, pois há vários participantes distintos em uma economia. Meu amigo Lant Pritchett, um ex-economista do Banco Mundial e professor de Desenvolvimento Internacional na Kennedy School of Government, de Harvard, forneceu uma estrutura conceitual útil para pensar por que as economias pobres enfrentam uma dificuldade tão grande para romper seu marasmo econômico — e onde a inovação pode fazer uma grande diferença. Pritchett identifica quatro entidades primárias em uma economia: ele as chama de "rentistas", "mágicos", "corretores de poder" e "cavalos de carga."

Rentistas são empresas de extração de recursos ou agrícolas que exportam principalmente para mercados mundiais. Elas estão frequentemente sujeitas a cobranças regulatórias. Pense em empresas de petróleo e mineradoras de diamantes. **Mágicos** são exportadores que operam em indústrias globais altamente competitivas. Pense nos donos de fábricas que fazem camisetas e jeans comoditizados. **Corretores de poder** são aquelas empresas que trabalham no setor doméstico; contudo, também estão sujeitas a "cobranças regulatórias". Essas são as grandes construtoras, as hoteleiras que possuem ou gerenciam hotéis caros, os operadores portuários e os fornecedores de eletricidade. E finalmente, os **cavalos de carga**, as empresas menos sofisticadas, que operam em ambientes domésticos altamente competitivos. Desde o pequeno comerciante de beira de estrada até o cabeleireiro que trabalha em sua casa, eles são a maior parte dos pobres do mundo. Eles são os cavalos de carga.

"As cobranças regulatórias são definidas como aquelas derivadas de alguma ação discricionária do governo, tais como: oferecer licenças para uso comercial de um recurso (por exemplo, mineração); concessão de vantagens fiscais específicas da empresa (e não industriais); exclusividade de mercado; ou execução de regulamentos aplicáveis. Essas cobranças também podem derivar de uma inação deliberada do governo, como permitir que os monopólios cobrem preços significativamente acima do custo marginal, não aplicar a lei antitruste ou buscar mercados competitivos quando isso seria apropriado para o bem-estar do consumidor."

Lant Pritchett, Kunal Sen e Eric Werker, *Deals and Development: The Political Dynamics of Growth Episodes* (Oxford: Oxford University Press, 2018).

6. Nós vemos a economia como um sistema encadeado. A economia global contém economias nacionais, compostas de indústrias, que, por sua vez, contêm corporações. As corporações são compostas de unidades de negócios, que são organizadas em torno de equipes, que definem como os funcionários coordenam seu trabalho. Os funcionários, por sua vez, fabricam e vendem produtos e serviços para os consumidores, que têm preferências que definem o que eles farão ou não. Os acadêmicos dos dois ramos tradicionais da economia — macro e micro — constroem modelos de como os sistemas global e nacional funcionam de um lado, e como os indivíduos priorizam e tomam decisões do outro. No entanto a maior parte da atividade econômica na verdade ocorre em algum lugar entre essas duas extremidades do sistema encadeado: ou seja, nas empresas. À parte dos pagamentos de assistência social e das pessoas empregadas em entidades governamentais, as empresas *são* essencialmente a economia. Elas criam e eliminam empregos e pagam salários e impostos. Elas implementam a política do governo. Elas escolhem investir ou não investir. Elas respondem a mudanças nas taxas de juros. As empresas constroem a infraestrutura das economias e, de muitas maneiras, as empresas *são* nossa infraestrutura.

7. Há muito tempo, os economistas entendem a importância da inovação, ou o que eles frequentemente chamam de *mudança técnica*, para estimular o crescimento econômico. Por exemplo, em 1956, Moses Abramovitz, economista de Stanford, publicou um artigo de referência, "Resource and Output Trends in the United States Since 1870", que destacava a ligação entre a atividade inovadora e o desenvolvimento econômico de longo prazo. Em seu artigo, Abramovitz analisou o crescimento dos Estados Unidos de 1870 a 1950 e descobriu que capital e trabalho representavam cerca de 15% do crescimento. A produtividade, ou o que agora é chamado de tecnologia, inovação ou inovação técnica, afirmou ele, foi responsável pelos 85% restantes. Abramovitz escreveu que "uma vez que sabemos pouco sobre as causas do aumento da produtividade, a importância salientada desse elemento pode ser considerada uma espécie de medida de nossa ignorância sobre as causas do crescimento econômico nos Estados Unidos e um tipo de indicativo de onde precisamos concentrar nossa atenção".

Moses Abramovitz, "Resource and Output Trends in the United States Since 1870", *National Bureau of Economic Research* (1956), http://www.nber.org/chapters/c5650.pdf.

Paralelamente, Robert Solow, do Instituto de Tecnologia de Massachusetts, também chegou a uma conclusão semelhante à de Abramovitz, usando métodos diferentes e analisando diferentes períodos de tempo. Entre as obras de Solow está um artigo de 1957, "Technical Change and the Aggregate Production Function", que esclarece o impacto que a inovação tecnológica pode ter sobre o crescimento econômico. Solow recebeu o Prêmio Nobel de Economia em 1987 por suas contribuições para a compreensão mundial do crescimento econômico. Depois dessa percepção, a busca para entender melhor como a inovação tecnológica impactou o crescimento econômico, e a crença de que isso aconteceu, decolou.

Robert Solow, "Technical Change and the Aggregate Production Function", *The Review of Economics and Statistics* 39, n° 3 (agosto de 1957), 312–320, https://faculty.georgetown.edu/mh5/class/econ489/Solow-Growth-Accounting.pdf.

Tradicionalmente, os economistas analisam o crescimento por meio da perspectiva da produtividade: agregando todos os ativos em uma economia e multiplicando isso por uma função de produção (ou inovação). Embora seja matematicamente válido, pensar no crescimento mediante os referenciais da produtividade é menos útil quando se pensa em políticas e programas para economias que são compostas de pessoas com diferentes capacidades e culturas, e que vivem em contextos diferentes.

8. Na maioria dos países pobres, a distribuição de dinheiro, poder e influência é desproporcional para os rentistas e para os corretores de poder. Eles administram as economias e têm pouco ou nenhum incentivo para mudar o sistema. A maioria dos pobres — os cavalos de carga, na linguagem de Pritchett — em nosso mundo labuta e trabalha incessantemente apenas para encontrar-se perpetuamente em uma vida de luta e sofrimento. A questão então se torna: como podemos dar mais poder e influência aos cavalos de carga?

Ou talvez uma pergunta melhor a fazer seja: como encontrar e cultivar, pegando emprestado a metáfora de Pritchett, alguns "puros-sangues" entre os cavalos de carga — empresas que têm o potencial de criar um novo mercado por meio de inovação e escala? Nós os chamamos de "puros-sangues" porque eles são os indivíduos ou organizações que podem desenvolver inovações criadoras de mercado com o potencial de mudar a dinâmica de uma economia.

9. Isso é diferente do que Sir Thomas Lipton fez em 1890, quando comprou um jardim de chá no atual Sri Lanka e começou a produzir o produto. Ele achava que o preço do chá era muito alto e que ele poderia oferecê-lo por um custo menor a muitos outros consumidores da bebida.

10. Há casos em que as empresas incluem recursos em um novo produto, cobram mais, mas encontram muitos novos consumidores prontos para colocar esse produto em suas vidas. Isso tende a acontecer quando o novo recurso tem o potencial de modificar ou substituir um produto existente no mercado. Por exemplo, quando a Apple adicionou o recurso de posicionamento global por satélite (GPS) a seus telefones, a empresa efetivamente tornou obsoleto o uso de dispositivos GPS autônomos.

11. "Toyota Camry Awards", 2018 Camry Overview, Toyota, acesso em 16 de fevereiro de 2018, https://www.toyota.com/camry/awards.

12. É importante observar que, em um ponto, os modelos do Toyota Camry estavam crescendo exponencialmente nos Estados Unidos, mas com o tempo o mercado saturou e as vendas começaram a se estabilizar. Em outras palavras, o Camry preencheu o círculo concêntrico no qual visava novos clientes que podiam pagar seu produto, e agora ele disputa participação de mercado com carros de outras marcas como o Accord da Honda ou o Sonata da Hyundai.

"Monthly and annual sales figures for the Toyota Camry in the US", Toyota Camry, Carsalesbase.com, acesso em 16 de fevereiro de 2018, http://car salesbase.com/us-car-sales-data/toyota/toyota-camry/.

13. A "maldição dos recursos" — um fenômeno que explica quantas nações dotadas de recursos naturais como petróleo, gás, ouro, diamantes e muitos outros acabam tendo menos democracia, menos crescimento econômico e efetivamente menos prosperidade do que nações que não os possuem — tem sido amplamente estudada em economia. Às vezes ela é mencionada como o "paradoxo da abundância." Ao usar a extração de recursos como exemplo, não nos concentramos nos efeitos macroeconômicos das dotações de recursos naturais já amplamente estudados. Em vez disso, focamos os incentivos de maximização de lucros e redução de custos de um gestor típico dessa indústria que se encontra vendendo commodities para as quais o mercado global estabelece um preço. Para mais informações sobre a maldição dos recursos, leia o artigo de Jeffrey Frankel, *The Natural Resource Curse: A Survey* (2010).

14. "U.S. Field Production of Crude Oil", Petroleum and Other Liquids, U.S. Energy Information Administration, acesso em 06 de abril de 2018, https://www.eia.gov/dnav/pet/hist/LeafHandler.ashx?n=PET&s=MCR FPUS2&f=A.

15. "Employment, Hours, and Earnings from the Current Employment Statistics Survey (National)", Databases, Tables & Calculators by Subject, Bureau of Labor Statistics, acesso em 6 de abril de 2018, https://data.bls.gov/pdq/SurveyOutputServlet.

16. Micheal Eboh, "Unemployment: Oil sector employs 0.01% of Nigerian workforce", *Vanguard*, 3 de junho de 2014, http://www.vanguardngr.com/2014/06/unemployment-oil-sector-employs-0-01-nigerian-workforce/.

17. Iqbal Quadir, do MIT, explica isso da seguinte maneira: "Toda inovação estimula uma cadeia complexa de reações, mas os empreendedores se impulsionam sistematicamente em direção a custos mais baixos e mercados maiores. Isso economiza recursos conhecidos ou cria novos recursos, coloca pressões de preço nos produtos existentes e envolve mais pessoas na economia." Posteriormente, ele escreve que "as inovações de hoje podem aparecer de formas e em lugares inesperados, mas seguem o mesmo padrão e não são menos espetaculares do que eram nos dias de Henry Ford". De fato, à medida que os empreendedores tornam os produtos mais simples e mais acessíveis, cada vez mais pessoas na sociedade não apenas os compram e usam, mas também são empregadas em sua criação. Esse processo resulta em uma economia mais vibrante e próspera.

Iqbal Quadir, "Inclusive Prosperity in Low-Income Countries", *Innovations* 9, n° 1/2 (2014): 65-66.

18. O iPhone da Apple é frequentemente utilizado como um exemplo da vulnerabilidade dos empregos globais — há até mesmo uma inscrição na parte de trás de cada iPhone: *Designed by Apple in California. Assembled in China [Desenvolvido pela Apple na Califórnia. Montado na China]*. Mas o iPhone realmente fornece uma ótima ilustração da importância dos empregos locais que não podem ser facilmente comprados pelo menor lance. "Designed" ["Desenvolvido"], na verdade, engloba uma série de funções locais que precisam ser realizadas perto da sede da Apple, na Califórnia, e que incluem o trabalho de milhares de engenheiros e cientistas que percorrem o mundo desenvolvendo novos materiais; os gerentes de produto, que conduzem pesquisas de mercado e geram

requisitos de produtos; e a equipe de varejo treinada para apresentar e explicar os dispositivos aos consumidores finais. "A Apple cria valor e, portanto, empregos nos EUA por meio do design e desenvolvimento de seus produtos, não por causa de onde eles são produzidos", concluiu uma análise recente da *Bloomberg Businessweek*. "Todos esses aspectos fazem parte do design de produtos do iPhone e explicam como a Apple pode cobrar margens significativas e obter a maior parte dos lucros da indústria. Sua margem bruta de 38% envergonha o restante do mercado de smartphones."

19. Segundo dados do Banco Mundial, os Investimentos Estrangeiros Diretos (IED) globais líquidos foram de aproximadamente US$173 bilhões. Esses investimentos são mais de curto prazo, líquidos e voláteis. Os IEDs visam ações, títulos e outros ativos financeiros. O valor absoluto (entradas e saídas) totalizou pouco menos de US$2,4 trilhões. Portanto, mesmo que contabilizemos o IED de prazo mais curto, fica claro que o montante de investimentos transnacionais é uma porcentagem muito pequena dos ativos globais sob gestão.

20. Matt Harding, "Op-Ed: The Internet will fail and the TV will never compete with the radio", *Digital Journal*, 25 de abril de 2010, http://www.digital journal.com/article/291152.

21. Um estudo conduzido por Christopher Blattman, da Universidade de Columbia, e Jeannie Annan, do Comitê Internacional de Resgate, sugere que oferecer treinamento profissional e oportunidades de emprego poderia ajudar a conter a criminalidade em uma região. Superficialmente, faz sentido. Quanto mais oportunidades legítimas as pessoas em uma comunidade tiverem para resolver os problemas que a criminalidade lhes permite solucionar, como conseguir recursos necessários para viver uma vida confortável, menor é a probabilidade de elas se envolverem em crimes. Se você observar algumas das áreas mais afetadas pelo crime em nosso mundo, até mesmo nos Estados Unidos, elas são muitas vezes locais onde muitas das pessoas não têm oportunidade. Embora essa não seja a única razão pela qual elas se envolvam em crimes, geralmente é uma das principais. O estudo constatou que um aumento salarial de 40 centavos por dia era suficiente para induzir os ex-soldados mercenários liberianos a dedicar mais tempo à sua nova (e honesta) ocupação e ficar longe da violência ou de outras atividades criminosas. E a garantia de que mais ganhos chegariam no futuro foi particularmente eficaz no combate à atividade ilegal.

    Gillian B. White, "Can Jobs Deter Crime?", *The Atlantic*, 25 de junho de 2015, https://www.theatlantic.com/business/archive/2015/06/can-jobs-deter-crime/396758/.

22. Ibid.

23. Milton Friedman, "Milton Friedman on Charlie Rose", vídeo, 53:57, https://charlierose.com/videos/19192.

Capítulo 3

Na Dificuldade É que Existe a Oportunidade

A verdadeira viagem de descoberta não consiste em procurar novas paisagens, mas em ter novos olhos.

— MARCEL PROUST

Resumo da Ideia

Você pode estar pensando que uma coisa é dizer que inovações criadoras de mercado são importantes para criar prosperidade, mas como é possível *identificá-las* e, o mais difícil, buscá-las? Se fosse tão fácil, todo mundo já não estaria fazendo isso? O problema é que é muito difícil "ver" o que você não está procurando. Muitas de nossas previsões econômicas nem sempre ajudam — elas geralmente se concentram no que chamamos de "economia de consumo", a parte que é mais visível por meio de métricas convencionais. Mas elas não levam em consideração o que é menos óbvio, e talvez a mais rica das minas de ouro para o crescimento — a "economia do não consumo".[1] Para enxergar a oportunidade no não consumo, você precisa mudar o que está procurando.

Em seu primeiro emprego, trabalhando no ramo de seguros em Londres, Richard Leftley ficou fascinado e intrigado com duas tabelas na análise estatística anual publicada pela Swiss Re, a principal resseguradora global. A primeira era sobre o número e a localização de pessoas que morreram em consequência de desastres naturais. A segunda indicava o custo total dos pagamentos de seguro nessas áreas. "Havia uma disparidade total entre as duas listas", lembra Leftley agora. "O número de vítimas humanas foi enorme em lugares como Bangladesh, Paquistão e Índia. Esses países, porém, nunca estiveram nos rankings das 'indenizações integrais'." Não fazia sentido, Leftley pensou, que as pessoas que mais precisam de seguro no mundo são as menos propensas a tê-lo.

Alguns anos depois, aproveitando suas férias de duas semanas para fazer trabalho voluntário na Zâmbia, Leftley viu uma oportunidade de mudar esse fato. Como parte de sua experiência voluntária, ele foi colocado na casa de uma viúva e seu filho em uma vila pobre. Leftley não estava preparado para o quanto a rotina da viúva era sofrida: na melhor das hipóteses, ela vivia em condições mínimas. Contudo, durante a estada, ele descobriu que a vida dela nem sempre fora tão sombria. A mulher já havia morado em Lusaka, a capital da Zâmbia, onde era professora enquanto seu marido trabalhava como guarda. Eles tinham superado suas circunstâncias econômicas pobres da infância e estavam vivendo uma vida de relativo conforto, com uma casa decente e uma motocicleta para se locomover. No que Leftley chama de "altos e baixos" da vida, o marido dela contraiu HIV no auge da epidemia na Zâmbia, e a espiral descendente da família começou. Além de ele estar doente demais para trabalhar, eles gastaram todas suas economias em remédios — tanto legítimos quanto "milagrosos" que ofereciam falsas esperanças — e, posteriormente, em seu funeral. Sem dinheiro, a viúva e seu filho voltaram à aldeia para recomeçarem suas vidas.

Leftley ficou profundamente comovido com essa história e retornou a Londres determinado a encontrar uma maneira de usar sua competência profissional para ajudar as pessoas mais necessitadas nas economias pobres. Quando contou aos seus colegas do ramo de seguros sobre sua ideia de um novo tipo de negócio, foi alvo de gargalhadas, assim como acontecera com Mo

Ibrahim uma década antes. "Eles riram de mim", lembra ele agora. "Eu estava falando sobre ir para a Zâmbia e vender seguro para pessoas que tinham HIV. As pessoas achavam que eu havia perdido meu juízo."

Hoje em dia, as risadas deles cessaram. Até o momento da escrita deste livro, a MicroEnsure, empresa que Leftley fundou, registrou mais de 56 milhões de pessoas em seguros em economias emergentes (18 milhões apenas em 2017), pagando US$30 milhões em indenizações. Para tornar isso possível, ele encontrou enormes oportunidades no não consumo — e inovou radicalmente o modelo de negócios de seguros. A empresa, que recebeu o prêmio *Financial Times*/IFC Transformational Business Award 4 vezes nos últimos anos, já é lucrativa em 80% dos mercados em que ingressou. Mais de 85% dos clientes da MicroEnsure nunca haviam comprado um produto de seguro até a empresa entrar em cena.

O que diferencia os inovadores criadores de mercado é a capacidade de identificar oportunidades onde parece *não haver clientes*. "É difícil analisar situações que você não pode ver", diz Leftley agora. Porém ele e sua equipe tiveram uma revelação que mudou completamente o modo como abordaram sua inovação. "Percebemos que não estávamos competindo com companhias de seguros gigantescas; nós estávamos competindo com o desinteresse", o qual, ao que parece, é um concorrente feroz. Entretanto uma inovação bem pensada, que solucione uma dificuldade enfrentada pelos potenciais consumidores, pode, com o tempo, ter êxito. É aí que reside uma das maiores possibilidades para criar mercados que levarão à prosperidade — primeiro para o empreendedor e depois, ao longo do tempo, para a região.

Um Conto de Duas Economias

Muitas vezes me perguntei como podemos descrever melhor as economias de uma maneira que indique seu potencial de crescimento e desenvolvimento. Para muitos de nós, a "economia" é simplesmente uma miscelânea abstrata de dinheiro e negócios, produtos e anúncios, leis e regulamentos, e compradores e vendedores que interagem uns com os outros de alguma forma. Normalmente categorizamos os países e suas economias como entidades monolíticas. Assim, muitas das projeções e análises, como o crescimento do PIB, da renda per capita e até mesmo estatísticas setoriais específicas oferecem uma visão elevada do que está acontecendo na economia como um todo. Embora esses tipos de análises sejam informativos e úteis, eles nem sempre contam toda a história.

Do ponto de vista da inovação, vemos o mundo de uma maneira um pouco diferente: os países são constituídos por consumidores (a "economia de consumo") e não consumidores (a "economia do não consumo"), uma distinção que ajuda a identificar territórios férteis para inovações criadoras de mercado. Ver uma economia dessa forma ajuda a acabar com o alvoroço sobre o crescimento do PIB e uma série de outras métricas que tendemos a usar para determinar a saúde e o potencial de uma economia.

A economia de consumo é composta de clientes que possuem renda, tempo e competência para comprar e usar produtos ou serviços existentes no mercado. É a parte da economia que economistas, analistas e gerentes de marketing costumam usar para prever o crescimento de um produto ou de uma região.[2] O tipo mais comum de inovações, as de sustentação, são direcionadas à economia de consumo porque é relativamente fácil ver o potencial de crescimento. Quando você já sabe quem são seus clientes, pode encontrar maneiras de tornar seus produtos ou serviços melhores para eles, para que gastem mais com você.[3]

Não é de surpreender que o capital, sendo avesso ao risco por sua própria natureza, tende a perseguir inovações de sustentação na esperança de um retorno previsível sobre o investimento (ROI) devido à maior facilidade de compreensão do potencial por meio de ferramentas e teorias financeiras existentes. Para avaliar em que medida o capital persegue a economia de consumo, considere os fluxos globais de Investimento Estrangeiro Direto (IED). Em 2016, aproximadamente US$1,1 trilhão do total de US$1,5 trilhão do IED global fluiu para as nações mais ricas do mundo, ou seja, os 35 países-membros da Organização para Cooperação e Desenvolvimento Econômico (OECD).[4] Em outras palavras, mais de 73% do IED global foi direcionado para apenas 35 dos 196 países do mundo. Ou considere os bilhões de dólares de investimentos que fluíram para o setor de telecomunicações móveis na África depois que

Mo Ibrahim criou um mercado e transformou milhões de não consumidores em consumidores.

Como já observamos, o potencial das inovações criadoras de mercado é significativo até mesmo em relação às de eficiência ou de sustentação mais robustas. No entanto inovar em um mercado que ainda não existe pode parecer arriscado. Pense na arte convencional de desenvolvimento de produtos, que se concentra na segmentação: identificar grupos de clientes que sejam semelhantes o suficiente para que o mesmo produto ou serviço atraia todos eles. Como os investimentos são necessários para desenvolver e comercializar produtos, as decisões de investimento geralmente são tomadas com base em decisões semelhantes de segmentação. Questões como "Quanta renda disponível as pessoas do país A têm?" ou "Qual é o gasto médio com entretenimento no país B? Esse número está aumentando ou diminuindo?" normalmente direcionam as decisões de investimento. Comerciantes, analistas de pesquisa e investidores geralmente segmentam os mercados por tipo de produto, por preço, ou pelos dados demográficos e psicográficos dos indivíduos ou empresas que são seus clientes. Trata-se de focar a economia de consumo — a oportunidade que podemos ver e segmentar com mais facilidade.

Contudo, esse método desconsidera bilhões de pessoas classificadas como muito pobres, muito ignorantes ou desinteressadas demais para se desenvolver produtos. A história nos mostrou várias vezes que esse modo de pensar é muito limitante.

Considere, por exemplo, como a AT&T perdeu a chance de liderar uma revolução da telefonia móvel. Há apenas algumas décadas, ela pediu a uma importante empresa de consultoria que estimasse quantos telefones celulares haveria no mundo na virada deste século. A estimativa foi de pouco menos de 1 milhão. E assim, a AT&T não investiu, pois o mercado não seria grande o suficiente para garantir seu investimento.[5] Todos os dados existentes que a empresa tinha acesso indicavam a "baixa oportunidade." Na época, os telefones celulares eram pesados, volumosos e caros. A maioria das pessoas não podia pagar por eles. Não investir fazia sentido, pelo menos em teoria.

Avancemos aos dias atuais e é impossível imaginar qualquer lugar do planeta sem eles. Em 2001, havia quase 1 bilhão de celulares no mundo. Hoje, existem mais de 7,5 bilhões de linhas móveis registradas a nível global.[6] Apenas tente fazer contato visual com alguém em um metrô ou ônibus de uma grande cidade. É impossível. Você encontrará pessoas de todas as idades e origens olhando para baixo, compenetradas em seus telefones.

O não consumo oferece uma pista poderosa de que há um enorme potencial para inovação. Mas identificá-lo exige mudar a perspectiva para enxergar o que outras pessoas podem não perceber.

Identificando as Barreiras

Como é possível identificar nichos de alto potencial de não consumo? Em seu livro *Inovação para o Crescimento: Guia Prático e Funcional*, meu colega Scott Anthony e seus coautores dedicam um capítulo inteiro sobre como reconhecer o não consumo. Existem basicamente quatro barreiras ou restrições que impedem as pessoas de consumirem uma solução que as ajudará a progredir. São elas: habilidade, condição financeira, acesso e tempo. Às vezes, as soluções no mercado apresentam restrições semelhantes que impedem que potenciais consumidores adquiram essas soluções específicas. Vamos explorar cada uma brevemente.[7]

HABILIDADE: frequentemente, os não consumidores não possuem as habilidades necessárias para consumir as soluções existentes no mercado, embora possam se beneficiar disso. Por exemplo, 50 anos atrás, era necessária uma habilidade enorme para operar os computadores e aqueles que os usavam, principalmente técnicos de grandes universidades e corporações, tinham que ser capazes de operar uma máquina enorme e complexa. Isso criou uma barreira extra ao consumo, além do preço.

CONDIÇÃO FINANCEIRA: a condição financeira é geralmente a restrição mais facilmente identificável. É quando os não consumidores não têm condições financeiras para pagar pelas soluções existentes no mercado que os ajudariam a progredir. Por exemplo, a maioria dos norte-americanos não podia comprar um computador pessoal até que Apple, IBM, Microsoft e Intel, inovando ao longo do tempo, tornaram a computação mais acessível para o não consumidor comum. Hoje, a maioria de nós tem computadores em nossos bolsos.

ACESSO: quando os não consumidores se beneficiariam de uma solução específica, mas as soluções existentes não estão disponíveis em sua localização ou contexto particular. Lembra-se dos centros de fotocópia em muitas grandes organizações? Aquelas máquinas grandes e complicadas de usar estavam em locais centralizados e, se você não estivesse conectado a uma delas, não conseguiria imprimir. Mas a Canon e a Ricoh desenvolveram impressoras menores, mais simples e mais acessíveis que agora temos em nossas casas e escritórios. A inovação delas removeu a barreira de acesso. Hoje podemos imprimir milhares de páginas a partir de nossos telefones celulares conectados a impressoras sem fio em nossas casas.

TEMPO: restrições relacionadas ao tempo são quando os não consumidores se beneficiariam do uso de uma solução, mas o tempo necessário é impeditivo. Nos meus 65 anos de vida, ainda não encontrei uma pessoa que adora esperar ou perder tempo. A rede mexicana Clinicas del Azúcar, que fornece uma solução integrada para o tratamento da diabetes (que discutiremos em detalhes no Capítulo 7), desenvolveu sua solução com essa barreira em mente. Muitas das soluções existentes para tratar a diabetes no México exigiam que os pacientes fossem a diferentes hospitais ou clínicas e consultassem diferentes especialistas — isso demandava um tempo significativo apenas no deslocamento. A solução da Clinicas del Azúcar é diferente. Os pacientes visitam uma clínica, onde eles veem vários especialistas diferentes em tempo hábil. Quanto mais pacientes estiverem na clínica, mais receita é gerada e, por isso, há um incentivo para que ela seja eficiente em seu tratamento.

A Luta é Real

Identificar as barreiras que levam ao não consumo é uma *pista* vital, mas não é a única coisa que os inovadores devem procurar. As pessoas são não consumidoras porque estão lutando para realizar algo, mas nenhuma das soluções disponíveis é uma boa opção para elas.

Acreditamos que a inovação é muitas vezes imprevisível porque se baseia em dados existentes sobre a economia de consumo — usando informações sobre o que os clientes fizeram no passado para prever o que farão no futuro. Mas nesses dados falta algo fundamental. Eles não explicam por que as pessoas fazem as escolhas que fazem — e isso não prevê necessariamente o que elas farão no futuro. Além disso, não captam porque alguém optou por não comprar um produto ou serviço — que é onde existe a economia do não consumo.

Alternativamente, isso pode ser explicado pela Teoria dos Trabalhos a Serem Realizados, que acreditamos esclarecer por que as pessoas fazem as escolhas de compra que fazem.[8] Muitos profissionais de marketing se concentram em identificar dados demográficos ou colocar potenciais clientes em segmentos, mas entendemos que isso não leva em consideração o que fundamentalmente faz com que cada um de nós escolha comprar um produto ou serviço. Há algo mais acontecendo, e a demografia não pode explicar o que é.

Trabalhos diários que preciso fazer surgem em minha vida. Alguns são pequenos, alguns são grandes. Alguns deles surgem de forma imprevisível. Alguns são um assunto cotidiano. Quando nos damos conta de que temos um trabalho a fazer, procuramos algo em nossas vidas para nos ajudar a fazê-lo. Quando compramos um produto, basicamente "contratamos" algo para nos ajudar a fazer esse trabalho. Se for eficaz, quando somos novamente confrontados com a mesma tarefa, contratamos o mesmo produto. Se ele fizer um trabalho ruim, nós o "demitiremos" e procuraremos algo que resolva o problema.

Deixe-me ilustrar o que quero dizer. Eu poderia escolher comprar o jornal *The New York Times* no caminho para o trabalho certa manhã. Tenho 65 anos de idade, 2m de altura e calço 48. Minha esposa e eu mandamos todos nossos filhos para a faculdade. Dirijo um SUV para o trabalho. Tenho muitas características e atributos, mas nenhum deles me *levou* a sair e comprar o *The New York Times*. Minhas razões para comprar esse jornal são muito mais específicas. Eu poderia comprá-lo porque talvez precise de algo para ler em um avião e não quero ser forçado a falar com o passageiro conversador ao meu lado. Posso comprá-lo pois sou fã de basquete e quero ler a seção de esportes e provocar um dos meus filhos sobre as chances de seu time favorito chegar às finais. Os profissionais de marketing que coletam informações demográficas ou psicográficas sobre mim — e que procuram correlações com outros segmentos de compradores — não vão captar essas razões. Eles não serão capazes de compreender o Trabalho para o qual contratei o jornal naquele dia. Ou, se não comprar o jornal em um determinado dia porque não terei tempo para lê-lo, não haverá dados sobre minha escolha.

Até entender o Trabalho para o qual seus clientes contratam seu produto ou serviço, em toda a sua rica complexidade e nuance, você nunca poderá ter certeza de que suas inovações terão êxito. Inovações de criação de mercado bem-sucedidas surgem de Trabalhos a Serem Realizados; elas resolvem problemas que antes só tinham soluções inadequadas — ou nenhuma solução. Mo Ibrahim, da Celtel, sabia que alguém que quisesse falar com a mãe em um vilarejo distante teria que viajar durante dias para fazer contato. Para a maioria das pessoas, essa era uma solução inadequada. Richard Leftley, da MicroEnsure, sabia que as pessoas que queriam desesperadamente proteger suas famílias de dificuldades imprevistas tinham poucas opções. Sob a perspectiva da economia de consumo, nenhuma dessas oportunidades seria evidente.

As pessoas preferem ficar sem nenhum produto — permanecer como não consumidoras — do que "contratar" um produto ou serviço que resolva seu Trabalho de maneira insatisfatória. Foi o que aconteceu quando Leftley percebeu que seu produto de seguro não estava competindo com outros similares no mercado, mas, sim, com o desinteresse. Na verdade, não competia com *nada*. Uma vez que você compreende o verdadeiro Trabalho que as pessoas querem realizar — e, no caso do não consumo, que as pessoas *optam por não fazer* em vez de resolvê-lo com as opções existentes —, o mercado de repente parece cheio de potencial. O não consumo é simplesmente um indício de que há uma enorme possibilidade de solucionar uma dificuldade por meio da inovação.

"Ninguém Acorda de Manhã e Quer Comprar um Seguro."

Os inovadores precisam se colocar no lugar de seus clientes em potencial e criar um produto que seja muito melhor do que as alternativas existentes para que, assim, as pessoas o contratem — mesmo quando a concorrência não é *nada*. Uma vez que entenderem bem o Trabalho a Ser Feito, serão capazes de criar uma solução que fará com que os não consumidores "demitam" o desinteresse ou qualquer solução alternativa que tenham criado e contratem a solução feita por eles. Superficialmente, isso pode parecer fácil (afinal, *algo* não é melhor do que nada?); contudo, o processo de tomada de decisão de um cliente sobre o que demitir e contratar para o seu Trabalho é complicado. Há sempre duas forças opostas que disputam o domínio dentro de nós naquele momento de escolha, e ambas desempenham um papel significativo em nossa decisão de "contratar" algo.

AS FORÇAS QUE PROVOCAM A MUDANÇA POR UMA NOVA SOLUÇÃO: primeiro de tudo, o que "empurra" a situação — a frustração ou problema que um cliente está tentando resolver — tem que ser significativo o suficiente para causar algum tipo de ação por parte dele. Um problema que é simplesmente irritante ou chato pode não ser suficiente para provocar alguém a fazer algo diferente. Em segundo lugar, a capacidade de "atração" de um novo produto ou serviço para resolver esse problema também deve ser bastante forte. A nova solução para o Trabalho a Ser Feito tem de ajudar os clientes a progredir de modo a melhorar suas vidas.

AS FORÇAS QUE SE OPÕEM À MUDANÇA: existem duas forças invisíveis, mas ao mesmo tempo incrivelmente poderosas, que muitos inovadores ignoram com frequência — as que retêm um cliente. Primeiro, os "hábitos do presente" pesam muito sobre os consumidores. Estou *acostumado* a fazer isso dessa maneira, ou a viver com o problema. Eu não amo isso, mas pelo menos me sinto confortável com a maneira como lido com a questão agora. É como os não consumidores tendem a viver, presos aos hábitos do presente — o pensamento de mudar para uma nova solução é quase devastador. Ficar com o mal que eles conhecem (nesse caso, simplesmente viver com sua dificuldade) é suportável. Recusei-me a trocar de celular durante anos, apesar de todas as coisas sensacionais que meu assistente me assegurou que o novo telefone poderia fazer, porque eu estava *confortável* com o que eu tinha. Isso acontece em grande parte porque — como Daniel Kahneman, ganhador do Prêmio Nobel, mostrou — o principal fascínio do antigo é que ele não requer deliberação e já tem alguma plausibilidade intuitiva como solução. A aversão à perda — a tendência das pessoas de quererem evitá-la — é duas vezes mais poderosa psicologicamente do que o fascínio dos ganhos, como demonstrado pela primeira vez por Kahneman e Amos Tversky.[9]

Além disso, ansiedades que surgem ao contratar uma nova solução são poderosas: a ansiedade sobre o custo, a de aprender algo novo e a do desconhecido podem ser devastadoras. Suponho que você provavelmente tenha pelo menos um celular antigo e empoeirado em uma gaveta com coisas velhas ou em um armário em algum lugar em sua casa. Você não é o único. Muitos consumidores guardam seus celulares antigos, mesmo quando podem usá-lo para obter desconto em um novo. Por quê? Ansiedade sobre a nova solução. *E se o novo falhar em algum momento? E se me encontrar em algum tipo de situação imprevista em que precise de um telefone de reserva? E se...* Os inovadores muitas vezes se concentram exclusivamente nas forças que pressionam a mudança — certificando-se de que a nova solução para resolver a dificuldade de um cliente seja suficientemente atraente para fazer com que mudem, mas ignoram as poderosas forças que bloqueiam essa mudança.

Leftley, da MicroEnsure, descobriu isso da maneira mais difícil. Foram necessárias algumas tentativas para que ele e sua equipe acertassem o modo pelo qual apresentavam seu produto. Inicialmente, a empresa se concentrou em tentar atrair pessoas simplesmente oferecendo seguros. A MicroEnsure não financia o seguro que vende, mas funciona como uma intermediária entre as empresas de telefonia móvel e as principais seguradoras. O lucro da empresa é proveniente da obtenção de uma pequena fatia de assinantes novos e já existentes que gastam, mensalmente, até certa quantia na compra de minutos para ligações. Além disso, quando as seguradoras querem acesso a novos clientes, às vezes elas contratam serviços de consultoria e desenvolvimento de produtos com a MicroEnsure. Isso significa que é responsabilidade da MicroEnsure entender os possíveis clientes e encontrar uma maneira de atraí-los. No início, a empresa criou programas que permitiam que as operadoras de telefonia móvel oferecessem seguro gratuito a clientes que gastassem um pouco mais com minutos pré-pagos de celular. Tudo o que um cliente precisava fazer para contratar o seguro era fornecer seu nome, sua idade e indicar seu parente mais próximo. Havia apenas três questões entre um cliente em potencial e um seguro "gratuito" (a gratuidade era um bônus por comprar mais minutos de celular).

Deveria ter sido um tiro certeiro. Mas não foi. Mesmo depois de gastar muito dinheiro na publicidade de um produto *gratuito* (a MicroEnsure esperava lucrar com *upselling* das vendas uma vez que tivesse clientes registrados), a empresa tinha conseguido apenas 10 mil clientes em mais de 1 ano, um impacto minúsculo no mercado. Embora ela tenha tentado simplificar a aquisição do seguro, o produto em si não fazia muito sentido nas circunstâncias em que muitos clientes se encontravam. Não resolvia o Trabalho a Ser Feito por *eles*. Essencialmente, era um seguro tradicional, apenas com preços ajustados para uma economia de mercado emergente. "Tive que imprimir folhetos com informações como 'paraquedismo e polo aquático não estão incluídos'", lembra Leftley a respeito da exigência da seguradora de excluir especificamente a participação em esportes caros, os quais os não consumidores almejados sequer considerariam. "Era uma loucura."

Analisar a situação sob o prisma de qual Trabalho *esses* não consumidores realmente tentavam fazer levou Leftley e sua equipe a repensarem não apenas o que vendiam — mas como. "Ninguém acorda de manhã e quer comprar um seguro", Leftley percebeu, mas as pessoas acordam preocupadas com o que poderia dar errado naquele dia e arruinar suas vidas. O risco de ficar doente e não poder trabalhar, de sua banca de mercado pegar fogo, de ser roubado, de uma inundação acabar com todos os seus suprimentos... O risco de as crueldades do destino destruírem todas as possibilidades. O Trabalho a Ser Feito não era "venda-me seguro", mas algo como "ajude-me a continuar sustentando minha família — em minhas circunstâncias particulares — sem me preocupar com o que está fora do meu controle". Nesse cenário, sua estratégia tinha que ser *emergente*, não *deliberada*. Era preciso primeiro aprender como criar o mercado antes de dimensionar sua solução.

Para reagir em relação ao que aprendiam, a MicroEnsure teve que mudar praticamente tudo sobre o modelo tradicional de seguro. Era exagero até mesmo fazer três perguntas simples para que os clientes contratassem o produto. "Poderíamos identificar o momento em que as pessoas desistiam", lembra Leftley. "Essas três perguntas faziam com que 80% delas não completassem o processo." Em muitos países de baixa renda, questões como idade e parentesco não são simples — as pessoas nem sempre sabem ou se preocupam tanto com a idade, e é difícil escolher um parente mais próximo em uma estrutura familiar complexa. Assim, a MicroEnsure teve que inovar radicalmente seu modelo de negócios para lidar com as forças que se opunham à mudança nas mentes dos possíveis clientes.

O que aconteceria se eles não perguntassem absolutamente *nada*? A MicroEnsure e suas seguradoras parceiras teriam apenas uma informação sobre o cliente: seu número de celular. E, com isso, as companhias de seguro concordariam em fornecer seu produto e fazer pagamentos diretamente a esse número de telefone sem burocracia, perguntas ou *qualquer* comprovação. "Foi muito esquisito para as companhias de seguros", lembra Leftley. Não saber a idade de um cliente, em uma área baseada em dados, prognósticos e tabelas atuariais previsíveis, era um pensamento verdadeiramente radical. Porém, com essa inovação, "comprar seguro tornou-se tão simples quanto baixar um novo toque de celular". Então, o seguro gratuito transformou-se em uma poderosa ferramenta de marketing — uma vez que o cliente era instruído sobre o conceito, era mais fácil fazer *upsell* e *cross marketing* com outros produtos de seguro.

"Nós havíamos decifrado o código", diz Leftley. Tanto é que a MicroEnsure cadastrou um milhão de clientes *no primeiro dia* em que ofereceu um novo produto de seguro de vida na Índia — um que não tinha limite de idade nem exclusões, e exigia apenas um número de celular. A empresa não estava preparada para o quão bem-sucedida ela seria. Nos três meses seguintes, outros 19 milhões de clientes seguiram o exemplo. "Não havíamos desenvolvido sistemas que pudessem dar conta de um volume tão alto!", conta Leftley. "Conectávamos HDs e pendrives e estávamos no limite do que era fisicamente possível."

Isso não quer dizer que o sucesso da MicroEnsure tenha sido fácil. Criar mercados em economias emergentes é difícil. A empresa na verdade começou como uma organização sem fins lucrativos antes que Leftley e sua equipe percebessem que não conseguiriam acompanhar o crescimento ao contar apenas com doações e subsídios, cujo processo de concessão geralmente é lento. A empresa quase desistiu várias vezes enquanto esperava que os auxílios financeiros fossem aprovados. No momento em que ela estava conseguindo milhões de clientes todas as semanas, ficou nítido que depender de financiadores não era uma estratégia para o crescimento e a sustentabilidade em longo prazo. "Nossa ideia era abordar uma instituição importante, por exemplo, e passar por todo aquele processo. Se tivéssemos sorte, seis meses depois, receberíamos um cheque. Nesse período, no entanto, poderíamos estar fora do negócio. Nós não poderíamos esperar tanto tempo."

Com um mercado evidente e uma oportunidade potencial incalculável, Leftley e sua equipe conseguiram atrair um consórcio de patrocinadores, incluindo Sanlam, Omidyar, IFC, Telenor e a seguradora AXA, e se converteram em uma empresa com fins lucrativos. A MicroEnsure agora tinha condições de experimentar e criar novos produtos e serviços em mercados que outras seguradoras simplesmente não conseguiam ver. Em cada lugar, ela contratava e montava uma equipe local para executar as operações de atendimento presencial, criando uma série de novos empregos na região.

Para esclarecer, não é que as empresas existentes não estejam procurando oportunidades para crescer. Elas estão, mas infelizmente, com frequência, ficam cegas por seus modelos de negócios existentes e pelas ferramentas de pesquisa de mercado que usam. Isso faz com que não vejam oportunidades na dificuldade de milhões de pessoas. A vastidão da economia do não consumo em muitas regiões do nosso mundo é simplesmente uma indicação de que, embora existam grandes dificuldades para centenas de milhões de pessoas, ainda é preciso que um empreendedor construa um modelo de negócios que seja viável para atender a essas necessidades específicas. O interessante sobre o desenvolvimento de um modelo de negócio que vise essa dificuldade é que, uma vez feito de forma eficaz, a oportunidade, repentinamente, parecerá óbvia.

Considere o caso da fabricante de eletrodomésticos Galanz.

Só Porque Você Não Pode Ver, Não Significa que Não Está Lá

Liang Zhaoxian, fundador da Galanz, construiu aquela que se tornou uma das maiores empresas de eletrodomésticos do mundo. Apenas algo insignificante para muitos há 25 anos, hoje cerca de metade dos fornos de micro-ondas vendidos globalmente são fabricados pela Galanz, o que representa uma quantia considerável. Contudo, Zhaoxian não construiu esse império concentrando-se principalmente na exploração dos baixos salários da China para criar exportações para o mundo. Seu foco inicial foi a dificuldade que viu *no* país asiático.

Essa foi uma oportunidade que seus concorrentes inicialmente não conseguiam ver. Em 1992, por exemplo, apenas 200 mil fornos de micro-ondas foram vendidos na China, a maioria em cidades. O preço médio do produto era de cerca de 3 mil iuanes (aproximadamente US$500 na época), bem além do alcance do cidadão chinês médio. Muitos dos chineses viam o forno de micro-ondas como um luxo de que não necessitavam, assim como muitos fabricantes enxergavam o consumidor comum chinês como "pobre demais" para sequer considerar a compra de um. Para se ter uma ideia, os maiores produtores para o mercado chinês local vendiam anualmente cerca de 120 mil unidades.

Todavia, o fundador da Galanz teve uma visão diferente: ele viu pessoas que viviam em apartamentos minúsculos, sem aqueles fogões enormes. Muitos usavam placas de aquecimento [hotplates], que geralmente esquentavam o ambiente pequeno e apertado. Zhaoxian viu um número crescente de chineses que estavam, agora mais do que nunca, com pouco tempo. Ele também percebeu que a última coisa que alguém com pressa, que mora em um apartamento minúsculo e sem ar-condicionado, quer é cozinhar e, assim, deixar o ambiente mais quente. Zhaoxian viu essa dificuldade como uma enorme oportunidade de criação de mercado.

A Galanz optou por se concentrar no mercado de fornos de micro-ondas na China exatamente pelas mesmas razões que muitas marcas globais reconhecidas optaram por ignorá-lo. Para elas, *a demanda existente era pequena, os fornos de micro-ondas eram caros e o consumidor comum chinês não podia pagar por um.*

Assim, a empresa desenvolveu um modelo de negócios que se concentrava na *criação de um mercado* na China. Mesmo que tenha aproveitado os custos de mão de obra mais baixos do país, assim como muitas outras marcas e fabricantes, seria incorreto sugerir que a Galanz era apenas uma fabricante de fornos de micro-ondas de baixo custo. A empresa começou do zero, com o cliente comum chinês em mente.

Para atingir com sucesso esse cliente, os executivos da empresa na Galanz tiveram que pensar de forma diferente dos outros fabricantes de micro-ondas no país. Por exemplo, em meados da década de 1990, a taxa de utilização de capacidade para a maioria dos fabricantes de micro-ondas na China era de cerca de 40%, mas a Galanz funcionava 24 horas por dia, 7 dias por semana, para maximizar a utilização dos ativos.[10] Enquanto outros fabricantes anunciavam seus produtos na TV, a Galanz optou pelos jornais, onde introduziu o "marketing do conhecimento". Com ele, as empresas fornecem aos consumidores informações sobre como usar seus produtos e incluem detalhes sobre novos modelos. Essa estratégia reduziu drasticamente os custos de publicidade e marketing da Galanz, uma vez que as empresas com volumes de vendas semelhantes gastavam quase dez vezes mais do que ela em publicidade.

Um artigo no *China Daily*, um popular jornal chinês em inglês, atribui à Galanz o mérito de ensinar muitos consumidores no país a usar fornos de micro-ondas pela primeira vez. "Em 1995, a empresa [Galanz] popularizou o conhecimento do uso de fornos de micro-ondas a nível nacional. Ela começou a publicar apresentações especiais como 'Um Guia para o Uso de Forno de Micro-ondas', 'Uma Conversa sobre Fornos de Micro-ondas por um Especialista' e 'Receitas para Forno de Micro-ondas' em mais de 150 jornais. Ela gastou quase 1 milhão de iuanes (US$120.481) na publicação de livros tais qual 'Como escolher um bom forno de micro-ondas'", afirma o artigo.[11] Esses esforços não apenas educaram a população chinesa sobre os micro-ondas, mas também criaram a percepção de marca para a Galanz.

A empresa também desenvolveu novos recursos que outros fabricantes contratados, focados principalmente em exportações e na manufatura com baixos salários, não precisavam. Onde a empresa necessitava de novos engenheiros, vendedores e especialistas em marketing, ela os recrutava; onde precisava de novos canais de distribuição, ela os desenvolvia; onde necessitava de novos escritórios, fábricas ou salas de exposição, ela os construía. Para servir o mercado chinês, a Galanz teve que criar muitos *empregos locais*. Apenas dois anos após iniciar a produção, a empresa tinha uma rede nacional de vendas de quase 5 mil lojas.[12]

Atualmente, a Galanz possui o maior centro de pesquisa e desenvolvimento de micro-ondas do mundo. Além disso, a empresa busca ativamente parcerias com instituições de pesquisa e centros de P&D em vários países, incluindo os Estados Unidos, o Japão e a Coreia do Sul. A Galanz agora tem centros de distribuição em quase 200 países e regiões ao redor do mundo. Se ela tivesse se concentrado exclusivamente na exportação de fornos micro-ondas de baixo custo, não teria que fazer muitos desses investimentos.[13]

Com a Galanz, podemos começar a ver o impacto no desenvolvimento de focar o não consumo. Por exemplo, em 1993, a empresa tinha 20 funcionários; em 2003, havia crescido para mais de 10 mil. Do ponto de vista da produção, em 1993, a empresa produzia aproximadamente 400 unidades por dia em uma única linha; em 2003, operava 24 linhas, produzindo diariamente 50 mil unidades. Cerca de uma década depois, a produção diária era de aproximadamente 100 mil fornos de micro-ondas.

A Galanz fez tanto sucesso que a empresa faturou mais de US$4,5 bilhões em receita e empregou mais de 40 mil pessoas em 2013. Ela agora possui mais de 40% de participação no mercado global de micro-ondas, e seu fundador integra tranquilamente a lista da *Forbes* das pessoas mais ricas do mundo, com o valor estonteante de US$1,01 bilhão. A riqueza de Liang Zhaoxian e o êxito de sua empresa, no entanto, foram construídos sobre uma base de inovações criadoras de mercado na China e para a China. Depois de atingir com sucesso o não consumo no país, a Galanz estava bem posicionada para ir atrás dos mercados globais.

O Não Consumo em Todo Lugar

Ao adquirir o entendimento de que há uma grande oportunidade na criação de negócios voltados para o não consumo, é possível desenvolver inovações criadoras de mercado da mesma maneira que os empreendedores a seguir fizeram. Como consequência, muitos dos inovadores que constroem empresas que solucionam as dificuldades de milhões de pessoas em nosso mundo começarão a transformar suas economias locais no processo.

"Vendo" o que Não Pode Ser Visto

A sabedoria convencional sugere que procuremos crescimento e prosperidade na economia de consumo. Certamente, é onde a maioria dos investidores gasta seu tempo, perseguindo oportunidades novas e empolgantes de crescimento. Compreensivelmente, é mais fácil avaliar essas oportunidades com as ferramentas de pesquisa de mercado nas quais as empresas passaram a confiar. Contudo, focar o não consumo oferece o que acreditamos ser a melhor oportunidade para acionar novos mecanismos de crescimento para as empresas. Por sua vez, esses novos mecanismos de crescimento auxiliam as comunidades a gerar empregos e renda, que ajudam as pessoas a progredirem em suas vidas.

Organização/Inovação	Não consumo e Impacto
Safaricom/M-PESA — uma plataforma para celulares que permite armazenar, transferir e guardar dinheiro sem possuir uma conta bancária	**Não consumo:** mais de 85% dos quenianos não tinham acesso a serviços bancários antes da M-PESA. O sistema bancário do Quênia levou mais de 100 anos para construir aproximadamente 1.200 agências bancárias no país. **Impacto:** mais de 22 milhões de quenianos passaram a usar a M-PESA desde seu lançamento em 2007. Atualmente, o serviço movimenta mais de US$4,5 bilhões mensais. Existem hoje mais de 40 mil agentes M-PESA em todo o país, aumentando sua renda como resultado. Milhões de quenianos agora podem acessar outros produtos de serviços financeiros, como empréstimos e seguros, que, historicamente, estavam indisponíveis para eles.
Tolaram/Macarrão instantâneo Indomie — uma refeição saborosa, barata e fácil de cozinhar que pode ser preparada em menos de três minutos	**Não consumo:** com dezenas de milhões de nigerianos vivendo com menos de US$2 por dia, a capacidade de pagar três refeições diárias é difícil para muitos no país. **Impacto:** a Tolaram agora vende mais de 4,5 bilhões de pacotes de macarrão na Nigéria por ano. A empresa administra 13 fábricas, possibilitou dezenas de milhares de empregos, investiu mais de US$350 milhões no país e contribui com dezenas de milhões de dólares para a economia nigeriana anualmente. Antes de a empresa começar a vender macarrão instantâneo, poucos nigerianos tinham ouvido falar da comida.
Celtel/Telefonia móvel — um serviço pré-pago de telefone móvel que permite que os clientes comprem minutos de celular por apenas 25 centavos	**Não consumo:** em 2000, das 800 milhões de pessoas que viviam na África, aproximadamente 2,5%, menos de 20 milhões, tinham telefones celulares. A República Democrática do Congo, por exemplo, com uma população de mais de 55 milhões de pessoas, tinha apenas 3 mil telefones. Havia menos de 1 milhão de linhas telefônicas para os 126 milhões de habitantes da Nigéria. **Impacto:** o mercado de telecomunicações na África hoje adiciona mais de US $150 bilhões à economia africana anualmente. Até 2020, a indústria deve promover a criação de 4,5 milhões de empregos, contribuir com US$20,5 bilhões em impostos e adicionar mais de US$214 bilhões em valor às economias africanas.[14] A proliferação da telefonia móvel também permitiu outras tecnologias, como a plataforma de dinheiro móvel M-PESA e os serviços de seguro da MicroEnsure. Agora ela é aproveitada como uma plataforma de educação e usada também para fornecer serviços de saúde pelo celular.

Organização/Inovação	Não consumo e Impacto
Galanz/Forno de micro-ondas — um forno de micro-ondas barato (em torno de US$45) para o cidadão comum chinês	**Não consumo:** no início dos anos 1990, havia menos de um milhão de fornos de micro-ondas na China. A população do país na época era de mais de 1,1 bilhão de pessoas. **Impacto:** de menos de 1 milhão de micro-ondas no início dos anos 1990 na China, hoje são vendidos mais de 13 milhões no país. A Galanz detém uma participação de 43% no mercado de fornos de micro-ondas. A empresa emprega mais de 40 mil pessoas e agora se aventurou em aparelhos de ar-condicionado, refrigeradores, máquinas de lavar roupa, lava-louças e vários outros eletrodomésticos. Como resultado da proliferação de fornos de micro-ondas na China, a indústria de alimentos congelados também cresceu. Algumas estimativas sugerem que alcançou mais de US$10 bilhões. Pense em todos os trabalhos, produtividade, receita, regulamentações e desenvolvimento promovidos.
Fyodor Biotechnologies/ Exame de malária pela urina (EMU) — um exame de malária sem necessidade de sangue que custa menos de US$2 e dá resultados em menos de 20 minutos	**Não consumo:** em nível mundial, mais de 200 milhões de pessoas por ano contraem malária. Nas regiões ainda suscetíveis à doença, sempre que a maioria das pessoas fica com febre, imediatamente presumem que é malária e tomam medicamentos específicos. Para diagnosticar corretamente a doença, os pacientes devem passar por um médico para fazer um exame de sangue, algo que muitos não podem pagar. Anualmente, mais de 500 milhões de exames laboratoriais de sangue são realizados globalmente. **Impacto:** o EMU da Fyodor resolve esse problema fornecendo uma maneira simples e não invasiva de diagnosticar a malária, para que as pessoas não tomem medicamentos para a febre de forma equivocada. Embora seja nova e tenha lançado o EMU recentemente, a Fyodor já está aumentando a produção e a distribuição desse exame para que possa alcançar milhões de pessoas que não podem realizar um simples teste de malária.
Ford Motor Company/ Ford Modelo T — um carro acessível para o norte-americano comum	**Não consumo:** em 1900, havia apenas 8 mil carros registrados nos Estados Unidos. Carros típicos naquela época eram muito difíceis de dirigir e somente norte-americanos ricos podiam pagar por eles. **Impacto:** de 1909 a 1924, Ford vendeu mais de 10 milhões de carros, mudando fundamentalmente o cenário do país. Ele criou dezenas de milhares de empregos, pagou melhores salários que a concorrência e iniciou alguns programas sociais para os funcionários. O Modelo T também impulsionou outros ramos, como seguros, distribuição e construção de residências e estradas, já que as pessoas puderam se mudar para os bairros nas redondezas das grandes cidades. Foi um divisor de águas.

Organização/Inovação	Não consumo e Impacto
EarthEnable/Pisos de barro — pisos endurecidos acessíveis que custam um quinto do preço do cimento	**Não consumo:** mais de 80% das residências em Ruanda têm pisos de terra, os quais são criadouros de mosquitos e muitos outros parasitas. Pisos de concreto seriam uma solução, mas são muito caros para a maioria dos ruandeses, onde o PIB per capita é de apenas US$703. **Impacto:** embora recentemente criada, a EarthEnable já forneceu mais de 0,5 milhão de metros quadrados de piso em mais de 300 vilas em Ruanda.
Clinicas del Azúcar/ Tratamento da diabetes — tratamento acessível e conveniente para diabéticos no México	**Não consumo:** hoje, a diabetes é a causa número um de mortes e amputações no México, causando a morte de mais de 80 mil pessoas anualmente. Desde 1990, o número de mexicanos diabéticos mais do que triplicou de 5,6 milhões para mais de 16 milhões. Mas o tratamento de US$1.000 por ano é muito caro para a maioria dos cidadãos, e o sistema de prestação de serviços de saúde também é inadequado. **Impacto:** as Clinicas del Azúcar reduziram o custo do tratamento de diabetes de US$1.000 para cerca de US$250 por ano. Sua solução integrada também resultou em uma redução de 60% nas complicações relacionadas à diabetes, como cegueira, amputações e insuficiência renal. Dos mais de 50 mil pacientes tratados, cerca de 95% nunca haviam recebido atendimento especializado em diabetes. Eles estão abrindo 2 novas clínicas a cada 3 meses.
Grupo Bimbo/Pão — pão acessível e de qualidade	**Não consumo:** pão acessível e de qualidade era difícil de encontrar no México antes que o Grupo Bimbo, a maior padaria do mundo, decidisse criar um novo mercado para pães diferentes que visassem o mexicano comum. **Impacto:** hoje, o Grupo Bimbo fatura mais de US$14 bilhões por ano, opera 165 fábricas em 22 países e emprega mais de 128 mil pessoas no mundo. Com uma capitalização de mercado de mais de US$11 bilhões, a Bimbo também possui mais de 100 marcas e vende seus produtos no Equador, na Colômbia e no Peru, bem como nos Estados Unidos, no Reino Unido e na China. Os menores salários pagos pela empresa representam o dobro do salário mínimo no México.

Organização/Inovação	Não consumo e Impacto
Opticas Ver De Verdad/ Óculos de grau — óculos de grau acessíveis e serviços oftalmológicos para os mexicanos comuns	**Não consumo:** aproximadamente 43% dos mexicanos têm uma deficiência visual para a qual precisam de óculos corretivos. As soluções existentes, que custam em média US$75, são muito caras. Muitos cidadãos ficam sem óculos, efetivamente vivendo sem boa visão. **Impacto:** desde a abertura de sua primeira loja em dezembro de 2011, a Ver De Verdad já realizou mais de 240 mil testes oftalmológicos e vendeu mais de 150 mil óculos. Com um preço médio de venda de aproximadamente US$17 por armação, a empresa está tornando a visão ruim uma coisa do passado no México. Ela planeja operar mais de 330 lojas em todo o país até 2020.
MicroEnsure/Seguro — seguro acessível para milhões de pessoas que vivem com menos de US$3 por dia	**Não consumo:** o seguro é subutilizado por muitos países de baixa renda. A América do Norte, a Europa Ocidental, o Japão e a China (menos de 34% da população global) são responsáveis por mais de 81% dos prêmios. O Oriente Médio e a África, por exemplo, são responsáveis por apenas 1,6%, enquanto a Ásia (excluindo a China e o Japão) é responsável por 11%. Não havia praticamente nenhum produto de seguro em sua forma atual projetado para os países com baixa renda. **Impacto:** MicroEnsure (microgarantia) é um termo equivocado; é um nome enganoso para uma empresa cuja inovação, em pouco mais de uma década de operação, ofereceu seguro a mais de 50 milhões de não consumidores de seguros em Bangladesh, Gana, Quênia, Índia, Nigéria e vários outros países. Mais de 85% de seus clientes nunca haviam comprado um produto de seguro até a MicroEnsure entrar em cena.

Por mais contraintuitivo que possa parecer, é possível desenvolver inovações criadoras de mercado em meio ao não consumo que existe em muitos países pobres. Muitas vezes, é por meio do trabalho árduo de inovadores que conseguem ver as oportunidades no não consumo, identificar uma dificuldade e conceber um futuro diferente do passado que as sementes da prosperidade são plantadas.

É exatamente o que Leftley e sua equipe continuam fazendo na MicroEnsure. Depois de passar algum tempo em alguns bairros pobres em Dhaka, a capital de Bangladesh, Leftley viu a oportunidade para outro produto que pode parecer inconcebível para os outros: o seguro hospitalar básico. Qualquer cliente que contratá-lo — gratuitamente — recebe US$50 se passar duas ou mais noites em um hospital. Independentemente da sua idade ou condição de saúde, um pagamento de US$50 será feito para um número de telefone celular assim que a solicitação for registrada. Nenhuma pergunta é feita.

A ideia do produto veio depois de uma conversa comovente que Leftley teve com uma mãe que perdeu seu filho devido a uma doença. Ela levara o menino doente para o hospital local, mas sem dinheiro para pagar por atendimento médico particular ele apenas aguardou, por dois dias, sem ser atendido por nenhum médico. Quando ela percebeu que seu filho não receberia atendimento naquele hospital, procurou a clínica particular localizada mais adiante para ver se tratariam o menino. Sim, eles o fariam, se a mulher pagasse US$5 — sendo metade antecipadamente. Desesperada, a mulher correu para casa, deixando seu filho sozinho no hospital, para que ela pudesse vender todos os seus bens para arrecadar o dinheiro. Quando ela voltou ao hospital no dia seguinte, ele havia morrido.

"Ela estava inconsolável. Com o coração partido. E senti o mesmo", recorda Leftley. "Eu saí daquela conversa e disse à minha equipe que tínhamos que resolver a situação, criar um produto para solucionar essa falha de mercado." A dificuldade da mulher era indescritível, mas não irreparável.

De acordo com Leftley, 24% das pessoas que entram em um hospital na Índia, por qualquer motivo, saem do local abaixo da linha da pobreza, devido ao custo tanto de perdas salariais como de contas hospitalares. Por meio de tentativas e erros — a oferta inicial de produtos tinha várias inconsistências e dependia de hospitais para apresentar documentos e pedidos —, a MicroEnsure chegou ao produto simples que tem agora. Por não precisar ser debitado antes da hospitalização, mesmo os pacientes solicitados a pagar antecipadamente, como essa mulher, teriam tempo para pedir emprestado e, assim, arrecadar o dinheiro, visto que seriam capazes de quitar qualquer empréstimo dentro de alguns dias. "Para chegar a um produto que realmente funciona, você não tem ideia do que é necessário", diz Leftley agora. Ele desejou várias vezes que pudesse ter dito à mulher como o fato de tê-la encontrado mudou o destino de muitas outras pessoas na mesma situação dolorosa. "Passei anos tentando encontrar a família novamente e dizer a essa mãe que sua experiência nos levou a criar um produto adquirido por milhões de pessoas e que salvou muitas vidas. Adoraria ter a chance de fazer isso."

———

Nós não temos todas as respostas para as dificuldades em nosso mundo. Mas sabemos que raramente se encontra o que não se está procurando. Estamos esperançosos de que, com a perspectiva de buscar oportunidades de não consumo mediante as dificuldades que as pessoas enfrentam diariamente, e ao criar melhores soluções para o Trabalho a Ser Feito, podemos alcançar um progresso gradual. E, consequentemente, começar a criar os mercados que ajudarão as comunidades em dificuldades a avançar em direção à prosperidade.

NOTAS

1. Em seu importante e produtivo trabalho, *A Riqueza na Base da Pirâmide: Como Erradicar a Pobreza com o Lucro*, o falecido professor de administração C. K. Prahalad explica o vasto potencial no desenvolvimento de produtos e serviços para aqueles que estão na base da pirâmide (BoP). Ela representa algumas das pessoas mais pobres do mundo, a maioria das quais ganha menos de US$2 por dia. O professor Prahalad nos ajudou a entender que servir os pobres pode ser lucrativo para várias empresas que muitas vezes os negligenciam como consumidores. Embora muitos que são pobres frequentemente não consumam produtos e serviços existentes no mercado devido ao custo, o preço de um produto representa apenas uma restrição ao não consumo. Como ele é caracterizado pela dificuldade e não pela faixa de renda, isso evidencia algumas coisas. Primeiro, a faixa de renda de uma pessoa pode ser um indicador da dificuldade, mas não é a mesma coisa. Em segundo lugar, concentrar-se no não consumo caracterizado pela dificuldade permite desenvolver soluções que são úteis para pessoas de renda alta, baixa e média que enfrentam o mesmo problema. É importante considerar essa diferença sutil no desenvolvimento de inovações exclusivamente para os pobres e no desenvolvimento de inovações para atingir os não consumidores.

CK Prahalad, *A Riqueza na Base da Pirâmide: Erradicando a Pobreza com o Lucro* (Porto Alegre: Bookman, 2010).

2. De acordo com o site do Banco Mundial sobre metodologias para calcular o crescimento: "As taxas de crescimento são calculadas como médias anuais e representadas como porcentagens. Exceto onde indicado, as taxas de crescimento dos valores são calculadas a partir de séries de preços constantes. Três métodos principais são usados para calcular taxas de crescimento: mínimos quadrados, ponto final exponencial e ponto final geométrico. As taxas de variação de um período para o próximo são calculadas como alterações proporcionais do período anterior." É claro que esses cálculos futuros dependem de dados econômicos passados, que se baseiam principalmente na demografia de uma região. Por exemplo, um dos métodos, "taxa de crescimento de mínimos quadrados", é usado quando há uma "série [histórica] suficientemente longa" para garantir a precisão. Mas como a economia do não consumo é difícil de visualizar, não é fácil incluí-la nesses cálculos.

"Data Compilation Methodology", Banco Mundial, acesso em 19 de fevereiro de 2018, https://datahelpdesk.worldbank.org/knowledgebase/articles/906531-methodologies.

3. Nós não sugerimos aqui que existem exatamente duas partes distintas de uma economia e, uma vez que pertença a uma delas, como a economia de consumo, você integra toda economia de consumo que existe dentro dessa economia. Por exemplo, se

decidíssemos categorizar com base na renda, poderíamos dizer que os indivíduos que ganharam mais de US$75 mil por ano nos Estados Unidos faziam parte da economia de consumo. No entanto, entre eles, provavelmente existem pessoas para quem certos produtos no mercado ainda são muito caros, mesmo que viessem a ter benefícios caso os adquirissem. Como resultado, esse modelo é útil da perspectiva do inovador, pois ajuda a entender por que os consumidores em potencial — os não consumidores — não estão comprando o produto.

4. "FDI Flows", Data, OECD, acesso em 19 de fevereiro de 2018, https://data.oecd.org/fdi/fdi-flows.htm.

5. "Cutting the Cord", *The Economist*, 7 de outubro de 1999, http: // www.economist.com/node/246152.

6. "Number of mobile phone subscriptions worldwide from 1993 to 2017 (in millions)", Statista, acesso em 19 de fevereiro de 2018, https://www.statista.com/statistics/262950/global-mobile-subscriptions-since-1993/.

7. Scott D. Anthony, Mark W. Johnson, Joseph V. Sinfied e Elizabeth J. Altman, *The Innovator's Guide to Growth: Putting Disruptive Innovation to Work* (Boston: Harvard Business Press, 2008), 45–60.

8. Em nosso livro *Competing Against Luck: The Story of Innovation and Customer Choice*, meus coautores, meu colaborador de longa data, Bob Moesta, e eu fornecemos uma visão geral mais detalhada da Teoria dos Trabalhos a Serem Feitos.

Clayton Christensen, Taddy Hall, Karen Dillon e David Duncan, *Competing Against Luck: The Story of Innovation and Customer Choice* (Nova York: HarperCollins, 2016).

9. Daniel Kahneman e Amos Tversky, "Prospect Theory: An Analysis of Decision under Risk", *Econometrica* 47, nº 2 (março de 1979): 263–92.

10. A Galanz serviu de fabricante contratada para várias empresas de micro-ondas. No âmbito dos contratos de fabricação, ela pôde gerir as linhas de produção para os seus próprios fins depois de cumprir as suas obrigações contratuais. Por um lado, isso deu à Galanz uma entrada de baixo custo no negócio de micro-ondas. Ela não precisou investir em muita tecnologia de fabricação. Mas não foi suficiente para vender ao cliente comum chinês. A empresa também precisou desenvolver as vendas, distribuição e suporte locais para atingir com sucesso o não consumo na China.

11. De Xian, "Innovative firm leads in microwave market", *China Daily News*, 19 de dezembro de 1996, http://www.chinadaily.com.cn/epaper/html/cd/1996/199612/19961219/19961219010_1.html.

12. Conforme detalhado em um estudo do Samsung Economic Research Institute [Instituto de Pesquisa Econômica da Samsung] conduzido pelo escritório de Pequim, a Galanz fez muitas outras coisas para garantir que seu produto fosse acessível para os chineses comuns. Por exemplo, enquanto a empresa média gastou entre US$800

milhões e US$1 bilhão desenvolvendo um magnétron, o principal componente de um forno de micro-ondas, a Galanz gastou cerca de US$400 milhões. Ela também se concentrou em práticas de gestão eficientes que reduziram seus custos operacionais em 5% a 10% quando comparados com os concorrentes. Além disso, as práticas de compra da Galanz, aquisição de suprimentos a granel com pagamento à vista, ajudaram a reduzir seus custos de peças e suprimentos. Ao todo, a empresa se concentrou em tornar suas operações rentáveis porque estava visando o não consumo na China.

"Microwave Oven Maker Needs Reheating: Galanz's Low Pricing Stalls", Samsung Economic Research Institute (Escritório de Pequim), 29 de fevereiro de 2008.

13. "About Galanz: Profile", Galanz, acesso em 6 de abril de 2018, http://www.galanz.com/about/about_detail.html.

14. "Number of unique mobile subscribers in Africa surpasses half a billion, finds new GSM study", GSMA, acesso em 1º de fevereiro de 2018, https:// www.gsma.com/newsroom/press-release/number-of-unique-mobile-subscribers-in-africa-surpasses-half-a-billion-finds-new-gsma-study/.

Capítulo 4

Estratégias Pull e Push

Um Conto de Duas Estratégias

Administro uma empresa de alimentos, mas sei mais sobre a geração de eletricidade do que comida.

— DEEPAK SINGHAL, CEO DA TOLARAM ÁFRICA

Resumo da Ideia

Todos os anos investimos bilhões de dólares em uma tentativa de ajudar os países de baixa e média renda a se desenvolverem. Esses fundos são usados principalmente para levar recursos para os países pobres, a fim de ajudá-los a iniciar sua marcha em direção à prosperidade. Mas, mesmo depois de enviar trilhões de dólares em recursos nos últimos 70 anos, muitos países continuam pobres, alguns ainda mais. Por que é tão difícil alcançar o desenvolvimento e depois sustentá-lo?

Acreditamos que muitas dessas tentativas carecem do componente fundamental para esse fim: *a inovação*. O desenvolvimento e a prosperidade criam raízes quando elaboramos inovações que *atraem* os recursos necessários que uma sociedade requer. Uma vez que uma nova inovação lucrativa é apresentada às partes interessadas na economia (incluindo investidores, empreendedores, clientes e governo), elas são frequentemente incentivadas a ajudar a manter os recursos que a inovação *atraiu* — como infraestruturas, educação e até políticas. As estratégias pull garantem que um mercado pronto esteja à espera, o que acreditamos ser essencial para a prosperidade sustentável e de longo prazo.

Em 2017, um dos filmes mais populares na Índia não foi um blockbuster hollywoodiano de alto orçamento nem uma produção espalhafatosa de Bollywood. Foi um filme chamado *Toilet: Ek Prem Katha*, que narra as provações e atribulações de uma jovem noiva que fica arrasada ao saber que a família de seu noivo não tem banheiro. A aldeia se divide entre as pessoas que entendem e as que não entendem a perspectiva dela, o que resulta em confusão e muitos risos. Finalmente, o marido constrói um banheiro para a sua amada, e eles vivem felizes para sempre.

Toilet: Ek Prem Katha pode parecer um sucesso inesperado, mas é evidente que o enredo impactou seu público-alvo na Índia, onde mais da metade das famílias não tem acesso a um banheiro. Na verdade, esse problema não é motivo de riso. De acordo com o Banco Mundial, 1 em cada 10 mortes no país pode ser atribuída à falta de saneamento. Por conta da contaminação das águas subterrâneas, as crianças indianas pegam infecções crônicas, sendo a diarreia sua principal causa de morte, o que resulta em mais de 300 mil óbitos por ano. Além disso, outras milhões são prejudicadas pelo crescimento atrofiado como resultado da água contaminada. Muitas pessoas esperam até o anoitecer para usar os espaços públicos para a defecação — uma situação que criou uma série de problemas, incluindo denúncias de estupro e violência contra as mulheres. A busca pela melhoria desse aspecto é extremamente fundamental para o país, tanto que Mahatma Gandhi declarou que o saneamento é sagrado e "mais importante que a liberdade política".

A solução, claro, parece óbvia: construir mais banheiros. Tão óbvia que Narendra Modi, atual primeiro-ministro da Índia, declarou que sua prioridade não seriam os templos, mas a construção de banheiros como parte de sua missão "Índia Limpa". Para esse fim, o governo indiano construiu mais de 10 milhões de sanitários em 2014 e 2015 — com planos de adicionar mais

60 milhões até 2019. Como isso pode não ser benéfico no contexto do grave problema de saneamento da Índia?[1]

Bem, acontece que *construir* banheiros não é suficiente. Em meados de 2015, o governo descobriu que a maioria dos sanitários não estava sendo usada. "Mesmo que aceleremos a construção de banheiros agora, muito mais precisa ser feito para persuadir as pessoas a usá-los", observou Chaudhary Birender Singh, ministro de desenvolvimento rural, saneamento e água potável da Índia. O ato de "persuadir" se manifestou de várias formas. Em algumas partes rurais do país, equipes de funcionários do governo e "motivadores" voluntários percorrem vilarejos envergonhando publicamente quem opta por se aliviar ao ar livre em vez de usar um banheiro público ou privado recém-instalado. Em algumas aldeias, crianças foram instruídas a perseguir e denunciar essas pessoas com o uso de apitos. O próprio governo recorreu a incentivos financeiros para motivar o apoio ao uso de banheiro. "Por muito tempo, presumimos que, se os sanitários fossem construídos, as pessoas o usariam automaticamente", observou Singh. "Porém temos que monitorar diligentemente o uso durante um período de tempo e recompensá-lo com incentivos em dinheiro para os conselhos da aldeia em todas as etapas. Só então se tornará um hábito diário."[2]

"Motivadores" e crianças com apitos que perseguem, provocam e envergonham as pessoas? *Incentivo em dinheiro* para usar um banheiro gratuito? Algo está errado aqui. Não importa quão bem-intencionados sejam os esforços, "empurrar" uma solução como essa sem compreender por que as pessoas tomam determinadas decisões pode acarretar deturpações desagradáveis. Em algumas das aldeias rurais onde as pessoas têm sido envergonhadas, as condições de seca praticamente impossibilitam manter os banheiros limpos — a água escassa é essencial para consumo e banho. Seria um luxo usá-la para limpeza. Em outros locais, os sanitários foram instalados com tanta pressa que, na realidade, não estão conectados a nada — ou seja, não leva muito tempo para que fiquem cheios de insetos e com cheiro ruim, o que faz com que ninguém os utilize.

Depois de anos trabalhando e estudando muitas comunidades que enfrentam esse problema, Kamal Kar, consultor de desenvolvimento, foi pioneiro na abordagem de Saneamento Total Liderado pela Comunidade (STLC). No site do STLC, está registrado que "apenas fornecer banheiros não garante seu uso, nem resulta em melhor saneamento e higiene. Abordagens anteriores ao saneamento estabeleciam altos padrões iniciais e ofereciam subsídios como incentivo. No entanto isso muitas vezes levou à aprovação irregular, problemas com sustentabilidade a longo prazo e uso apenas parcial, além de criar uma cultura de dependência de subsídios." A abordagem de STLC não acredita que a solução para o problema de saneamento seja simplesmente fornecer as ferramentas.[3] E nem nós. Mas isso é mais fácil de dizer do que fazer. Vejamos o porquê.

A pobreza é dolorosa, e quase sempre se manifesta na falta de recursos, como alimentos, saneamento, água potável, educação, saúde e serviços públicos nas comunidades. Assim, é razoável supor que a pobreza é principalmente um problema de recursos. Com essa suposição em mente, ao longo das últimas décadas, temos executado uma dispendiosa *estratégia push* de desenvolvimento que é quase exclusivamente baseada em recursos. Com boas intenções, empurramos os recursos que as comunidades ricas têm, e que as comunidades pobres carecem, para resolver um problema. Contudo, como demonstrado pelos esforços acelerados para empurrar banheiros para a Índia, as estratégias push nem sempre se firmam. Elas geralmente têm sucesso temporário, na melhor das hipóteses. Escolas, hospitais, estradas, aeroportos e até mesmo banheiros são todos bons investimentos, mas quando feitos na sequência errada podem, sem querer, prejudicar mais do que beneficiar. Em seu livro *Chutando a Escada — A Estratégia do Desenvolvimento em Perspectiva Histórica*[4], Ha-Joon Chang, economista da Universidade de Cambridge, explora esse fenômeno no que diz respeito à criação de instituições de países ricos em países pobres.

Para esclarecer, pode existir valor real no fornecimento de recursos para aqueles que carecem deles. Entretanto, em muitas circunstâncias, as despesas superam o valor que obtemos quando são simplesmente empurradas para uma região. Outra maneira de pensar nessa questão é: as estratégias push tratam a pobreza como uma doença crônica que deve ser controlada e para a qual parece não haver cura. Mas essa é uma abordagem muito cara. Somente nos Estados Unidos, mais de 80% dos US$2,7 trilhões de despesas em saúde do país são gastos no tratamento de doenças crônicas.[5] As doenças são tratadas, mas não curadas. Para alguns, isso pode significar sofrimento ao longo da vida. É difícil acreditar que não exista um caminho melhor. Com a pobreza, é possível que façamos a mesma coisa — tratar a dor com o uso de muitos recursos, mas não curar a doença, já que essa parece ser a abordagem mais óbvia para deixar o paciente melhor. No entanto nossa abordagem atual pode estar nos impedindo de enxergar o que é possível.

Estratégias Push e Pull

As *estratégias push*, muitas vezes, são impulsionadas pelas prioridades de seus originadores, normalmente especialistas em uma área específica de desenvolvimento, e geram soluções recomendadas para países de baixa renda. É importante notar que muitos desses recursos impulsionados são benéficos e geralmente bem-vindos para pessoas em países pobres. Infelizmente, no entanto, são com frequência empurrados para um contexto que ainda não está pronto para absorvê-los. E, bem depressa, isso pode transformar o que inicialmente era favorável em algo extremamente decepcionante.

Considere, por exemplo, a feroz concorrência que ocorre a cada poucos anos para sediar a Copa do Mundo da FIFA, um dos mais prestigiosos eventos esportivos do mundo. Federações nacionais em todo o mundo lançam campanhas ambiciosas para convencer seus cidadãos locais de que gastar milhões, e até bilhões, para preparar a região para sediar a Copa do Mundo seria extremamente benéfico. Há sempre um evento midiático chamativo no qual o anfitrião ganhador é anunciado, arrancando aplausos de alegria das multidões locais. Acredita-se que abarrotar a região com novos recursos e infraestrutura para a preparação de um evento internacional como esse certamente atrairá um enorme fluxo de visitantes e dinheiro estrangeiros, criará muitos empregos e, por fim, beneficiará o desenvolvimento econômico do país.

Porém, na realidade, essas promessas quase nunca se cumprem.

A África do Sul, por exemplo, fez um excelente trabalho ao sediar a Copa do Mundo de 2010 — desafiando as expectativas dos críticos de que não conseguiria concluir as melhorias necessárias em infraestrutura e segurança. Mesmo assim, o país acabou recuperando apenas 10% dos US$3,12 bilhões investidos em transporte, telecomunicações e estádios.[6] Nos anos após a Copa do Mundo, as lembranças visíveis desses gastos — especialmente um estádio construído perto da Cidade do Cabo — simbolizaram "o pior do legado da FIFA na África do Sul", segundo o *New York Times*. "É uma megaestrutura desnecessária e indesejada pelos moradores mais ricos, em sua maioria brancos que vivem nas proximidades, e fica longe das áreas onde os torcedores de futebol, sobretudo negros, residem. O estádio também se tornou um peso para os cofres públicos, custando à cidade pelo menos US$32 milhões desde 2010. Esses fundos poderiam ser melhor aplicados nas prioridades mais urgentes, como fornecimento de saneamento e casas para os pobres. A falta de tais serviços continua a ser a faísca que periodicamente inflama protestos." Os gastos com a Copa do Mundo não causaram progresso — pelo menos não o suficiente — na África do Sul. Quase uma década depois, o país ainda está no topo da lista do Banco Mundial de nações com maior desigualdade de renda, com mais da metade de seus cidadãos abaixo da linha de pobreza nacional.

Por outro lado, as **estratégias pull** são diferentes das estratégias *push* em quase todos os aspectos. Considere o caso da educação, por exemplo, e mais especificamente nosso investimento em capital humano, que muitas vezes consegue se consolidar melhor quando realizado em uma sociedade como resposta à demanda. Essa demanda é provocada por uma economia que pode absorver os conhecimentos e habilidades ensinados aos alunos.

Tive plena consciência disso depois que integrei o conselho da Tata Consultancy Services (TCS), uma das maiores empresas de TI do mundo. Com quase 400 mil funcionários, a TCS é uma das maiores empregadoras do setor privado na Índia. Ao longo dos últimos anos, a fim de atender às demandas de muitos de seus clientes, que solicitam cada vez mais serviços digitais, incluindo análise de dados, mobilidade, computação em nuvem e Internet das Coisas, a TCS atraiu a "educação digital" para seu modelo de negócio. A empresa já treinou 200 mil funcionários em mais de 600 mil competências em tecnologias digitais, e não parece estar desacelerando. Geralmente, o treinamento oferecido pela TCS — para contratações novas ou existentes — é baseado na demanda do mercado ou nas especificações do projeto. Dessa forma, a educação tem relevância quase que imediata. O funcionário entende por que está aprendendo e a empresa compreende o motivo de estar investindo.[7]

Nossa pesquisa sugere que, ao longo do tempo, as estratégias pull se mostram muito mais eficazes para desencadear a prosperidade sustentável.

Em primeiro lugar, elas são muitas vezes originadas por inovadores que respondem às dificuldades dos consumidores cotidianos ou às demandas específicas do mercado. Segundo, as estratégias pull têm uma abordagem mais investigativa para a resolução de problemas, em oposição a uma abordagem mais assertiva. Os inovadores estão lá para conhecer e resolver os problemas de maneira sustentável, em vez de simplesmente impor, por mais bem-intencionados que sejam, as respostas corretas para determinados enigmas de desenvolvimento. A cada trimestre, por exemplo, a TCS faz um balanço das habilidades necessárias para impulsionar a organização e investe de acordo com o resultado.

Terceiro, as estratégias pull se concentram primeiro em criar ou responder às insuficiências do mercado. É, então, responsabilidade do mercado atrair os recursos necessários para sobreviver. Essencialmente, essas estratégias surgem da necessidade premente de fazer algo funcionar — elas praticamente *incitam* uma solução, ainda que inicialmente imperfeita, pois isso é parte fundamental da criação ou sustentação de um mercado. As demandas criadoras de mercado dão vida a uma solução de atração, o que permite que elas se estabeleçam. Considere, por exemplo, o impacto extraordinário de uma empresa de macarrão na economia da Nigéria.

4,5 Bilhões de Pacotes de Macarrão, e Continuamos Contando

Talvez o produto de consumo mais amado na Nigéria seja também um dos mais humildes: o macarrão instantâneo Indomie. Vendido em pacotes individuais pelo equivalente a menos de US$0,20, a marca desfruta de reconhecimento quase unânime no país, mantém um fã clube de 150 mil membros com mais de 3 mil escolas primárias participantes e patrocina o evento Independence Day Awards for Heroes of Nigeria, para celebrar as realizações de crianças nigerianas exemplares.

Você pode não conhecer a Indomie, mas ela é uma marca popular na Nigéria.

Em 2016, tive a honra de discursar na conferência anual do Africa Business Club da Harvard Business School. Com aproximadamente 1.500 participantes, é a maior conferência do mundo sobre negócios na África administrada por estudantes. Na minha palestra, fiz referência à Tolaram, uma empresa fascinante que estávamos estudando, mas a plateia pareceu indiferente.[8] Porém, quando eu disse: "Esses são os caras que fazem o macarrão Indomie", a multidão foi à loucura. Por que o macarrão fazia a multidão explodir em aplausos estridentes? E mais importante, o que isso tem a ver com desenvolvimento e prosperidade?

O que a Tolaram, por meio do macarrão Indomie, fez na Nigéria é surpreendente. Desde sua inserção no país em 1988 — ainda sob o regime militar — a Tolaram investiu mais de US$350 milhões para criar dezenas de milhares de empregos, desenvolveu uma empresa de logística e construiu infraestrutura, incluindo eletricidade, esgoto e estações de tratamento de água. Além disso, construiu instituições educacionais, financiou programas de organização comunitária e contribuiu com milhões de dólares em receitas fiscais. Talvez a maior evidência dessa estratégia seja que a empresa assumiu um papel de liderança no desenvolvimento de uma parceria público-privada de US$1,5 bilhão para construir e operar o novo porto de águas profundas de Lekki, no estado de Lagos, capital comercial da Nigéria. Sem exagero, o macarrão Indomie *é* desenvolvimento.

A Tolaram mostrou que um mercado pode ser criado praticamente do zero — e com ele, surgem os benefícios que podem levar ao desenvolvimento.

O macarrão Indomie está tão inserido na sociedade nigeriana que os cidadãos do país podem até se surpreender ao lembrar que ele não é um de seus alimentos tradicionais. A Tolaram vende o produto no país há apenas cerca de 30 anos. A linha de crescimento da empresa inverte a lógica da sabedoria convencional sobre o desenvolvimento.

Em 1988, o ano em que a Tolaram começou a vender macarrão Indomie na Nigéria, o país estava longe de atrair investimento: a nação estava sob o regime militar; a expectativa de vida para os 91 milhões de habitantes era de 46 anos; a renda anual per capita era de apenas US$257 (aproximadamente US$535 hoje); menos de 1% da população possuía um telefone; apenas cerca de metade tinha acesso à água potável; apenas 37% dos cidadãos tinham acesso a saneamento adequado; espantosos 78% viviam com menos de US$2 por dia. Mas mesmo nessas tristes circunstâncias, os irmãos Haresh e Sajen Aswani viram uma enorme oportunidade de alimentar uma nação com um produto acessível e conveniente. Para eles, isso representou uma enorme oportunidade de criação de mercado.

O macarrão Indomie pode ser cozido em menos de três minutos e, quando combinado com um ovo, pode ser uma refeição nutritiva e de baixo custo. Porém, em 1988, a grande maioria dos nigerianos nunca tinha comido ou sequer visto macarrão. "Muitas pessoas inicialmente pensaram que estávamos vendendo vermes", lembra Deepak Singhal, atualmente CEO da Tolaram Africa. Ainda assim, os irmãos Aswani estavam convencidos de que poderiam criar um mercado na Nigéria por causa da população crescente e urbana do país, e da conveniência que seu produto oferecia. Em vez de se concentrar na demografia desfavorável da nação, eles se concentraram no desenvolvimento de um modelo de negócios que lhes permitisse *criar* um mercado de macarrão.

A decisão de atender às necessidades dos nigerianos médios que eram muito pobres obrigou a Tolaram a fazer investimentos de longo prazo no país. Em 1995, a empresa tomou a decisão de transferir a produção de macarrão para a Nigéria para controlar melhor seus custos. Para isso, a Tolaram precisou atrair infraestrutura para suas operações, como eletricidade, gerenciamento de resíduos e tratamento de água. "Administro uma empresa de alimentos, mas sei mais sobre a geração de eletricidade do que comida", diz Singhal atualmente.

A Tolaram, assim como a TCS, também entrou no ramo de "educação", por meio de treinamentos patrocinados pela empresa em engenharia elétrica e mecânica, finanças e disciplinas relevantes para os negócios. A Tolaram teve que fazer esses investimentos específicos porque a infraestrutura subjacente na Nigéria era inexistente ou abaixo da média. Então, a Tolaram os "atraiu".

E isso, por sua vez, criou mais oportunidades para a prosperidade começar a florescer. Considere, por exemplo, o que acontece quando a Tolaram atrai um recém-formado de uma universidade local para suas operações e fornece emprego e treinamento para o novo funcionário. Primeiro, a empresa aumenta a produtividade de suas próprias operações e, por extensão, da região. Em segundo lugar, reduz o desemprego e, como resultado, diminui indiretamente a criminalidade, já que as pessoas com empregos têm menor probabilidade de se engajar em atividades criminosas para tentar satisfazer suas necessidades básicas.[9] Terceiro, contribui com impostos de renda adicionais e gastos do consumidor. Todas essas consequências podem ter sido objetivos centrais de desenvolvimento regional, contudo, para os executivos da Tolaram, elas eram apenas o resultado natural de operar seus negócios em crescimento.

36% de Crescimento, 17 Anos Seguidos

Como muitos outros mercados emergentes e de fronteira, a Nigéria não tem praticamente nenhum setor "formal" e próspero de supermercado, e o caminho da fábrica ao consumidor contém muitos pontos potenciais de falha — ou "vazamento" (o processo no qual os produtos são roubados ou desaparecem antes do ponto de venda). Portanto, os gerentes da Tolaram decidiram investir em uma cadeia de suprimentos de supermercados. Isso não era de modo algum trivial, já que esse investimento exigia que a Tolaram construísse todo um negócio de distribuição e logística. Assim, a empresa construiu armazéns de distribuição e lojas, comprou centenas de caminhões para sua frota e contratou milhares de motoristas que iriam até bairros vendendo caixas de macarrão Indomie a varejistas independentes e em lojas próprias da Tolaram.

Os investimentos da empresa na distribuição podem ter parecido um exagero, porém os executivos da Tolaram sabiam que nunca teriam sucesso se não conseguissem fazer com que o produto chegasse aos clientes. Em muitos países pobres, as empresas podem gastar uma quantidade excessiva de tempo pensando em como tornar seus produtos acessíveis, mas muitas vezes não se preocupam tanto em como disponibilizar seus produtos. Isso ocorre, em parte, porque elas não veem a distribuição como parte essencial de seu modelo de negócios. Porém, nesse estágio de desenvolvimento nos países pobres, isso tem de ser levado em consideração. Na verdade, investir em *ambas*, tanto em acessibilidade quanto em disponibilidade, é primordial para o êxito de um negócio de criação de mercado.

É mediante esse processo de tornar o produto disponível, com preço justo e, portanto, acessível, que os inovadores criam as soluções certas para novos mercados. Uma inovação criadora de mercado, portanto, não é simplesmente um produto ou um serviço — é a solução completa: o produto ou serviço associado a um modelo de negócios que é lucrativo para a empresa. Ao criar essa solução, as organizações fazem o que é necessário, incluindo a construção de infraestruturas, fábricas, distribuição, logística, vendas e outros componentes de seu modelo de negócios. Estes, por sua vez, começam a estabelecer as bases da infraestrutura de uma região. Isso é o que a Tolaram fez e continua a fazer na Nigéria.

A empresa agora controla 92% dos suprimentos essenciais para produzir o macarrão Indomie e opera 13 fábricas na Nigéria. Isso não é diferente do que a Ford Motor Company, Celtel ou Galanz fez quando a circunstância exigiu.

A jornada não é fácil, o que já é de se esperar, pois o desenvolvimento, por sua própria natureza, é difícil. Os investimentos da Tolaram, no entanto, estão rendendo bons lucros — e a Nigéria está obtendo ganhos significativos de desenvolvimento. Hoje, a empresa vende anualmente mais de 4,5 bilhões de embalagens de macarrão no país, o que faz da população nigeriana a 11º maior consumidora de macarrão instantâneo do mundo, um produto que mal conhecia há 30 anos. A Tolaram emprega diretamente mais de 8.500 pessoas, criou uma cadeia de valor com mil distribuidores exclusivos e 600 mil varejistas, e tem receita de quase US$1 bilhão por ano, contribuindo com dezenas de milhões de dólares em impostos para o governo nigeriano. Ela também criou uma empresa de logística que possui e opera mais de mil veículos e que atende tanto a Tolaram quanto outras empresas nigerianas, com 65% de suas receitas provenientes de clientes externos. Hoje, é uma das maiores empresas transportadoras do país.[10]

Se a Tolaram tivesse adotado uma abordagem diferente e mais comum, de investir apenas quando as circunstâncias estivessem favoráveis, ou quando a situação no local melhorasse, provavelmente não teria alcançado seu espantoso crescimento de 36% ano a ano (YoY) — em um mercado criado por ela — 17 anos seguidos. Esse mercado atraiu investimentos de 16 outras empresas de macarrão e muitas outras fornecedoras e empresas de matérias-primas responsáveis por produtos como embalagens, farinha, óleo de palma, sal, açúcar e pimenta, e também distribuição, publicidade, vendas e varejo. Todas essas empresas são agora responsáveis por criar diretamente dezenas de milhares de outros empregos no país.

A fim de construir um mercado na Nigéria, e em outros ambientes como esse, a Tolaram teve e terá que continuar internalizando os riscos que os outros percebem. Essa é uma das razões por trás da parceria público-privada de US$1,5 bilhão para construir e operar o novo porto de águas profundas de Lekki, no estado de Lagos. Uma vez que a Tolaram tenha sucesso na construção do porto, ela reduzirá ainda mais seus custos e fornecerá serviços portuários para outras empresas.

Se a Tolaram tivesse esperado que o governo nigeriano resolvesse os problemas de "institucionais" e de "infraestrutura" antes de investir, a empresa ainda estaria esperando e provavelmente não operaria na Nigéria atualmente.

Ankur Sharma, ex-diretor de estratégia corporativa da Tolaram Africa, resumiu a abordagem da empresa à autossuficiência em fevereiro de 2016: "À medida que criamos um mercado, fazemos o que é necessário para garantir o sucesso. Em alguns países, construímos usinas elétricas; em outros, investimos milhões de dólares em infraestrutura de transporte apenas para levar nossos produtos da fábrica para os locais de varejo, em conformidade com nosso lema de controlar nosso próprio destino ao reduzir os custos. Nós nos comprometemos com o mercado em que entramos e faremos o que for necessário para ter sucesso nele."

Um pacote de Indomie é simplesmente um pacote de US$0,20 de macarrão instantâneo. Por que é tão importante? Pois ele representa o *processo* pelo qual a pobreza, por meio da inovação, pode se tornar prosperidade.

Os investimentos da Tolaram na Nigéria ilustram um princípio fundamental que, quando aplicado em um contexto de não consumo e pobreza, tem um forte impacto no desenvolvimento e na prosperidade. Esse princípio ilustra o imenso potencial das inovações criadoras de mercado de atrair muitos recursos para uma economia. Além disso, também mostra que, em algumas circunstâncias, localizar uma inovação é necessário para o sucesso. Embora os irmãos Aswani não sejam nigerianos nativos, eles são nigerianos em sua atividade. Na verdade, Haresh Aswani foi homenageado com um título de chefia no estado de Ogun, uma das maiores honrarias que uma comunidade pode conceder a uma pessoa, devido ao seu compromisso com o desenvolvimento econômico do país.

Por causa de seus investimentos e sucesso na Nigéria, a Tolaram começou a atrair centenas de milhões de dólares de investimentos estrangeiros diretos de grandes empresas internacionais para o país. Em 2015, a Kellogg's, multinacional norte-americana de alimentos, comprou metade das operações de distribuição da Tolaram na Nigéria por US$450 milhões, e ambas as empresas inauguraram uma fábrica de cereais de 6 bilhões de nairas (aproximadamente US$17 milhões) em dezembro de 2017.

O Impacto da Tolaram na Economia da Nigéria (Valores Monetários em Naira Nigeriana[11])

- Valor total adicionado à economia — N241 bilhões anuais
- Rendimento de funcionários — N7,6 bilhões anuais

84   O Poder das Inovações Criadoras de Mercado

- Receita do governo — N4,5 bilhões anuais
- Investimento no setor de fabricação — N70 bilhões
- Empregos diretos criados — 8.570
- Total de empregos criados em toda a economia — 42.850
- Número de fábricas — 13
- Número de armazéns — 13
- Número de distribuidores — 2.500
- Número de subdistribuidores — 30.000
- Número de lojas de rede e de conveniência — 290
- Número de caminhões e outros veículos — mais de 1.000
- Número de *outras* empresas de macarrão — 16

Especificamente, a Tolaram Está Atraindo para a Economia Nigeriana:

- Geração de eletricidade
- Estação de tratamento de água e esgoto
- Porto de águas profundas de US$1,5 bilhão
- Educação — treinamentos técnicos especializados em finanças, engenharia e marketing para funcionários
- Logística — a Tolaram agora administra uma das maiores empresas de logística da Nigéria
- Investimento estrangeiro direto — a Kellogg's adquiriu metade das operações de distribuição da Tolaram por US$450 milhões
- Projetos sustentáveis de desenvolvimento social — a Tolaram Foundation possui 25% do Grupo Tolaram e investe em uma ampla gama de programas sociais que beneficiam os nigerianos, incluindo dispositivos protéticos para cidadãos que perderam membros, assistência a órfãos e bolsas de estudo para que cidadãos frequentem a escola, citando apenas alguns

O Poder e a Necessidade de *Atrair*

A Tolaram foi capaz de *atrair* muitos componentes para a economia nigeriana que de outra forma seriam impossíveis ou, no mínimo, incrivelmente difíceis de sustentar sem a criação de um mercado de macarrão. Esse mercado, de certa forma, atua como uma força magnética que garante que os alunos instruídos sejam empregados, que as receitas do governo sejam geradas para financiar outros projetos e que as novas tecnologias sejam desenvolvidas e usadas de maneira produtiva. Todas essas coisas são atraídas para a economia, a fim de evoluir o mercado de macarrão que a Tolaram criou. Se criarmos um mercado que sirva com sucesso uma população crescente de não consumidores, ele provavelmente atrairá muitos outros recursos que uma economia exige. Esse é o mecanismo de *atração* — simples, mas poderoso.

A questão ainda permanece: por que a Tolaram precisa investir em eletricidade, água, educação, logística e assim por diante, para fornecer um pacote de macarrão ao nigeriano médio? Certamente, não precisaria fazer isso se estivesse operando, digamos, nos Estados Unidos. A resposta a essa pergunta — sobre quando e se uma empresa deve internalizar e integrar certos custos, mesmo que eles não pareçam fundamentais para os negócios — pode ser explicada por uma das teorias de administração que ensino aos meus alunos.

A decisão sobre se uma empresa deve integrar certos aspectos de seu modelo de negócios (trazê-los internamente e fazê-los por conta própria) ou se deve terceirizá-los depende de uma teoria que chamamos de interdependência e modularidade. Uma empresa deve desenvolver um modelo de negócios interdependente (integrado) quando não puder depender de fornecedores para insumos especificáveis, verificáveis e previsíveis. Em alguns casos, isso pode ser o acesso a eletricidade constante, matérias-primas de qualidade ou até mesmo funcionários com bom nível de instrução. Os insumos abrangem tudo o que uma organização precisa para garantir a realização adequada do Trabalho a Ser Feito e para o qual os clientes "contratam" seu produto.

Em outras palavras, se a empresa não puder confiar em um insumo específico de um fornecedor para realizar o Trabalho a Ser Feito do cliente, ela deve integrar suas operações — criar e gerenciar todos esses "insumos" por conta própria. Por exemplo, quando a Tolaram começou a operar na Nigéria, tinha parcerias com várias outras empresas para suprir suas necessidades de embalagem e logística. Ela também dependia de fornecedores para trigo, farinha e óleo. Porém, como os suprimentos dessas empresas não eram confiáveis, a Tolaram precisou integrar esses componentes ao seu modelo de negócios.[12] Ela mesma tinha que fazer essas atividades.

Se outras empresas pudessem fornecer esses suprimentos de forma confiável, a Tolaram teria conseguido terceirizar mais facilmente essas atividades. Nesse caso, ela não precisaria integrar tantos aspectos de seu modelo de negócios e teria desenvolvido algo mais modular. A Tolaram teria parceria com fornecedores confiáveis da mesma forma que muitas empresas nos Estados Unidos fazem parceria com a UPS ou a FedEx para suprir suas necessidades de logística e remessa, ou com outros fornecedores de eletricidade, água, matérias-primas e assim por diante.

A Tolaram decidiu integrar muitos aspectos de seu modelo de negócios justamente porque não conseguiu encontrar empresas confiáveis. Algo interessante aconteceu depois que ela teve sucesso em integrar outros aspectos, como logística, embalagem, eletricidade etc. Quando outras empresas, muitas das quais também precisavam dessas coisas, viram que a Tolaram podia fornecê-las *confiavelmente*, começaram a perguntar se ela poderia vender esses serviços. E assim um centro de custo foi transformado em um centro de lucro para a Tolaram.

Esse é o poder de atração das estratégias pull.

A Infraestrutura da Tolaram é a da Nigéria

Inovadores criadores de mercado fazem o que é necessário, de competência essencial ou não, a fim de criar um novo mercado que atenda àqueles que historicamente não conseguem comprar um produto. Os investimentos que essas empresas fazem não são apenas a infraestrutura da empresa; eles se tornam a do país também. Porém talvez o mais importante de tudo seja que as inovações criadoras de mercado estimulem nos cidadãos uma cultura de que a *inovação* é possível, mesmo em circunstâncias extremas. Esse estímulo é crucial porque muitas vezes é no *processo* de desenvolver inovações criadoras de mercado, mais simples, com preço justo e, portanto, mais acessíveis à população em geral, que a empresa necessariamente atrai os muitos aspectos atualmente impelidos para os países pobres na esperança de estimular a inovação, o desenvolvimento e o crescimento.

Infelizmente, quando esses aspectos são forçados antes que haja um mercado que os exija ou deseje absorvê-los, os países raramente estão preparados para mantê-los. Assim, o que vemos acompanhar iniciativas impositivas são escolas completamente novas que perdem seu valor e oferecem educação inferior; estradas recém-construídas que se tornam difíceis de manter; e "instituições" que são replicadas de nações prósperas e que acabam se desfazendo. Como resultado, nada é permanente, exceto, talvez, o fluxo interminável de projetos bem-intencionados, mas insustentáveis, projetados para ajudar os países pobres. No entanto, quando é um mercado que atrai esses recursos, eles tendem a perdurar.

Uma Economia de Macarrão?

Nós não estamos iludidos: um pacote de macarrão de US$0,20, independentemente da quantidade vendida, não pode, sozinho, desenvolver a Nigéria. Porém os princípios por trás do sucesso da Tolaram podem.

Considere, por exemplo, o problema do saneamento na Índia pela perspectiva de identificação de uma vasta oportunidade de criação de mercado. Essa é a abordagem do Toilet Board Coalition (TBC), um consórcio global de empresas, investidores sociais e especialistas em saneamento que tentam catalisar soluções criadoras de mercado para o problema. No que o TBC se refere como "economia de saneamento", foi identificada o que afirmam ser uma oportunidade de US$62 bilhões somente na Índia. A seguir estão os três subsetores da economia de saneamento identificados pelo TBC:

A economia de saneamento	Descrição	Tipo de trabalho
Economia de sanitários	Inovação de produtos e serviços que oferece banheiros adequados a todos os ambientes e rendas	Instalação de sanitários em casas e áreas públicas, manutenção, reparação; produtos de higiene
Economia circular de saneamento	Recursos sanitários (resíduos humanos) contribuem para um sistema que substitui a gestão tradicional de resíduos	Coleta, transporte e processamento de resíduos humanos transformados em produtos como fertilizantes orgânicos, óleos proteicos e muito mais
Economia inteligente de saneamento	Suportes digitalizados que garantem eficiência operacional e manutenção, além de percepções de utilização pelo consumidor e informações de saúde	Coleta, análise e distribuição de dados de saúde e do consumidor; sensores e transmissão de dados

Fonte: Toilet Board Coalition, 2018

"Essa é a maior oportunidade do século para transformar os sistemas de saneamento em uma economia inteligente, sustentável e geradora de receita", acredita Cheryl Hicks, diretora-executiva do TBC. Ela salienta que a cada ano são gerados mais de 3,8 trilhões de litros de resíduos humanos, que as empresas podem usar para produzir água tratada, energia renovável, fertilizantes orgânicos, produtos proteicos e assim por diante. "A inovação pode realmente afetar a mudança transformacional", diz Hicks. "Basta olhar para todas as maneiras pelas quais as pessoas estão explorando a criação de 'produto' fora do sistema, por meio da captação de recursos biológicos, energia, fertilizantes, plásticos, proteínas e até dados para nos ajudar a entender digitalmente a saúde de uma comunidade." Por exemplo, diz ela, a inovação auxilia a criação de rastreadores de dados que podem ajudar a identificar, logo no início, surtos em uma comunidade — muito antes de hospitais e clínicas ficarem lotados de pessoas seriamente doentes. Da mesma forma, as tecnologias inteligentes podem ajudar a moldar decisões sobre negócios e saúde, além de influenciar a formulação de políticas. Além disso, várias outras indústrias também poderiam participar da emergente economia de saneamento. Um mercado pode ser criado, prevê Hicks, o que, por sua vez, gerará outros mercados relacionados a ele. Identificar a oportunidade e, em seguida, inovar em torno de uma solução de criação de mercado pode ajudar a Índia a atrair a infraestrutura de saneamento extremamente necessária.

Operações Bancárias sem Bancos, Filmes sem TV

Observamos o poder das estratégias de atração para atuar como catalisadoras de mudanças de longo prazo. Considere como isso aconteceu no Quênia, quando 20 milhões de pessoas adotaram em suas vidas a M-PESA, plataforma de dinheiro para celular, em um curto espaço de tempo. Antes da M-PESA, o sistema bancário tradicional no país atendia menos de 15% da população. Também em 2007, ano em que a plataforma para celular foi criada, o Quênia tinha pouco mais de mil agências bancárias para suas 38 milhões de pessoas. Mas a M-PESA, uma inovação desenvolvida com base no telefone celular, foi inserida em milhões de lares quenianos e hoje movimenta mais de US$4,5 bilhões por mês.[13] Uma estratégia push tradicional implicaria a criação de muito mais agências bancárias no Quênia, na esperança de estimular as pessoas a aderirem à economia bancária existente. Contudo, isso provavelmente teria sido consideravelmente mais caro, atingido muito menos pessoas do que o M-PESA e levado mais tempo para ter qualquer tipo de impacto.

E quanto ao setor de "Nollywood" da Nigéria? Você pode não saber que o país tem uma próspera indústria cinematográfica, mas esse desconhecimento ocorre provavelmente porque os filmes nigerianos são criados para atender ao não consumo, para os africanos na diáspora. Em termos de número de produções cinematográficas anuais, os 1.500 filmes de Nollywood perdem apenas para os da Índia em Bollywood — uma estatística surpreendente em um país onde menos de 60% das pessoas têm acesso à eletricidade e apenas 40% dos lares têm televisão.[14] Nollywood conseguiu prosperar precisamente porque visa o não consumo. Antes do advento e da proliferação dos filmes nigerianos, a maioria consumia produções de Hollywood e Bollywood. Havia poucos filmes que falavam sobre a vida dos africanos comuns, levando em consideração suas culturas e experiências. Assim, ainda que filmes ocidentais e indianos fossem interessantes, não despertavam a identificação do público. Nollywood mudou isso.

A receita anual de Nollywood, de cerca de US$1 bilhão, é ínfima em comparação com os US$35 bilhões estimados em Hollywood em 2019, mas isso não significa que a indústria cinematográfica nigeriana não esteja tendo um significativo impacto econômico. Ela emprega atualmente mais de 1 milhão de pessoas, ficando atrás apenas da indústria agrícola.[15] Além disso, Nollywood conseguiu motivar uma melhor governança no que se refere às leis de pirataria e direitos autorais. Por valorizar a importância da indústria como uma considerável fonte de emprego e renda potencial da venda e exportação de filmes da Nigéria, o Conselho Nigeriano de Promoção à Exportação, a Comissão Nigeriana de Direitos Autorais e o Conselho Nacional de Cinema e Vídeo agora colaboram com programas para reduzir a pirataria na indústria.

Ninguém é Demitido por Construir um Poço

Se *atrair* parece ser uma estratégia mais eficaz do que *pressionar*, então por que não dedicamos mais de nossos recursos às estratégias pull? Existem várias razões para isso, uma delas é que ninguém é demitido por *pressionar*. Pense desta maneira: ninguém é demitido por construir um poço em uma comunidade pobre. Há poucas cenas mais satisfatórias nos países pobres do que ver água fresca jorrar de um poço, estudantes em uniformes novos sentados em uma sala de aula recém-construída ou cerimônias de inauguração para novas estradas ou hospitais magníficos.

Por outro lado, também há poucas cenas mais deprimentes do que poços danificados, crianças em idade escolar nas ruas ou projetos de infraestrutura abandonados.

O que aconteceria se mudássemos nossa ênfase de pressionar para atrair? E se muito mais dos US$143 bilhões gastos em assistência oficial ao desenvolvimento em 2016 fossem canalizados para apoiar os esforços diretos de criação de mercado nos países pobres, mesmo quando as circunstâncias parecessem improváveis? Imagine quantos mercados poderiam ser criados; imagine quantas Tolarams, Nollywoods, M-PESAs e outros criadores de novos mercados poderiam surgir; imagine quantos empregos poderiam ser criados.

Conforme penso sobre esse problema, não posso deixar de imaginar quantos pais e mães teriam a dignidade do trabalho e os recursos para fornecer coisas simples para suas famílias — como alimentação, assistência médica e educação de qualidade. Imagine quantas pessoas teriam esperança e propósito renovados quando percebessem que seu sofrimento poderia se tornar passado.

"Somos a primeira geração da história humana que pode acabar com a pobreza extrema", diz Jim Kim, presidente do Banco Mundial. Ele pode estar certo — mas isso não acontecerá se continuarmos concentrando nossos esforços em acabar com a pobreza.[16] Esse é o paradoxo em jogo.

NOTAS

1. Rama Lakshmi, "India is building millions of toilets, but that's the easy part", *Washington Post*, 4 de junho de 2015, https://www.washingtonpost.com/world/asia_pacific/india-is-building-millions-of-toilets-but-toilet-training-could-be-a-bigger-task/2015/06/03/09d1aa9e-095a-11e5-a7ad-b430fc1d3f5c_story.html?utm_term=.d28251385c4e.

2. Ibid.

3. "The CLTS approach", Saneamento Total Liderado pela Comunidade, acesso em 15 de março de 2018, http://www.communityledtotalsanitation.org/page/clts-approach.

4. Em seu livro *Chutando a Escada — A Estratégia do Desenvolvimento em Perspectiva Histórica*, Chang mostra que muitos dos investimentos que os países pobres fazem na esperança de gerar crescimento econômico são realizados em um estágio diferente de desenvolvimento do ocorrido nos países que agora são prósperos. Eles são frequentemente feitos cedo demais e, como consequência, ainda não são sustentáveis.
    Ha-Joon Chang, *Chutando a Escada — A Estratégia do Desenvolvimento em Perspectiva Histórica* (São Paulo: Editora UNESP, 2004).

5. "Chronic Diseases; The Leading Causes of Death and Disability in the United States: Chronic Disease Overview", Centros de Controle e Prevenção de Doenças, acesso em 05 de fevereiro de 2018, https://www.cdc.gov/chronicdisease/overview/index.htm.

6. Mirele Matsuoka De Aragao, "Economic Impacts of the FIFA World Cup in Developing Countries", Honors Theses, Artigo 2609, abril de 2015, https://scholarworks.wmich.edu/cgi/viewcontent.cgi?article=3609 &context=honors_theses.

7. Madhura Karnik, "TCS is quietly transforming itself to take on India's emerging tech scene", *Quartz*, 3 de julho de 2017, https://qz.com/1000424/tcs-is-quietly-transforming-itself-to-take-on-indias-emerging-it-scene/.

8. O Grupo Tolaram foi fundado em Malang, na Indonésia, em 1948. Ele começou comercializando têxteis e tecidos e, desde então, evoluiu para um conglomerado de fabricação, imobiliário, infraestrutura, bancos, varejo e comércio eletrônico.

9. Gillian B. White, "Can Jobs Deter Crime?", *The Atlantic*, 25 de junho de 2015, https://www.theatlantic.com/business/archive/2015/06/can-jobs-deter-crime/396758/.

10. A Tolaram também está criando outros novos mercados na Nigéria para outros bens de consumo de giro rápido (FMCG, na sigla em inglês), como alvejante e óleo vegetal. Antes de a Tolaram lançar seu produto Hypo, menos de 5% dos nigerianos usavam alvejante para lavar suas roupas. A Tolaram relata que, ao longo dos últimos anos, aproveitando sua capacidade de produção e distribuição, expandiu o mercado em 6 vezes, atingindo 30% da população.

11. Muitos desses investimentos foram feitos ao longo de 3 décadas, salvo indicação em contrário. A taxa de câmbio da naira nigeriana em relação ao dólar dos EUA mudou drasticamente durante esse período. Em 1995, por exemplo, um dólar norte-americano era trocado por aproximadamente 22 nairas nigerianas. No momento de escrita deste livro, um dólar norte-americano era trocado por cerca de 360 nairas nigerianas.

12. Em seu artigo "The Educator's Dilemma: When and how schools should embrace poverty relief", Michael Horn e Julia Freeland Fisher fornecem um excelente exemplo de como Gustavus Franklin Swift integrou suas operações para tornar a carne mais barata e, portanto, acessível a dezenas de milhares de pessoas em uma época em que não era comum transportar carne pelos estados nos EUA. Eles explicam: "Durante séculos, as empresas foram levadas a integrar atividades que não eram essenciais para atingir novos patamares de desempenho e distribuição. A abordagem de Gustavus Franklin Swift para o marketing e a venda de carne bovina, por exemplo, refletia sua disposição em integrar-se além do modelo do século XIX de criar, abater e vender carne a nível exclusivamente local. Naquela época, como não havia tecnologia para transportar carne por longas distâncias, a indústria não apresentava uma economia de escala significativa. Swift viu uma oportunidade de se integrar completamente: centralizou o abate em Kansas City, o que significou que ele podia processar carne bovina a um custo muito baixo. Em seguida, Swift projetou os primeiros vagões refrigerados do mundo. Ele chegou a fabricar e vender refrigeradores para lojas de varejo em todo o Centro-Oeste e Nordeste, de modo que, quando a carne chegasse, permanecesse fresca. A capacidade de Swift de comercializar carne bovina em regiões longínquas dependia da garantia de que o alimento chegaria a seus clientes ainda seguro para consumo, uma vez que viajara dos currais de Chicago até o mercado. Como não havia um entendimento claro dos processos de refrigeração e de processamento de carne naquela época, Swift precisou controlar todo o processo para garantir que as práticas de temperatura e armazenamento permanecessem seguras. Em outras palavras, Swift teve que se expandir além de suas chamadas competências centrais e introduzir novas linhas de negócios interdependentes para revolucionar a indústria de carne bovina."

Michael B. Horn e Julia Freeland Fisher, "The Educator's Dilemma: When and how schools should embrace poverty relief", Clayton Christensen Institute for Disruptive Innovation, acesso em 1 de maio de 2018, https:// www.christenseninstitute.org/wpcontent/uploads/2015/06/ The-Educators-Dilemma.pdf.

Em *The Innovator's Solution: Creating and Sustaining Successful Growth*, meu coautor Michael Raynor e eu dedicamos um capítulo inteiro (Capítulo 5) à teoria da interdependência e da modularidade.

Clayton M. Christensen e Michael E. Raynor, *The Innovator's Solution: Creating and Sustaining Successful Growth* (Boston: Harvard Business Review Press, 2003), 125–126.

13. Elvis Ondieki, "M-Pesa transactions rise to Sh15bn daily after systems upgrade", *Daily Nation*, 8 de maio de 2016, https://www.nation.co.ke/news/MPesa-transactions-rise-to-Sh15bn-after-systems-upgrade/1056-3194774-llu8yjz/index.html.

14. "World Development Indicators: The information society", Banco Mundial, acesso em 20 de fevereiro de 2018, http://wdi.worldbank.org/table/5.12.

15. Rebecca Moudio, "Nigeria's film industry, a potential gold mine?", *U.N. Africa Renewal Online*, maio de 2013, http://www.un.org/africarenewal/magazine/may-2013/nigeria%E2%80%99s-film-industry-potential-gold-mine.

16. Efosa Ojomo, "Obsession with ending poverty is where development is going wrong", *Guardian*, 8 de fevereiro de 2017, https://www.theguardian.com/global-development-professionals-network/2017/feb/08/obsession-with-ending-poverty-is-where-development-is-going-wrong.

Seção 2

Como a Inovação Criou Prosperidade para Muitos

Capítulo 5

História de Inovação dos EUA

O século da revolução nos Estados Unidos após a Guerra Civil foi econômico, e não político, libertando as famílias de uma rotina diária ininterrupta de trabalho manual doloroso, trabalho doméstico penoso, escuridão, isolamento e morte prematura. Apenas cem anos depois, a vida cotidiana havia mudado radicalmente.[1]

— ROBERT GORDON, THE RISE AND FALL OF AMERICAN GROWTH:
THE U.S. STANDARD OF LIVING SINCE THE CIVIL WAR

Resumo da Ideia

Imagine um país onde a expectativa média de vida é de apenas 45 anos, a mortalidade infantil chega a 200 mortes por 1.000 nascimentos e menos de 5% das pessoas têm acesso à água encanada. Nesse país, uma pessoa comum gasta aproximadamente 52% de sua suada renda em comida. Há pouca ajuda do governo e a corrupção predomina em todos os níveis — do local ao federal; o favoritismo, e não o mérito, determina a maioria dos cargos no funcionalismo público. Qual país pobre você acha que é?

São os EUA no século XIX. Embora geralmente não pensemos assim, o país já foi extremamente pobre — mais do que algumas das economias mais subdesenvolvidas de hoje. Considerando sua situação antigamente, a transformação da nação em uma potência econômica é extraordinária. Porém, como examinaremos, no cerne da história de transformação dos EUA está a mesma força que levou muitas economias em todo o mundo da pobreza à prosperidade: inovações criadoras de mercado.

Apesar de ser pobre, não regulamentado e mal infraestruturado, o país tornou-se território fértil para inúmeros inovadores e empreendedores que enxergavam oportunidades onde outros não viam nada. Neste capítulo, analisaremos os inovadores por trás de várias das mais espetaculares inovações de criação de mercado da história norte-americana — Isaac Merritt Singer, George Eastman, Henry Ford e Amadeo Giannini. É claro que eles não desenvolveram a nação sozinhos — o país se beneficiou da inovação de diversos empreendedores cujo trabalho melhorou nossas vidas. Contudo, coletivamente, eles revelaram o poder transformador de uma cultura de inovação que permite que a prosperidade crie raízes e floresça.

Nós temos uma máquina de costura Singer antiga no nosso porão. Um dos meus vizinhos jogou fora e eu não pude deixar de resgatá-la. Está enferrujada e gasta, mas ainda é um belo equipamento. Por si sós, os pedais são obras de arte. Refiná-la e restaurá-la à sua antiga glória tornou-se meu projeto pessoal.

Quando olho para aquela máquina de costura, vejo mais do que apenas artesanato de qualidade. Eu me lembro de seu significado. Isaac Merritt Singer pode não ser o inovador norte-americano mais famoso — nem mesmo recebeu o crédito pela invenção da máquina de costura —, mas seu impacto na cultura norte-americana não pode ser subestimado.

Podemos não nos lembrar desse fato agora, mas na época de Singer os EUA não eram um país próspero. Não só a maioria dos norte-americanos era pobre, mas muitos, especialmente nos centros urbanos, viviam na miséria.[2] Nos cortiços de muitas cidades grandes, os esgotos eram despejados em becos, o lixo era jogado do lado de fora dos apartamentos e lá ficava, e o estrume dos cavalos cobria as ruas. Apenas para obter a água diária para sua família[3], a típica mulher da Carolina do Norte andava 238 quilômetros e carregava mais de 36 toneladas em um ano. Todos nós podemos lamentar nosso receio atual causado pelo aumento das taxas de criminalidade em algumas cidades norte-americanas, porém muitos de nossos avós não eram apenas bem mais pobres do que somos hoje, mas também menos seguros. A taxa de homicídios na época era muito pior que a de hoje; em 1900 era o dobro da de 2016.[4]

Os governos dos Estados Unidos no século XIX compartilhavam muitas das características de países atualmente pobres: funcionários do governo local, estadual e federal envolvidos em corrupção desenfreada, recebendo propinas e subornos de empresários legítimos e agentes ilícitos. Os "chefes" comandavam organizações políticas das grandes cidades e indiretamente controlavam as atividades locais, como os serviços públicos, a polícia e agentes de segurança, coleta de lixo e transporte. Alguns faziam doações aos pobres em troca de votos.[5]

Para a maioria, as condições de trabalho eram deploráveis e os acidentes industriais eram muito comuns. Só em dezembro de 1907, aproximadamente 700 mineradores perderam a vida.[6] Muitas crianças, algumas com apenas 11 anos, começaram suas "carreiras" em fábricas e minas, onde recebiam uma mixaria. Em 1904, os EUA chegaram a ter um Comitê Nacional de Trabalho Infantil para representar seus direitos, cerca de 14 mil crianças trabalhavam (legalmente) em minas de carvão. As mulheres recebiam um pouco mais que elas, mas os salários na época, mesmo para os homens, que eram mais bem pagos, raramente eram suficientes para sair da pobreza.[7] Os trabalhadores frequentemente faziam greves. Às vezes, as milícias estaduais eram enviadas para reprimir esses protestos e, em outras ocasiões, os ricos proprietários de empresas recrutavam milícias privadas para fazer o mesmo. Alguns episódios resultaram em mortes. Essa não era a relativa paz e estabilidade dos EUA atualmente. O país era fragmentado e caótico — a certa altura, tinha mais de 80 fusos horários: 12h em Chicago era 11h27 em Omaha e 12h31 em Pittsburgh.[8]

Contudo, uma geração de inovadores e empreendedores norte-americanos começou a mudar as circunstâncias (incluindo as diferenças de horário no país, uma mudança provocada pela proliferação das ferrovias), vencendo o que aparentavam ser adversidades impressionantes, por meio de inovações pioneiras de criação de mercado, com novos modelos de negócios que permitiram que esses produtos se tornassem simples e acessíveis. Em sua época, os inovadores e empreendedores apresentados neste capítulo — Isaac Singer, George Eastman, Henry Ford e Amadeo Giannini — apenas queriam ver suas inovações criadoras de mercado se consolidarem. Porém o impacto que teriam na prosperidade norte-americana seria muito mais profundo. Ainda que seja quase impossível calcular a repercussão exata desses pioneiros da inovação na prosperidade do país, sua importância foi, sem dúvida, enorme. Quando você vê não apenas o que eles criaram, mas a cultura de inovação que *inspiraram*, fica claro que a verdadeira revolução nos EUA depois da Guerra Civil não foi política, mas econômica. Em suas histórias de sobrevivência, vemos a história da notável transformação da nação.

Com Isaac Singer, ilustraremos o imenso **poder das inovações criadoras de mercado**. Com George Eastman, o pobre menino que abandonou o ensino médio e criou a Kodak, vamos nos concentrar na oportunidade encontrada na **segmentação do não consumo**. Retomaremos a história de Henry Ford para demonstrar a capacidade de **atração do Modelo T na sociedade norte--americana**. De postos de gasolina e estradas até como ganhamos e gastamos nosso dinheiro, Ford desempenhou um papel importante na mudança de como vivemos, trabalhamos e nos divertimos. Por fim, veremos como Amadeo Giannini **mudou** radicalmente **o modelo de negócios dominante** do setor bancário na época — e as vidas de todos os norte-americanos nas décadas seguintes. Um banco que concedia empréstimos a imigrantes pobres se tornou o que hoje conhecemos como Bank of America, criando algumas das práticas bancárias essenciais com as quais todos contamos hoje. O sucesso desses quatro inovadores (e muitos outros) repercutiu consideravelmente na economia norte-americana, e até global. À medida que uma cultura de inovação começou a surgir nos EUA, na qual os empreendedores procuravam atender cada vez mais não consumidores, um ciclo virtuoso de criação de prosperidade foi iniciado.

Nasce uma Indústria

Deve ter sido difícil prever o impacto de Isaac Singer no mundo quando ele era jovem. Nascido em Nova York em 1811, filho de imigrantes alemães pobres e sem escolaridade, tudo que ele queria era se tornar um ator.[9] Um curto período como aprendiz em uma loja de máquinas quando ele tinha 19 anos lhe deu um plano alternativo de carreira, mas ele não tinha intenção de ganhar a vida dessa maneira. Singer tentou a sorte nos palcos, mas sem muito sucesso. Até que um dia começou a mexer em um projeto de máquina de costura já existente, mas que não funcionava bem. No papel, a ideia de uma máquina de costuras fazia sentido — na época, mesmo uma costureira habilidosa só conseguia produzir 40 pontos por minuto à mão —, mas ninguém ainda tinha sido capaz de criar uma máquina confiável que pudesse fazer muito melhor.

Singer viu uma oportunidade de aperfeiçoar o equipamento. Com as melhorias mecânicas que tornaram a máquina de costura mais simples, barata e confiável, a criação de Singer permitiu que uma pessoa *não especializada* produzisse *900* pontos por minuto. Isso significava que o tempo médio necessário para costurar uma camisa diminuiria de cerca de 14 horas para apenas 1.[10]

Especialistas que entendiam muito mais sobre alfaiataria e roupas previram o fracasso de Singer.[11] Quem compraria? Parecia inconcebível que as famílias norte-americanas que mal conseguiam dinheiro para uma camisa nova pudessem comprar uma máquina de costura de luxo. "Será que as mulheres conseguiriam *operar* uma máquina dessas?", perguntaram os céticos.

Mas ele não se intimidou. O sucesso finalmente chegou quando ele se associou com o advogado Edward Clark para criar a "I.M. Singer & Co." Juntos, eles inovaram não apenas seu produto, mas também seu modelo de negócios para garantir que pudessem sobreviver em um contexto comercial e jurídico desafiador.[12] Essas inovações incluíram a criação de filiais, o envio de profissionais de vendas e serviços de porta em porta, a oferta de aulas sobre como usar o produto e a concessão de crédito a clientes com pouco dinheiro. Uma típica máquina de costura Singer era vendida por US$100 (cerca de US$1.400 em 2017), mas com apenas US$5 de entrada e um pagamento mensal de US$3, uma família que ganhava apenas US$500 por ano podia ter uma.

Embora familiar para os norte-americanos modernos, essas inovações no modelo de negócios eram inéditas no tempo de Singer — e levaram a um crescimento extraordinário. Em 1858, a empresa teve vendas anuais de apenas

3 mil unidades. Em 1863, quando um alfaiate chamado Ebenezer Butterick começou a vender moldes de vestido em tamanhos-padrão, possibilitando que qualquer um reproduzisse uma peça em casa, a máquina de costura Singer se tornou a mais popular dos EUA e estava prestes a ser um monopólio mundial. Em 1873, a demanda era tão alta que Singer teve de construir a maior fábrica de máquinas de costura do país, com uma capacidade de produção de 7 mil unidades *por semana*. Dez anos depois, a empresa montou a maior fábrica de máquinas de costura da Europa, onde produzia 10 mil unidades por semana.[13] A máquina de costura Singer acabaria por criar uma organização internacional[14] que fabricava mais de 500 mil máquinas de costura na Europa e quase 400 mil nos Estados Unidos anualmente.[15] Isso resultou em um grande número de empregos em vendas, distribuição, manutenção, fabricação, publicidade, treinamento, contabilidade e muito mais.

Enquanto o impacto econômico direto de Singer era impressionante, o indireto era ainda maior — ao catalisar outras inovações e indústrias, e também estimular a construção de novas infraestruturas. Por exemplo, surgiram pequenas lojas nos bairros mais pobres de Nova York e Chicago com o objetivo de servir como subcontratantes de grandes fabricantes que haviam desenvolvido um sistema de produção padronizado e orientado a tarefas — um predecessor da cadeia de suprimento atual. Tudo o que um fabricante tinha de fazer era cortar e marcar o tecido com um desenho específico, depois embalá-lo e enviá-lo para as pequenas lojas com instruções sobre como costurar as peças. Famílias inteiras participaram desse processo, o que ocasionou maiores rendas e melhores perspectivas de vida.[16] A máquina de costura de Singer também foi uma vantagem inesperada para o setor de closets ou guarda-roupas. Onde as pessoas iriam colocar todas as peças novas? Primeiro precisaram de guarda-roupas, e depois de guarda-roupas maiores. Outra indústria nasceu.

A máquina de costura Singer revolucionou, talvez de forma mais notável, a indústria do vestuário — que cresceu o dobro entre 1860 e 1870, chegando a *US$1 bilhão* em 1890 (o equivalente a US$26 bilhões em 2018) — possibilitando que um cliente, ao saber seu tamanho de roupa, pudesse fazer compras nas recém-inauguradas lojas de departamentos do final do século XIX.[17] O aumento da demanda por máquinas de costura também levou a grandes crescimentos nas indústrias de aço, madeira e algodão — e à criação de várias outras. Por sua vez, também impactou a indústria de calçados, que poderia vender seus produtos nessas lojas de departamento.

Quando essas novas indústrias e mercados foram criados, eles começaram a atrair a infraestrutura e as instituições necessárias para sobreviver. A empresa I.M. Singer, de fato, construiu linhas ferroviárias para transportar com mais eficiência as máquinas de costura da empresa; ela também construiu uma usina com turbinas para a sua fábrica em Podolsk, na Rússia, que acabou fornecendo eletricidade para toda a cidade; em Moscou, sua loja de fundição fornecia ferro gusa para fábricas de algodão próximas; e, na Escócia, ela construiu uma estação ferroviária que opera até hoje.[18] Tudo isso aconteceu sem a ajuda direta dos governos. Na verdade, a empresa I.M. Singer ajudou os governos ao contribuir com impostos que financiariam muitos serviços públicos.

Em 1890, os norte-americanos não esperavam muito do governo federal dos Estados Unidos, que administrava as forças armadas, a política externa, a terra, o tesouro e os impostos, e não muito mais que isso.

Por exemplo, não havia agências federais para o Trabalho (que não foram criadas até 1913), para os Veteranos (1930), Saúde e Serviços Humanos (1953), Habitação e Desenvolvimento Urbano (1965), Transportes (1967), Energia (1977) e Educação (1979) até um longo período depois que os EUA se tornaram uma nação independente. Essas agências se formariam e evoluiriam ao longo do tempo em resposta a algum tipo de clamor público, ou para administrar os negócios de um mercado novo e próspero. O Departamento de Transportes, por exemplo, chegou quase 60 anos depois do Modelo T. de Henry Ford. Em muitos casos, havia precursores dos departamentos federais, mas eles eram menores, menos prioritários e, portanto, muito menos influentes. Porém isso não importava para inovadores como Singer.

O mesmo aconteceu com George Eastman, cuja inovação permitiu que milhões preservassem memórias preciosas, se comunicassem e conectassem por meio de imagens.

A Kodak de George Eastman — Retratando o Futuro

Hoje achamos natural o quanto é simples tirar fotos e preservar memórias. De fotografias de nossas inesquecíveis férias em família a fotos compartilhadas conosco de lugares distantes que talvez nunca visitemos, somos bombardeados diariamente com imagens. De acordo com algumas estimativas, enviamos mais de 657 bilhões de fotos todos os anos. Um escritor colocou desta forma: "A cada dois minutos, os humanos tiram mais fotos do que o total registrado em 150 anos."[19]

Porém as imagens nem sempre foram tão amplamente acessíveis. A fotografia foi inventada na década de 1830, mas mesmo 50 anos depois de sua invenção ainda era uma prática limitada a profissionais altamente qualificados e àqueles que podiam pagar por seu alto custo. Isso porque exigia conhecimento de química e experiência em laboratórios experimentais.[20] Além da câmera, os fotógrafos precisavam de muitos equipamentos adicionais, como produtos químicos, tanques de vidro, suportes de chapa fotográfica e tripés resistentes. A prática era muito cara e inviável até George Eastman montar a Eastman Kodak Company, que visava o vasto não consumo de fotografia que hoje, em retrospecto, somos capazes de notar.

Nascido em 12 de julho de 1854, ele abandonou o ensino médio e, de acordo com os padrões de escolaridade da época, não era particularmente inteligente. Para piorar as coisas, ele nasceu em uma família pobre e teve que sustentar sua mãe viúva e duas irmãs, uma das quais sofria de poliomielite. Eastman começou sua carreira profissional como funcionário de banco, um trabalho que ele aceitou para ajudar a pagar as contas de sua família. Foi por meio do trabalho e da engenhosidade desse ex-bancário que milhões de não consumidores de memórias, imagens e fotografia se tornaram consumidores. A inovação de Eastman e o vasto mercado criado por ela levaram à imensa prosperidade econômica, à criação de empregos e ao desenvolvimento e à expansão de muitas indústrias de bilhões de dólares, incluindo publicidade e filmes.

Quando Eastman tinha 23 anos, um colega sugeriu que ele levasse uma câmera para as próximas férias, uma ideia que o entusiasmava. Ele percebeu rapidamente, no entanto, que as câmeras eram pesadas, rudimentares e caras, e que o conjunto de equipamentos necessários para revelar fotografias também era caro. Então ele começou a trabalhar para encontrar uma maneira melhor de tirar fotos e revelar fotografias, e passou três anos fazendo testes na mesa da cozinha de sua mãe até acertar. Eastman acreditava que um dos nossos recursos mais preciosos, nossas experiências, deveria ser preservado mais facilmente, e que o norte-americano comum — o não consumidor — deveria ser capaz de tirar fotos sempre que quisesse, e fazê-lo de maneira acessível.

Isso o levou a fundar a Eastman Kodak Company. "Comecei a perceber gradualmente que o que estávamos fazendo não era apenas fabricar chapas secas, mas começando a fazer da fotografia uma atividade cotidiana... a tornar a câmera tão prática quanto o lápis", observou Eastman.[21] Sua decisão de focar o não consumo levou-o a projetar um modelo de negócios totalmente diferente. Intuitivamente, ele entendeu o Trabalho a Ser Feito — que as pessoas queriam capturar os momentos preciosos de suas vidas. Embora elas não passem muito tempo olhando as imagens que tiraram, a noção de parar, capturar e ter a possibilidade de recorrer às fotos sempre que quisessem foi o suficiente para consumirem a fotografia.

A câmera Kodak de 1888 preparou o cenário de transformação da indústria fotográfica. A câmera de US$25 fácil de usar era pré-carregada com filme suficiente para 100 imagens. Depois de tirar as fotos, os clientes mandavam a câmera para a Eastman Kodak Company, onde eram reveladas e enviadas de volta com um novo rolo de filme para mais fotos. Esse serviço — revelar as imagens e enviar filmes virgens — tinha um preço adicional de US$10. Eastman popularizou o slogan: "Você aperta o botão, nós fazemos o resto." Os negócios prosperaram.

Na verdade, a ideia de tirar fotos fez tanto sucesso que, 12 anos depois, a Kodak desenvolveu a Brownie, uma câmera que era vendida por apenas US$1 (somente US$27 em 2019); o filme custava um adicional de US$0,15. Uma campanha publicitária foi criada e, em pouco tempo, a frase "um momento Kodak" tornou-se popular.[22]

Sucesso sem precedentes e prosperidade foram as consequências para o homem que em certa época viveu com menos de US$1 por dia. Nas décadas seguintes, Eastman Kodak venderia centenas de milhões de câmeras e filmes, transformando para sempre uma indústria antes limitada aos ricos.

Para conseguir isso, Eastman desenvolveu um modelo de negócios que se concentrava nos seguintes princípios fundamentais: *cliente, produção em massa a baixo custo, distribuição mundial* e *publicidade ampla*. Isso foi na década de 1890, quando menos de 10% dos norte-americanos frequentavam o ensino médio, menos de 10% das estradas do país eram pavimentadas (o que aconteceria depois do Modelo T de Henry Ford), e os contêineres ainda não eram populares. Esses fatos, no entanto, não impediram Eastman de transformar a Kodak em um império multibilionário e uma das empresas norte-americanas de maior sucesso na época.

Em 1966, a Kodak empregava mais de 100 mil pessoas e as vendas combinadas de todas as unidades da empresa em todo o mundo ultrapassavam US$4 bilhões (mais de US$30 bilhões atualmente). O impacto de Eastman no desenvolvimento dos Estados Unidos foi imenso. Desde os insumos e tecnologias necessários para desenvolver a câmera até as indústrias multibilionárias que surgiram como resultado, poucos poderiam ter previsto sua repercussão.[23] Mas essa situação quase sempre se torna realidade com a segmentação do não consumo.

Tirar uma foto hoje, e até mesmo gravar um vídeo, pode parecer banal e comum, mas não era assim há 150 anos. A inovação de Eastman e sua decisão de focar o não consumo criaram mercados que muitos outros inovadores melhoraram e desenvolveram. Ao fazê-lo, ele não apenas gerou uma enorme riqueza para si, mas também criou um mercado que atraiu empregos e oportunidades de negócios para muitas pessoas em todo o mundo.

Modelo T de Henry Ford

No momento de escrita deste livro, a Ford Motor Company tem mais de 115 anos, gera mais de US$150 bilhões em receita anual, emprega mais de 200 mil pessoas em todo o mundo e possui ativos de mais de US$200 bilhões. No entanto, quando Henry Ford decidiu corajosamente construir um carro para o norte-americano comum, ele foi recebido com intenso ceticismo. Os críticos previram que ele estaria fora do mercado em seis meses[24], mas Ford também não se intimidou. "Eu construirei um carro para a grande multidão. Ele será grande o suficiente para a família, mas pequeno o suficiente para o indivíduo usar e cuidar. Ele será construído com os melhores materiais, pelos melhores homens que eu puder contratar, após o projeto mais simples que a engenharia moderna é capaz de conceber. Mas será tão barato que nenhum homem que tenha um bom salário será incapaz de ter um — e desfrutar com sua família a bênção das horas de lazer em meio à natureza criada por Deus", declarou ele.

Para que o desenvolvimento transformador aconteça, os inovadores devem primeiro pensar em um mundo diferente, repleto de possibilidades que muitos outros nem sequer imaginam. Não é difícil compreender por que os críticos achavam que a previsão de Ford era absurda. Pense no país em que Ford apresentou seus carros.[25] No início dos anos 1900, o PIB per capita dos EUA havia atingido o equivalente a cerca de US$7.800 em dólares de 2018, quase o nível dos US$8.800 do Reino Unido, mas a vida ainda era difícil para o norte-americano comum. A maioria das pessoas ainda não tinha acesso à eletricidade; relativamente poucas crianças conseguiam chegar ao ensino médio; a expectativa de vida era de aproximadamente 47 anos; e a infraestrutura rodoviária não era desenvolvida, pelo menos não para o automóvel. Na época, o norte-americano comum nem sequer via a necessidade de carros ou como eles poderiam impactar os EUA. A maioria das pessoas vivia perto de onde trabalhava e se divertia. Assim como muitos mercados emergentes de hoje, somente norte-americanos ricos podiam comprar veículos, mas Henry Ford começou a mudar isso.

Nascido em 1863, ele tinha uma propensão para a inovação. Seu pai era dono de uma fazenda em Dearborn, Michigan, onde Ford fabricava pequenas engenhocas que facilitariam algumas das tarefas agrícolas mais trabalhosas. Como outros inovadores sobre os quais escrevemos, ele não foi formalmente educado.[26] Depois de se tornar aprendiz de mecânico, Ford ficou cada vez mais fascinado com a criação de uma carruagem sem cavalos. Em seu tempo livre, ele trabalhou nessa ideia por mais de 12 anos, até que deixou seu emprego em tempo integral na Edison Illuminating Company para se juntar a uma nova empresa iniciante, a Detroit Automobile Company. A companhia não obteve sucesso, e Ford foi afastado de seu cargo, porém sua determinação em construir uma empresa automobilística de sucesso permaneceu forte.

Em 1903, após vencer uma corrida contra uma proeminente montadora de Ohio com um carro projetado por Ford, Alexander Winton se uniu a um pequeno grupo de investidores para fundar a Ford Motor Company. Na empresa, foram plantadas as sementes da "democratização do automóvel" nos EUA.[27]

A fim de construir um modelo de negócios bem-sucedido que visasse o não consumo, Ford tomou muitas atitudes que, atualmente, podem parecer não "fundamentais" para a construção de um carro. Em outras palavras, sua empresa teve que atrair muitos recursos e componentes que, hoje, pareceriam um gasto excessivo. Contudo, em determinadas circunstâncias — especialmente aquelas em que um novo mercado está sendo criado —, é necessário atrair o que podem parecer ser "recursos não essenciais" para realizar com êxito um Trabalho a Ser Feito. Atualmente, é o que chamamos de integração vertical, porém, na época, os inovadores simplesmente a entendiam como fazer o necessário para ter sucesso na criação de um novo mercado. Isso é efetivamente o que a Ford fez. Como a maioria dos fabricantes de automóveis na época se concentrava na economia de consumo e visava apenas indivíduos ricos, eles permaneciam pequenos e não precisavam atrair muitos recursos para produzir seus veículos personalizados.

Em contrapartida, Ford teve que descobrir como fazer várias coisas funcionarem. Na década de 1920, sua montadora de automóveis era apenas um entre vários dos investimentos significativos feitos por ele para levar seu carro para os não consumidores norte-americanos. A empresa de Ford também administrava florestas para extração de madeira, minas de carvão, plantações de borracha, ferrovias, cargueiros, postos de gasolina, serrarias, vidrarias e altos-fornos para aço.[28] Tratava-se de pioneirismo na indústria automobilística. Ninguém jamais havia visto algo assim. Esses investimentos não eram apenas a infraestrutura da Ford, eles também se tornaram a infraestrutura dos EUA.

O Modelo T de Ford mudou o cenário do país — literalmente. Em 1900, o número de carros registrados nos Estados Unidos totalizava 8 mil; em 1910, apenas 10 anos depois, chegou a 458 mil; em 1920, era de 8 milhões; e em 1929 havia mais de 23 milhões de veículos motorizados registrados no país.[29] O Modelo T foi o principal motivo para a adoção de automóveis nos Estados Unidos e em outras partes do mundo. Em 1922, por exemplo, dos cerca de 2,5 milhões de carros novos registrados, aproximadamente 2 milhões eram automóveis Ford Modelo T.

À medida que os carros se tornavam mais acessíveis, menos cavalos eram necessários, tanto para viagens pela cidade como para o trabalho nas fazendas. Muitos agricultores também adaptaram o Ford Modelo T para suas necessidades agrícolas, o que reduziu ainda mais o uso de cavalos e mulas. No início do século XX, o custo anual do país para manter *cavalos* excedia os US$2 bilhões, quase o mesmo aplicado na manutenção das ferrovias. Na cidade de Nova York, por exemplo, as autoridades municipais precisavam lidar com mais de 45 mil toneladas de esterco mensalmente. O problema era tão abrangente — e repugnante — que um defensor dos automóveis alegou: "Todas as guerras juntas não causaram metade das mortes que podem ser atribuídas ao cavalo." A afirmação pode ser um pouco exagerada, mas certamente expressa os medos da época. Um crítico chegou a sugerir que, até 1930, o esterco de cavalo alcançaria "o nível das janelas do terceiro andar dos prédios de Manhattan". Felizmente, o automóvel de Henry Ford decolou antes que isso pudesse acontecer.[30]

A decisão de Ford de segmentar o não consumo e criar um novo mercado para o automóvel nos Estados Unidos, bem como a necessidade desse mercado de aperfeiçoar e atrair novos recursos foram fundamentais para o desenvolvimento e a prosperidade do país, incluindo estradas. Em seu livro *The Big Roads:*

The Untold Story of the Engineers, Visionaries, and Trailblazers Who Created the American Superhighways, Earl Swift explica que, em 1909, apenas 8% dos 3,5 milhões de quilômetros de estradas dos EUA foram "melhorados de alguma forma." E metade dos 8% das "estradas melhoradas" era de cascalho. Na época, o país tinha apenas 14,4 quilômetros de estradas de concreto. No entanto, como o carro se tornou onipresente, estradas foram construídas e melhoradas, e os norte-americanos se beneficiaram imensamente.

O impacto econômico e social da construção de estradas nos EUA foi enorme. "Cada bilhão de dólares gasto em obras proporcionou o equivalente a 48 mil empregos em tempo integral por 1 ano e consumiu uma quantidade praticamente inimaginável de recursos — 16 milhões de barris de cimento, mais de 0,5 milhão de toneladas de aço, 8,2 milhões de quilos de explosivos, cerca de 466 milhões de litros de derivados de petróleo e terra suficiente para quase cobrir Nova Jersey, além de 76 milhões de toneladas de agregados para concreto", observa Swift.[31]

Porém, tão importante quanto as estradas, o que elas possibilitaram foi ainda mais significativo. A frequência escolar rural nos EUA era cerca de 57% antes do surgimento de boas estradas. Uma vez que foram construídas, a frequência diária subiu para 77%. O custo da movimentação de uma tonelada de carga era de aproximadamente US$0,22 por 1,6 quilômetros em uma estrada não melhorada, mas caiu drasticamente para US$0,12 em estradas melhores. A redução nas despesas de transporte permitiu que mais viagens e comércio prosperassem dentro e entre as cidades.[32]

As estradas e seus benefícios, no entanto, não foram as únicas consequências que a inovação de Ford atraiu para os EUA. Considere como a empresa impactou os salários e a renda, um dos determinantes mais importantes do desenvolvimento, da prosperidade e da eficácia de uma democracia.[33] Quando Ford instituiu a linha de montagem em suas fábricas, o trabalho tornou-se monótono. Homens não qualificados faziam a mesma coisa repetidas vezes durante 9 horas diárias, 6 dias por semana, e por aproximadamente US$2,34 por dia (US$60 em dólares de hoje). Como resultado do trabalho monótono, a taxa de rotatividade na fábrica de Ford disparou para impressionantes 370%

ao ano — o que significava que, para cada função, ele precisava contratar 4 pessoas para manter sua fábrica funcionando sem dificuldades. Isso era insustentável. Para combater esse problema, em 1914, Ford instituiu um salário mínimo de US$5 por dia, basicamente dobrando a remuneração de seus operários. Por conta desse aumento salarial, críticos e outros fabricantes de automóveis o consideraram louco. Na época, o editorial do *Wall Street Journal* sugeriu que, ao fazê-lo, Ford não apenas traía seus colegas empresários, mas também prejudicava todo o empreendedorismo norte-americano. "Dobrar o salário mínimo, sem levar em consideração o tempo de serviço, é aplicar princípios bíblicos ou espirituais onde não pertencem", escreveu o *Journal*, acrescentando que Ford "cometeu erros, se não crimes, em seu esforço social. Eles podem retornar não apenas a atormentá-lo, mas também toda a indústria que representa e a sociedade organizada".[34]

Felizmente, Ford não concordou com muitos dos sentimentos predominantes na época. Sua decisão é frequentemente discutida como parte de seus esforços para transformar seus próprios trabalhadores em clientes — com salários mais altos, eles poderiam pagar por seus carros. Embora seja esse o consenso, na verdade Ford estava focado em manter sua fábrica aberta. Posteriormente, ele percebeu que o aumento salarial foi o "corte de custos mais inteligente que a empresa já fez". Outros fabricantes também viram a vantagem dessa iniciativa e seguiram o exemplo, optando por salários mais altos em suas operações.[35]

Ford também foi amplamente responsável por mudar a semana de trabalho de seis dias para cinco dias — uma ação que seus críticos também temiam que comprometesse toda a economia. De alguma forma, ele via as coisas de maneira diferente: reduzir a semana de trabalho era essencial para manter (e até mesmo melhorar) a produtividade de seus funcionários e entender as possíveis implicações na economia como um todo. "É hora de nos livrarmos da noção de que o lazer para os trabalhadores é ou 'tempo perdido' ou um privilégio de classe... Quem trabalha apenas cinco dias por semana consome mais bens do que quem trabalha seis dias por semana", disse ele na época. "As pessoas que têm mais lazer devem ter mais roupas. Elas comem uma maior variedade de alimentos e precisam de mais meios de transporte. Esse aumento no consumo exigirá uma produção maior do que a que temos hoje... Isso levará a mais trabalho e, consequentemente, a mais salários."[36]

Com essas mudanças ajudando a melhorar a eficiência de sua fábrica, a Ford Motor Company reduziu o preço do Modelo T de US$950 em 1909 (equivalente a US$25 mil em 2018) para US$260 em 1927 (US$3.700 em 2018), tornando-o ainda mais acessível para o norte-americano comum, incluindo os funcionários da empresa. Por conseguinte, as vendas do Modelo T dispararam.[37]

Em 1923, havia pouco mais de 15 milhões de carros registrados no país — aproximadamente 135 carros a cada 1.000 pessoas. Economistas previram que o crescimento do setor não poderia se prolongar. Eles não conseguiam ver como os norte-americanos continuariam comprando carros. A maioria das pessoas que podia adquirir veículos, pensaram, já havia comprado pelo menos um. Algumas famílias até tinham dois. Porém, as projeções dos economistas falharam totalmente. Em 2014, havia 816 veículos a cada 1.000 norte-americanos.[38] Mais de 260 milhões de carros percorriam as ruas, vias e rodovias dos Estados Unidos.

Quando eu penso sobre Ford, ou o Modelo T, reflito sobre como *essa* inovação mudou tantas vidas norte-americanas. Penso na cultura de inovação que ele promoveu e nas possibilidades que criou para termos uma vida melhor. Esse tipo de impacto, bem parecido com o que vemos na história do Bank of America, é muitas vezes difícil de prever com as ferramentas econômicas que temos hoje.

Do Bank of Italy para o Bank of America

Como muitos produtos no final do século XIX e início do século XX, os serviços financeiros, por exemplo, empréstimos e contas bancárias, existiam principalmente para os ricos. Quando Amadeo Giannini sugeriu que seu banco emprestasse dinheiro a norte-americanos da classe trabalhadora dignos de crédito, sua proposta foi rejeitada com desrespeito.[39] Determinado a mudar a situação, em 1904 ele fundou o Bank of Italy em São Francisco. Ele focaria os "pequenos companheiros", os quais os outros bancos não atenderiam.[40] Assim nasceu o Bank of America, o maior banco comercial do mundo.

Alguns historiadores aclamaram Giannini como o "maior inovador dos bancos modernos", explicando que "ele provavelmente fez mais para democratizar e popularizar o sistema bancário do que qualquer outro indivíduo".[41] A julgar não apenas pelo sucesso final do Bank of America, mas também pelos novos modelos de negócios que o banco de Giannini executou, é difícil discordar da afirmação. Ele é responsável por converter milhões de norte-americanos não consumidores de serviços financeiros em consumidores. Para fazer isso, no entanto, teve que mudar o modelo de negócios dominante do setor bancário na época.

As inovações criadoras de mercado não são simplesmente os produtos ou serviços em si. Em seu cerne está um modelo de negócios que democratiza lucrativamente uma inovação para que muito mais pessoas — não consumidores que possam se beneficiar de seu uso — tenham acesso a ela. É aí que entra o poder transformador.

Aos 15 anos, Giannini abandonou o ensino médio e entrou para a empresa de produção de seu padrasto. Sua decisão de ingressar no setor bancário resultou de seu desdém por práticas bancárias convencionais direcionadas principalmente aos ricos — um grupo do qual ele foi definitivamente excluído. Mas como alguém poderia culpar os banqueiros? Na época, os norte-americanos não tinham tanto dinheiro quanto hoje, e não havia um modelo de negócios estabelecido para alcançar os que não eram ricos. Fazia sentido que os banqueiros emprestassem dinheiro a grandes corporações para projetos de ferrovias e arranha-céus, mas não aos pobres, independentemente de quão esforçados fossem. Semelhante à situação em muitos países pobres hoje, era incrivelmente difícil para os norte-americanos comuns obterem um empréstimo bancário. Eles eram considerados de alto risco — como pagariam os empréstimos? De fato, o setor bancário fez tudo o que pôde para desencorajar até mesmo as solicitações dos norte-americanos pobres. E, caso conseguissem um empréstimo, as taxas de juros geralmente chegavam aos *dois dígitos*.

No entanto foi nesse segmento "indesejável" da população que Giannini viu uma oportunidade. "O 'pequeno companheiro' é o melhor cliente que um banco pode ter", ponderou. "Ele começa com você e fica com você até o fim."[42] Giannini acreditava que poderia desenvolver um negócio bancário lucrativo que disponibilizasse taxas de juros mais baixas para o californiano comum, oferecendo aos clientes do Vale Central empréstimos com apenas 7% — uma fração do que eles conseguiriam obter de qualquer outro banco (e ainda menores do que teriam que pagar se recorressem ao "mercado negro"). Ao oferecer empréstimos de US$10 a US$300 para qualquer pessoa que tivesse um emprego, Giannini também convenceu os não consumidores de que deveriam parar de colocar seu dinheiro árduo em colchões ou latas e começar a entregá-lo a um banco, onde estaria protegido e renderia juros.

Porém ele não poderia desenvolver sua ideia a menos que subvertesse as regras bancárias convencionais — então "começou a desestabilizar o formalismo de bancos respeitáveis e conservadores", como observou posteriormente o *San Francisco Chronicle*.

Giannini literalmente parava as pessoas nas ruas e solicitava a possíveis clientes que abrissem contas em seu banco. Era uma prática desprezada pelos outros bancos, que faziam reuniões individuais em prédios imponentes com banqueiros privados para impressionar os clientes ricos. Giannini não ofereceu apenas seus serviços bancários, mas também teve que instruir seus clientes sobre os benefícios da atividade em geral. Ele criou comitês consultivos locais, aconselhou seus clientes a comprar as ações do banco e criou um sistema nacional de agências que atendia aos pobres e à classe trabalhadora. Embora agências bancárias pareçam óbvias hoje, não eram há cem anos. Giannini introduziu o modelo de banco que a maioria de nós conhece atualmente.

Giannini também não via o Bank of America como apenas um banco e integrou os serviços para atender às necessidades de seus clientes. Por exemplo, na devastação do grande terremoto de São Francisco de 1906 — apenas dois anos depois da fundação de seu banco —, com a ajuda de dois funcionários ágeis, ele conseguiu retirar US$80 mil em ouro dos cofres de seu Bank of Italy ao escondê-lo sob um carregamento de verduras em uma carroça puxada por cavalos, antes que o fogo devastasse o prédio. Outros bancos que não pensaram em fazer o mesmo encontrariam seus cofres quentes demais para serem abertos por semanas. No dia seguinte ao terremoto que assolou a cidade, seus colegas banqueiros propuseram uma moratória bancária de 6 meses até que seus bancos conseguissem se recuperar. Mas Giannini discordou. "Em novembro", argumentou, "não haverá cidade nem pessoas para servir."[43] No dia seguinte, em uma mesa improvisada em North Beach, ele estava aberto para negócios e se ofereceu para conceder crédito "sem burocracia" para pequenas empresas e indivíduos que precisavam de dinheiro para reconstruir suas vidas. As ações de Giannini estimularam o novo desenvolvimento da cidade.

O gesto refletia sua filosofia: o dinheiro nos cofres não estava lá para servir os bancos, mas os clientes. Em meados da década de 1920, "Bank of Italy" já era uma designação inadequada, pois Giannini havia começado a emprestar para "pequenos companheiros" nas comunidades iugoslava, russa, mexicana, portuguesa, chinesa, grega e de vários outros imigrantes. Em 1930, o Bank of Italy tornou-se Bank of America e, em 1945, era o maior banco comercial do mundo.

Giannini também concedeu empréstimos para outras indústrias subdesenvolvidas e emergentes na época, incluindo a indústria de vinho da Califórnia, Hollywood e a indústria de alta tecnologia. Depois que Walt Disney excedeu o orçamento em sua produção do primeiro longa-metragem de animação, *Branca de Neve e os Sete Anões*, Giannini interveio com um empréstimo de US$2 milhões para a Disney. Ele também forneceu o capital inicial a William Hewlett e David Packard, fundadores da Hewlett-Packard Inc. Embora todas essas indústrias sejam hoje multibilionárias, cada uma atraindo bilhões de dólares de investimentos anualmente, poucos teriam previsto seu sucesso na época. Até mesmo Charlie Chaplin, um dos atores, diretores e produtores mais proeminentes do mundo, declarou certa vez que "o cinema é pouco mais que uma moda passageira. É drama enlatado. O que o público realmente quer ver é ator de em carne e osso no palco".[44]

Embora o mercado que Giannini criou para que o norte-americano comum tenha acesso ao capital seja importante, as instituições e a infraestrutura que esse mercado ajudou a implementar são ainda mais significativas. Ao emprestar a algumas pessoas ricas da sociedade, os bancos não precisavam investir em muita infraestrutura para garantir que seus empréstimos fossem pagos. Ao emprestar a centenas de milhares de pessoas, esses sistemas não eram apenas importantes, mas essenciais. Giannini pedia que sua equipe verificasse as práticas de negócios das pessoas para as quais emprestava dinheiro, para garantir que administrassem suas empresas da melhor forma possível. Por exemplo, altos funcionários do banco perceberam que, para que muitos de seus clientes do agronegócio conseguissem comercializar seus produtos em mercados distantes, precisariam criar cooperativas.[45] O Bank of America ajudou, e em 1919 os agricultores da Califórnia faturaram US$127 milhões em vendas por meio de cooperativas de comercialização (os próximos da lista, na época, eram agricultores do Minnesota, com US$82 milhões).

A dedicação de Giannini aos "pequenos companheiros" resultou no Bank of America. Mas também mudou a vida dos norte-americanos. Pais e avós foram capazes de entender o valor de economizar dinheiro, de juros compostos e de fazer escolhas de investimento. Gerações inteiras de norte-americanos se beneficiaram desse conhecimento. É difícil imaginar que a mesma mudança radical não seja possível também para os "pequenos companheiros" nas economias pobres. Graças a Giannini e a outros que seguiram seu caminho, sabemos o que é possível.

A Inovação Se Torna a Nova Normalidade nos EUA

Identificar apenas alguns inovadores criadores de mercado nos EUA foi difícil para nós — não porque não conseguimos encontrá-los, mas porque havia muitas histórias ótimas para escolher. A história norte-americana está repleta de inovadores cujo trabalho desempenhou um papel na marcha do país para a prosperidade. Nem todo inovador conseguiu criar um novo mercado; nem todo empreendedor conseguiu acertar em seu modelo de negócio. A história também está repleta de histórias dolorosas de fracasso. Thomas Edison teve muito mais falhas do que êxitos — caneta elétrica, alguém se lembra? "Eu não falhei dez mil vezes", declarou ele, "apenas descobri com sucesso dez mil maneiras que não funcionam." Mas ele teve um sucesso espetacular em várias inovações, incluindo a lâmpada incandescente, o fonógrafo e a câmera cinematográfica, um processo que, por fim, nos proporcionou a General Electric. Existem inúmeras outras pessoas que também conseguiram. Por exemplo:

Samuel Insull, um colega de Thomas Edison, visou o não consumo de eletricidade quando desenvolveu uma maneira de torná-la acessível em todo os EUA. Sua empresa, a Commonwealth Edison Company, combinou inovações tecnológicas com inovações no modelo de negócios — ao tarifar clientes com base na hora do dia e uso, instalar fiação elétrica nas casas a preços baixos e distribuir eletrodomésticos para aumentar a demanda. Em 1892, Insull começou com apenas 5 mil clientes em Chicago. Na década de 1920, ele atendia mais de 4 milhões de clientes em 32 estados.

Sarah Breedlove Walker, popularmente conhecida como "Madame C.J.", incorporou esse espírito ao fundar um negócio que visava o não consumo de produtos cosméticos nas comunidades afro-americanas. No início dos anos 1900, quando poucos pensavam que um negócio que atendesse essa comunidade pudesse ser viável, Madame C.J. viu a oportunidade — não apenas para si mesma, mas para os outros. Como ela explicou em 1914: "Não estou apenas satisfeita em ganhar dinheiro, estou me esforçando para dar emprego a centenas de mulheres da minha raça."[46] Ela acabou, de fato, ganhando dinheiro — tornando-se a primeira mulher afro-americana a ficar milionária. Porém, mais importante, ela concretizou sua ambição de criar empregos para milhares de mulheres. Madame C.J. não recebeu educação formal, e durante um tempo ganhava apenas US$1,50 por dia.

Charles Goodyear, depois de suportar anos de pobreza — alimentando-se de peixes que ele pescava no porto de Staten Island, Nova York — e passar um tempo na cadeia por não poder pagar sua dívida, nos proporcionou a borracha vulcanizada. Na época, muitos o aconselharam de que "a borracha estava morta" nos Estados Unidos, pois vários norte-americanos a viam derreter e cheirar mal nos meses quentes de verão e ficar dura como rocha no inverno. Ainda assim, Goodyear fez experimentos contínuos, tentando torná-la mais durável e acessível. Depois de muitos anos de fracasso, ele conseguiu. Em 2018, a demanda global por produtos de borracha industrial chegou a US$150 bilhões.

Georges Doriot institucionalizou a cultura de inovação dos EUA quando fundou a American Research and Development Corporation (ARDC), a primeira empresa pública de capital de risco do mundo. Uma das empresas iniciantes apoiadas pela ARDC foi a Digital Equipment Corporation — uma empresa de computadores que já foi bem-sucedida, com mais de 140 mil funcionários e US$14 bilhões em vendas. Ele também aconselhou Fred Smith, o fundador da FedEx.

Nenhum inovador, sozinho, mudou o destino dos EUA, mas as implicações de seu trabalho certamente o fizeram.

Em Homenagem às Casas para Reformar

Quando compramos nossa primeira casa, eu a vi de forma otimista como uma *casa para reformar*. Provavelmente fui otimista demais. Minha esposa, Christine, diria que a casa era um desastre. Na época, eu estava no meu primeiro emprego e juntamos tudo o que tínhamos para comprar uma casa para nossa família em crescimento. No entanto era apenas uma carcaça de casa, e não podíamos pagar sua melhoria. Então, qualquer conserto necessário teria que ser feito por nós. E tudo precisava ser consertado. Não havia um cômodo que não precisasse de *alguma coisa*. Algumas benfeitorias eram menores, como pintar um quarto; outras eram realmente fundamentais, como garantir que as janelas bloqueassem a chuva ou que o encanamento não vazasse. Embora eu nunca tenha previsto isso no dia em que recebemos as chaves pela primeira vez, pouco a pouco aquele desastre se tornou, de fato, nosso lar. Transformar a casa para reformar na que é hoje foi um processo que levou tempo, recursos financeiros, paciência e resiliência. Porém, ao longo do tempo, nossa casa passou a refletir quem somos como família: nossos valores, nossas habilidades (ou a falta delas) e nossa disposição de arregaçar as mangas e encontrar maneiras de resolver problemas.

Os EUA já precisaram de reformas também, mas por meio da tentativa e erro e investimentos em inovações criadoras de mercado construímos uma cultura de inovação. Singer, Eastman, Ford, Giannini e os outros inovadores que mencionamos anteriormente são apenas a ponta do iceberg. Eles representam um *espírito* de inovação no país que se tornou um alicerce da cultura norte-americana. Muitos outros os sucederam, cada um, por sua vez, ajudando a impulsionar um pouco mais a roda da prosperidade. Como Henry Ford disse uma vez: "Todo sucesso é a mãe de inúmeros outros." Coletivamente, eles mudaram o destino dos EUA.

NOTAS

1. Robert J. Gordon, *The Rise and Fall of American Growth: The U.S. Standard of Living Since the Civil War* (Nova Jersey: Princeton University Press, 2016), 1.

2. Em 1890, mais da metade dos nova-iorquinos vivia em "apartamentos pequenos e mal ventilados em prédios superlotados, dos quais as janelas davam para os poços de ar malcheirosos". As crianças frequentemente urinavam nas paredes de muitos prédios e os encanamentos tinham vários "buracos que expeliam gases de esgoto tão nocivos que eram inflamáveis."

   Robert J. Gordon, *The Rise and Fall of American Growth: The U.S. Standard of Living Since the Civil War* (Nova Jersey: Princeton University Press, 2016), 97, 103.

3. Ibid., 57.

4. "Rate: Number of Crimes per 100,000 Inhabitants", 2016 Crime in the United States, Departmento of Justice: FBI, acesso em 8 de março de 2018, https://ucr.fbi.gov/crime-in-the-u.s/2016/crime-in-the-u.s.-2016/tables/table-11.

5. Faith Jaycox, *The Progressive Era* (Nova York: Facts on File, Inc., 2005), 79.

6. 6. Ibid., 267.

7. 7. Ibid., 22.

8. Jack Beatty, *Age of Betrayal: The Triumph of Money in America, 1865–1900* (Nova York: Alfred A. Knopf, 2007), 3.

9. Isaac Merritt Singer não era, para todos os efeitos, um homem muito bom. Ele gerou 24 filhos com sua esposa e várias amantes. Ele desprezou repetidas vezes apoiadores e parceiros em sua ascensão, e era conhecido por sua exuberância pessoal. Mas sua motivação também desempenhou um papel nas práticas comerciais pioneiras nas quais ele via oportunidades, incluindo a tradução dos manuais dos proprietários das máquinas de costura Singer em 50 idiomas diferentes. Como descrevemos, o que foi possibilitado pela inovação de Singer mudou o mundo.

10. Uma cantiga popular na época da ascensão de Singer era sobre a vida estressante das mulheres costureiras antes da proliferação da máquina de costura.

    Song of the Shirt
    With fingers weary and worn,

With eyelids heavy and red,
A woman sat, in unwomanly rags,
Plying her needle and thread —
Stitch! Stitch! Stitch!
In poverty, hunger, and dirt
And still with a voice of dolorous pitch —
Would that its tone could reach the rich! —
She sang this "Song of the Shirt!"

11. Muitos especialistas que entendiam mais do que Singer sobre alfaiataria e a indústria acreditavam que ele fracassaria. Quem poderia culpá-los? Edwin Wildman escreve em seu livro *Famous Leaders of Industry*: "As pessoas eram céticas em relação à máquina de costura... e muitas vezes [Singer] era 'rejeitado' no momento em que mencionava seu negócio. Ele [Singer] foi aconselhado pelo Sr. Blodgett, que era um alfaiate profissional e sabia mais sobre costura, a desistir da fabricação... Blodgett disse ainda a Singer que ele tinha certeza de que as máquinas de costura nunca seriam utilizadas..."

Edwin Wildman, *Famous Leaders of Industry: The Life Stories of Boys Who Have Succeeded* (Boston: The Page Company, 1921), 251–252.

12. Havia muitos "inventores" de máquinas de costura que disputavam o domínio do mercado na era de Singer, e eles foram rápidos em obter patentes (de um escritório de patentes praticamente sem discernimento) para reivindicar seus direitos. Batalhas jurídicas floresceram, ameaçando falir praticamente todas as empresas de máquinas de costura na época, incluindo Singer. Por fim, muitos detentores de patentes de inovações específicas em máquinas de costura reuniram-se e concordaram em permitir o uso de suas patentes em troca de uma parcela dos lucros de quaisquer vendas geradas. Foi assim que Elias Howe, creditado com a primeira patente de uma máquina de costura, finalmente se tornou rico. Antes, ele havia fracassado totalmente em comercializar sua invenção, mostrando que talvez ainda mais importante do que a inovação técnica é a inovação do modelo de negócios.

13. Geoffrey Jones e David Kiron, "Globalizing Consumer Durables: Singer Sewing Machine before 1914", Harvard Business School Case 804-001, outubro de 2003. (Revisado em janeiro de 2017.)

14. A história de Singer é especialmente digna de nota porque, no final do século XIX, ele criou uma empresa verdadeiramente global, estabelecendo produção, distribuição e escritórios comerciais nos EUA, na Rússia, Escócia, Inglaterra, Alemanha, Áustria e em vários outros países. Observe que esses países estavam em níveis variados de desenvolvimento, cada um com infraestruturas, instituições e cultura únicas. Na época, a Rússia, por exemplo, era considerada uma "terra desolada não desenvolvida". Contudo, a empresa de Singer conseguiu internalizar muitos riscos e atrair a infraestrutura necessária para vender seus produtos na região. Como resultado, sua empresa obteve sucesso na Rússia sem ajuda do governo e apesar das tentativas governamentais de impor altos impostos à companhia. Seu foco, no entanto, permaneceu claro — criar um

novo mercado, colocando tantas máquinas de costura nas mãos dos não consumidores russos quanto possíveis.

Considere como a estratégia de segmentar o não consumo permitiu o sucesso da empresa na Rússia. O país era tão pobre que Singer teria que vender quase todas as suas máquinas a crédito; o sistema jurídico, os mercados de capitais e as instituições de crédito do país eram subdesenvolvidos até mesmo naquela época; a Rússia também estava passando por turbulências econômicas e políticas; o país não tinha mão de obra qualificada relevante para as operações da empresa; e a extensão de terra do país era grande, com uma população dispersa. Isso lembra algum país pobre ou mercado emergente atual?

Porém Singer não só construiu uma fábrica na Rússia, como também criou o maior empreendimento comercial do país, com milhares de lojas e uma equipe de mais de 27 mil pessoas. Por meio de uma série de inovações gerenciais e organizacionais, incluindo a contratação de trabalhadores não qualificados e treinamentos (construção de uma infraestrutura educacional), a operação na Rússia tornou-se uma das mais bem-sucedidas dentro da corporação Singer.

15. Construir uma organização internacional não é uma tarefa fácil hoje, mesmo com o quão globalmente conectados estamos, considerando melhorias na tecnologia de telecomunicações e transporte. Singer, no entanto, foi capaz de realizar isso em 1800, quando não existiam tais tecnologias. Da mesma forma, muitos mercados emergentes atualmente têm infraestruturas pelo menos comparáveis ou melhores do que os Estados Unidos durante a ascensão de Singer. A questão permanece: que inovações no modelo de negócios os inovadores dessas regiões devem executar para segmentar o não consumo?

16. Quentin Skrabec, *The 100 Most Significant Events in American Business: An Encyclopedia* (Santa Barbara: Greenwood, 2012), 39.

17. Ibid., 38.

18. "Singer Railway Station", Visão geral, Gazetteer for Scotland, acesso em 24 de fevereiro de 2018, http://www.scottish-places.info/features/featurefirst 11985.html.

19. Rose Eveleth, "How Many Photographs of You are Out There in the World?", *The Atlantic*, 2 de novembro de 2015, https://www.theatlantic.com/technology/archive/2015/11/how-many-photographs-of-you-are-out-there-in-the-world/413389/.

20. Laboratórios experimentais são aqueles onde os produtos químicos são manipulados em formas líquidas e às vezes voláteis.

21. "About us: George Eastman", Heritage, Kodak, acesso em 27 fevereiro de 2018, https://www.kodak.com/corp/aboutus/heritage/georgeeastman/default.htm#.

22. "George Eastman, Easy-to-Use Cameras", Who Made America?, PBS, acesso em 27 de fevereiro de 2018, http://www.pbs.org/wgbh/theymadeamerica/whomade/eastman_hi.html.

23. Por mais impressionante que seja a proeza de George Eastman em negócios e inovação, sua generosidade talvez seja ainda mais notável. Ele fez doações. Seu primeiro ato de generosidade foi uma distribuição direta de uma "soma substancial de seu próprio dinheiro" a todos os seus empregados em 1889. Mais atos sucederam, incluindo um "dividendo salarial", em que os funcionários se beneficiavam com um bônus de acordo com o dividendo da empresa. Essa não era uma prática normal durante esse tempo. Eastman realmente acreditava que o êxito das organizações dependia completamente da lealdade e engenhosidade dos funcionários. Ele exemplificou essa crença em 1919, dando um terço de suas ações, no valor de US$10 milhões (ou US$146,3 milhões em dólares de 2017), para seus funcionários. Logo depois, instituiu programas de anuidade de aposentadoria, planos de seguro de vida e benefícios por incapacidade para sua equipe. Mas a generosidade estava em seu sangue e, assim, não se limitava a seus empregados. Eastman doou US$20 milhões para o Instituto de Tecnologia de Massachusetts (MIT) e outros milhões para a Universidade de Rochester, Hampton University e Tuskegee University. Ele também financiou muitas clínicas odontológicas em várias cidades dos Estados Unidos e Europa, incluindo Rochester, Londres, Paris, Roma e Bruxelas.

"About us: George Eastman", Heritage, Kodak, acesso em 27 fevereiro de 2018, https://www.kodak.com/corp/aboutus/heritage/georgeeastman/default.htm#.

24. Henry Ford, *My Life and Work* (Nova York: Garden City Publishing,1922), 31. Publicado no Brasil com o título *Minha Vida e Minha Obra*.

25. Embora nos aprofundemos mais na relação entre inovação, infraestruturas e instituições posteriormente, considere o seguinte. A lei de propriedade intelectual norte-americana não era avançada (o termo é até mesmo um exagero) em meados do século XIX. Ha-Joon Chang, economista de Cambridge, observa que "as patentes foram concedidas sem a comprovação de originalidade", levando à importação de tecnologias já patenteadas e à procura de renda por impostores que buscavam lucrar com inovações já existentes. A lei de falências nos EUA também era inexistente — ou precoce, na melhor das hipóteses. Foi apenas em 1898 que o Congresso aprovou uma lei de falências federal duradoura. Tentativas anteriores criaram um estresse significativo nos sistemas judiciais. Além disso, a maior parte da fabricação na década de 1860 era feita por empresas não incorporadas, pois ainda não havia uma lei federal que concedesse responsabilidade limitada a empreendedores.

26. Posteriormente, Ford frequentaria a Goldsmith, Bryant & Stratton Business College (hoje chamada Detroit Business Institute) em Detroit. Qualquer que seja a "educação" que ele recebeu enquanto crescia, era de natureza contextual. Ele aprendeu a consertar as coisas ao redor da fazenda até se mudar para Detroit, onde encontrou trabalho como aprendiz de mecânico.

27. Em retrospecto, a ideia de um carro acessível é sensata. No entanto foi considerada sem sentido na época. Vários investidores de Ford desistiram porque não conseguiam ver como ele poderia ter sucesso. Apenas pessoas ricas dirigiam, e principalmente para fins de diversão. O transporte de longa distância era em grande parte por via férrea ou marítima. O transporte de curta distância era a cavalo e a carruagem. A maioria

das pessoas morava perto de seu trabalho. Mas Ford previu um futuro que muitos não perceberam.

28. "Is the recession heralding a return to Henry Ford's model?", *The Economist*, 27 de março de 2009, http://www.economist.com/node/13173671.

29. "State Motor Vehicle Registrations (1900–1995)", Administração de Rodovias Federais do Departamento de Transportes dos EUA, acesso em 1º de março de 2018, https://www.fhwa.dot.gov/ohim/summary95/mv200.pdf.

30. Earl Swift, *Big Roads* (Nova York: Houghton Mifflin Harcourt, 2011).

31. Ibid., 255.

32. Mesmo enquanto os carros percorriam todo o país, muitos estados ainda tinham dificuldade em construir estradas. Swift ressalta que "quase todos os estados [dos EUA] estavam desesperados por estradas melhores, mas exasperados por sua incapacidade de fornecê-las. O custo de construir rodovias até mesmo em padrões mínimos de superfície estava fora do alcance da maioria e das capacidades técnicas de muitos". Discutiremos a relação entre inovação e infraestrutura no Capítulo 10.

Ibid., 24, 38.

33. O estudo de Adam Przeworski sobre o assunto é bastante abrangente e claro. À medida que os cidadãos obtêm independência econômica, as liberdades políticas e as liberdades democráticas sucedem. Ao resumir a pesquisa de Przeworski, Fareed Zakaria observa em seu livro *O Futuro da Liberdade: A Democracia Liberal nos Estados Unidos e no Mundo*: "Em um país democrático que tem uma renda per capita de menos de US$1.500 (em dólares de hoje), o regime, em média, tinha uma expectativa de vida de apenas 8 anos. Com uma renda entre US$1.500 e US$3.000, a democracia sobreviveu em média cerca de 18 anos. Com rendas acima de US$6.000, tornou-se altamente resiliente. A chance de que um regime democrático morra em um país com renda acima de US$6 mil é de 1 em 500. Uma vez que forem ricas, as democracias se tornam imortais." E assim, por um lado, pode-se elogiar o governo norte-americano por sua engenhosidade na promoção dos valores democráticos ou pode-se enaltecer os inovadores que trabalham incansavelmente para aumentar as rendas que, então, tornam as democracias estáveis.

Zakaria Fareed, *The Future of Freedom: Illiberal Democracy at Home and Abroad* (Nova York: W. W. Norton & Company, Inc., 2007), 69-70.

34. Daniel Gross, "Henry Ford Understood That Raising Wages Would Bring Him More Profit", *The Daily Beast*, 6 de janeiro de 2014, https://www.thedailybeast.com/henry-ford-understood-that-raising-wages-would-bring-him-more-profit.

35. Steven C. Stanford, "Henry Ford—An Impact Felt", Henry Ford Heritage Association, 1º de março de 2018, http://hfha.org/the-ford-story/henry-ford-an-impact-felt/.

36. "Henry Ford Quotations: Popular Research Topics", Coleções e pesquisa, The Henry Ford, acesso em 7 de abril de 2018, https://www.the henryford.org/collections-and-research/digital-resources/popular-topics/henry-ford-quotes/.

37. Não é por acaso que o preço do aço caiu significativamente durante o final do século XIX e início do século XX. Em 1872, uma tonelada de aço custava US$56, mas em 1900 os preços caíram para US$11,50. Como as inovações criadoras de mercado se espalharam nos Estados Unidos, o transporte se tornou mais importante para movimentar os produtos. Por exemplo, o número de quilômetros de trilhos, dos quais o aço é um componente importante, aumentou de 49.287 em 1860 para 311.160 em 1900. Isso resultou em uma queda significativa nos custos de frete de US$0,20 por tonelada em 1865 para US$0,0175 por tonelada em 1900. À medida que mais norte-americanos atraíam aço para suas vidas (ferrovias, automóveis, prédios), os inovadores eram incentivados a tornar o produto mais barato. Andrew Carnegie, um dos inovadores mais influentes dos séculos XIX e XX, foi responsável pela maioria das inovações de eficiência nesse ramo. Ele consolidou a indústria e aproveitou as economias de escala.

Michael Dahlen, "The Rise of American Big Government: A Brief History of How We Got Here", *The Objective Standard*, 28 de janeiro de 2014, https://www.theobjectivestandard.com/issues/2009-fall/rise-of-american-big-government/.

38. "Fact #962: January 30, 2017 Vehicles per Capita: Other Regions/ Countries Compared to the United States", Escritório de Tecnologias Veiculares, Escritório de Eficiência Energética e Energia Renovável, 30 de janeiro de 2017, https:// energy.gov/eere/vehicles/fact-962-january-30-2017-vehicles-capita-other-regionscountries-compared-united-states.

39. Daniel Kadlec, "America's Banker A.P. Giannini", *TIME*, 8 de março de 2017, http://content.time.com/time/magazine/article/0,9171,989772-2,00.html.

40. "A. P. Giannini, Branch Banking", Who Made America?, PBS, acesso em 1º de março de 2018, http://www.pbs.org/wgbh/theymadeamerica/whomade/giannini_hi.html.

41. Ralph J. Christian, "Statement of Significance", formulário para o Departamento do Interior dos Estados Unidos, acesso em 2 de março de 2018, https://npgallery.nps.gov/pdfhost/docs/NHLS/Text/78000754.pdf.

42. Alex E. McCalla e Warren E. Johnston, "Giannini: A Retrospective", Giannini Foundation for Agricultural Economics, acesso em 2 de março de 2018, https://s.giannini.ucop.edu/uploads/giannini_public/7b/9e/7b9e282b-f8dd-4250-bdd7-9cd42235c269/apgiannini-book-a-retrospective.pdf.

43. Jerry Useem, "20 That Made History", *Fortune*, 27 de junho de 2005.

44. Richard Morin, "UNCONVENTIONAL WISDOM", *Washington Post*, 15 de novembro de 1998, https://www.washingtonpost.com/archive/opinions/1998/11/15/unconventional-wisdom/24f94e64-5010-4ca1-9786-8c5c30bf6a68/?utm_term=.a3c06a9278ea.

45. Agricultores, colhedores e produtores de conserva eram muito importantes para os negócios do Bank of America. Em 1919, mais da metade dos US$74 milhões emprestados pelo banco foram para os agricultores.

46. Henry Louis Gates Jr., "Madam Walker, the First Black American Woman to Be a Self-Made Millionaire", *PBS*, acesso em 9 de março de 2018, http://www.pbs.org/wnet/african-americans-many-rivers-to-cross/history/100-amazing-facts/madam-walker-the-first-black-american-woman-to-be-a-self-made-millionaire/.

Capítulo 6

Como o Oriente Encontrou o Ocidente

A missão da Sony é projetar produtos para mercados que ainda não existem.
— AKIO MORITA, COFUNDADOR DA SONY

Resumo da Ideia

Depois da Segunda Guerra Mundial e da subsequente Guerra da Coreia, o Japão, a Coreia do Sul e toda a região da Ásia Oriental ficaram extremamente pobres. Quaisquer que fossem suas indústrias, todas foram dizimadas pelas guerras, e as perspectivas de desenvolvimento econômico eram desanimadoras. Avance rapidamente para hoje, e o Japão e a Coreia do Sul alcançaram um notável nível de prosperidade. À medida que essas nações emergiram da pobreza, não apenas os esforços de alguns empresários foram apoiados pelo governo, mas várias empresas também aproveitaram sua vantagem de baixo custo e, por fim, se direcionaram aos mercados de exportação.

Embora cada um desses fatores tenha sido crítico, quando avaliamos a ascensão dessas nações por meio de nossa perspectiva, encontramos uma história espetacular de inovação. Muitas das empresas mais bem-sucedidas, algumas das quais são nomes conhecidos atualmente, investiram em inovações que criaram novos mercados ou se conectaram aos amplos e em crescimento. Teria sido impossível prever a trajetória dessas empresas, considerando seus humildes começos. Um dos produtos iniciais da Sony foi um cobertor elétrico que pegava fogo com frequência. A Kia começou como uma empresa de bicicletas. E a Samsung já vendeu peixe seco.

Neste capítulo, evidenciaremos o triunfo da inovação em ajudar o Japão e a Coreia do Sul a sustentar sua ascensão à prosperidade. Essas nações nos ensinaram que ela é um processo, não um acontecimento, que requer um compromisso contínuo com a inovação.

Nos anos após o fim da Segunda Guerra Mundial, o Japão estava em uma situação econômica crítica. Em 1950, a renda per capita da nação era menor que a do México e da Colômbia — e apenas 20% da dos Estados Unidos. A maior parte da indústria foi destruída durante a guerra e o país sofreu uma severa escassez de alimentos que se manteve por vários anos. A comida era racionada, e milhões de pessoas passavam fome. Matérias-primas, como borracha, ímãs, motores elétricos e outros metais, eram praticamente impossíveis de encontrar. Na verdade, muitas casas não tinham utensílios de cozinha e maçanetas, pois haviam sido usadas como matéria-prima na guerra. Quatro anos antes do conflito, as ruas japonesas estavam repletas, com seis vezes mais veículos de carga puxados a cavalo do que carros motorizados. Após a guerra, as motocicletas eram um luxo para os civis, assim como os carros — e muitos deles foram adaptados para serem movidos a lenha, o único combustível que o país tinha a certeza de conseguir repor durante a guerra. Em 1949, o Japão tinha apenas 9.306 quilômetros de estradas, das quais apenas 1.824 quilômetros eram pavimentados. Para se ter uma noção, hoje o Japão possui aproximadamente 1,2 milhão de quilômetros de estradas, a maioria das quais é pavimentada.

Os japoneses — tal como os norte-americanos nos anos 1800 e bilhões de cidadãos em países de baixa renda hoje — eram muito, muito pobres.

Como se isso não fosse ruim o suficiente, as Forças Aliadas ocuparam o Japão de 1945 a 1952 e ditaram a fabricação e a política industrial apropriadas para o tempo de paz. Por exemplo, no início da ocupação, o Quartel-general dos Aliados (GHQ, na sigla em inglês) limitou a produção mensal de caminhões e veículos de passageiros para apenas 1.500 e 350, respectivamente. O Japão enfrentou uma árdua batalha para se restabelecer.

A possibilidade de que a economia do Japão se recuperasse rapidamente do choque da guerra parecia improvável. Tão pouco provável, na verdade, que John Foster Dulles, secretário de Estado dos EUA, declarou que o país "não deveria esperar encontrar um grande mercado norte-americano porque os japoneses não produzem as coisas que queremos".[1] Em outras palavras, não recorra aos mercados de exportação para resolver seus problemas. Independentemente do que o Japão vendesse, os EUA não comprariam. De certa forma, Dulles estava certo. Muitos de nós têm idade suficiente para lembrar que o rótulo "Made in Japan [Fabricado no Japão]" já demonstrou qualidade duvidosa.[2]

As inovações nascentes que eram desenvolvidas na época por Akio Morita e Masaru Ibuka, cofundadores da Tokyo Tsushin Kogyo (TTK), criada a partir do que inicialmente era uma oficina de conserto de rádio montada em uma loja de departamento bombardeada, faziam parte da geração de baixa qualidade de produtos japoneses. A empresa de 20 pessoas não tinha apoio do governo e nenhuma demanda óbvia pelas inovações que começou a criar, mas se manteve determinada. Embora não existisse na época o vocabulário apresentado neste livro, fica claro que Morita era um mestre em identificar instintivamente oportunidades na dificuldade e no não consumo. Ele e seus colegas começaram a desenvolver uma poderosa inovação criadora de mercado — uma empresa conhecida como Sony Corporation. Hoje, ela vale cerca de US$49 bilhões e emprega mais de 128 mil pessoas em nível internacional, além de ser sinônimo de tecnologia e inovação no Japão e em todo o mundo.

A Sony é apenas uma das muitas empresas japonesas que se dedicaram ao desenvolvimento de inovações para mercados que ainda não existiam. A essa altura, o mundo já começara a ouvir sobre a Toyota, a Nissan e uma Honda bem jovem. As pessoas não sabiam, no entanto, que essa era simplesmente a ponta do iceberg da inovação que impactaria os cidadãos do Japão e do resto do mundo. Com essas empresas e as inovações criadoras de mercado que desenvolveram, a economia do país cresceria tão rápido que o Japão devastado pela guerra estaria em condições de sediar os Jogos Olímpicos de 1964 em

Tóquio — menos de duas décadas após o fim da Segunda Guerra Mundial. Cinquenta anos após o conflito, o PIB japonês de US$42.500 superou o dos Estados Unidos e do Reino Unido. Atualmente, a nação é a terceira maior economia do mundo, responsável por aproximadamente 6% de toda a atividade econômica global.

Sua vizinha, a Coreia do Sul, compartilha uma história semelhante de transformação econômica por meio da inovação. Assim como aconteceu com o Japão algumas décadas atrás, ninguém teria previsto que a Coreia do Sul se desenvolveria, muito menos tão rapidamente quanto o fez. A transformação do país tem sido frequentemente apelidada de "milagre", já que parece desafiar a lógica. Contudo, é exatamente por isso que a ascensão dessas duas nações da pobreza à prosperidade nos proporciona várias lições importantes. Nós nos concentraremos em três delas.

A primeira é que investir em inovação, independentemente das circunstâncias em que um país se encontra, é possível. Os mercados que essas inovações criam e sustentam atraem outros recursos muito necessários para a sociedade. Como esses componentes são usados para dar suporte a um mercado, sua probabilidade de sustentabilidade é muito alta.

A segunda lição é que os empresários que identificam necessidades locais são necessários para impulsionar inovações criadoras de mercado. Como os empresários locais estão imersos nas dificuldades diárias dos cidadãos comuns, eles conseguem transformar necessidades em inovações viáveis e oportunidades econômicas. Além disso, os empreendedores locais são capazes de incutir um sentimento de orgulho na população — uma crença de que "nós também" podemos inovar, criar e prosperar. Acreditamos que este seja um dos acontecimentos mais valiosos em uma nação: incitar a realidade de que moradores locais podem resolver seus próprios problemas.

E finalmente, como mostraremos no último capítulo, verificamos que a integração é necessária quando os países estão em um estágio inicial de desenvolvimento. Por definição, os países pobres não possuem as infraestruturas necessárias de educação, transporte, negócios e governança presentes nas economias ricas. Assim, os inovadores que buscam se engajar nos negócios nesses países muitas vezes precisam integrar suas operações para obter sucesso. Ao atrair os recursos e o apoio de que precisam para que seus negócios prosperem, sejam infraestruturas, educação ou outras atividades, eles se engajam inadvertidamente na construção da nação.

Poucos exemplos ilustram essas lições melhor que a Sony.

Sony: A Máquina de Criação de Mercado

Antes de a Sony se tornar Sony, quando ainda era Tóquio Tsushin Kogyo (TTK), a empresa pode ter merecido as duras palavras de Dulles. Ela não começou criando inovações de excelência que impressionariam o mundo. Na verdade, teria sido impossível prever sua trajetória ao considerar seu início modesto. Nos primeiros anos, a TTK fabricava e vendia almofadas aquecidas eletricamente, que muitas vezes pegavam fogo, "cobertores e futons incandescentes".[3] Os andares das fábricas da empresa eram cheios de buracos, e, já que ela só podia pagar por edifícios danificados durante a guerra, os exteriores também tinham rachaduras. Isso gerava condições de trabalho muito interessantes: sempre que chovia, os pisos da fábrica ficavam repletos de poças de água.

Como aconteceu com muitos dos pioneiros da inovação nos Estados Unidos no século anterior, a história dos humildes anos iniciais da Sony apresenta várias estratégias, soluções alternativas e absoluta engenhosidade diante de probabilidades de sobrevivência aparentemente impossíveis. A empresa tinha tão poucos recursos que não podia pagar por máquinas e equipamentos, então os engenheiros criaram seus próprios. Eles fizeram ferros de solda, bobinas elétricas e até mesmo chaves de fenda. Como frequentemente trabalhavam nas primeiras horas da manhã, às vezes eram confundidos com ladrões pela polícia local ao tentar entrar e sair do prédio em horários estranhos. Várias vezes, a Sony quase não conseguiu pagar os salários. Em uma ocasião específica, teve que fazê-lo em duas parcelas, em vez da única parcela usual.

Nada disso, no entanto, impediu Akio Morita e Masaru Ibuka, fundadores da empresa, que instintivamente fizeram o que grandes corporações, muitas das quais apoiadas pelo governo, acharam difícil — segmentar o não consumo e criar novos mercados.

Muitas pessoas diriam que o Walkman é o grande triunfo em inovação da Sony, visto que vendeu mais de 400 milhões de unidades e criou uma cultura mundial de dispositivos de música pessoais. Porém, na verdade, foi um produto muito mais simples que possibilitou à empresa ser a potência de inovação que é hoje: o gravador G-Type, um dispositivo portátil de gravação de rolo em fita magnética, o que na época Morita chamou de "gravador de fita". "Antes de os gravadores de fita serem inventados, a 'gravação' era algo muito distante de nosso dia a dia", escreveu ele em um livro de 1950, tentando explicar o valor da gravação pessoal. "Antigamente, ela exigia tecnologia especial e complexa, e era muito cara. Agora, no entanto, com o novo gravador de fita da Sony, as gravações podem ser feitas de forma rápida, barata e precisa por qualquer pessoa, em qualquer lugar e a qualquer momento."

Morita viu o enorme potencial de ajudar os clientes a registrar momentos e memórias de suas próprias vidas, não muito diferente das fotografias de Eastman décadas antes. "É um produto tão revolucionário, o primeiro desse tipo no Japão. E isso é muito conveniente. Como alguém poderia resistir a comprá-lo?" Era assim que Akio Morita enxergava seu produto. No entanto as pessoas resistiram. Pelo menos no começo. Estavam fascinadas pelos gravadores portáteis, mas eles não estavam vendendo o suficiente, e os executivos da Sony sabiam que tinham que fazer algo diferente. Depois de vivenciar vendas fracas por um tempo, Ibuka e Morita mobilizaram praticamente todos os engenheiros da empresa em funções de vendas. Por meio desse processo, a Sony aprendeu que os mercados não aparecem ou acontecem, "mercados precisam ser criados", como observou Ron Coase, vencedor do prêmio Nobel.

Para criar esse novo mercado, a empresa teve que construir seus próprios canais de vendas e distribuição. Assim, em 1951, a Sony fundou uma subsidiária chamada Tokyo Recording Company para esse fim, o que provocou a criação de uma série de *empregos locais* (vendas, distribuição, publicidade, treinamento, serviço e suporte, e assim por diante). Certa vez, Ibuka pediu ao diretor da Tokyo Recording Company para fazer uma turnê nacional para demonstrar o produto nas escolas. Como resultado, muitas delas acabaram fazendo pedidos, e a Sony não conseguiu produzir os gravadores com rapidez suficiente para atender à demanda. Além disso, Ibuka redirecionou parte dos esforços de engenharia da empresa para o suporte pós-venda, a fim de melhorar a experiência do cliente. As vendas prosperaram, e a Sony aprendeu a nunca subestimar o empenho necessário para criar um novo mercado ou a recompensa potencialmente enorme que o acompanha.

Felizmente, a empresa continuou inovando, focada na criação de novos mercados — primeiro no Japão e depois de exportação. Em 1955, a Sony lançou o primeiro rádio transistorizado portátil e movido a bateria do mundo, um produto direcionado às centenas de milhões de pessoas para as quais os rádios valvulados eram muito grandes e caros. Embora esse produto da Sony não tivesse a mesma qualidade de som dos disponíveis no mercado, ele era pequeno, barato e "bom o suficiente". Os clientes que a empresa almejava — normalmente adolescentes, poucos dos quais podiam pagar por grandes rádios valvulados — ficaram muito felizes em ouvir música com seus amigos em novos lugares, fora do alcance de seus pais.

Eu me lembro de ficar feliz em comprar e ouvir meu próprio rádio transistorizado. Para mim, representava progresso e, francamente, minha outra opção era rádio nenhum. Antes do final da década de 1950, o mercado de rádio transistorizado movido a bateria valia centenas de milhões de dólares, com muitas outras empresas desenvolvendo o produto. Ele criou empregos, gerou lucros para a Sony, e forneceu à empresa e aos cidadãos japoneses mais provas de que poderiam inovar seu caminho para a prosperidade. A Sony replicaria essa fórmula várias vezes, com inovações criadoras de mercado que inicialmente se estabeleceram em nível local antes de percorrerem o mundo.

Entre 1950 e 1982, a empresa construiu com sucesso 12 novos mercados diferentes, que incluíam o rádio transistorizado portátil e movido a bateria original, a primeira televisão portátil em preto e branco com transistores (em 1959, tantas famílias japonesas possuíam o aparelho que o casamento real do príncipe herdeiro tornou-se um espetáculo da mídia, com um recorde de 15 milhões de pessoas assistindo ao vivo na TV), videocassetes, gravadores de vídeo portáteis, unidades de disquete de 3,5 polegadas e, claro, o agora famoso Sony Walkman.

Morita, cofundador da Sony, construiu um império com base em sua compreensão instintiva da oportunidade encontrada na dificuldade. O projeto do toca-fitas Walkman foi, na verdade, suspenso temporariamente quando pesquisas de mercado indicaram que os consumidores nunca comprariam um aparelho que não tivesse capacidade de gravar e que os clientes ficariam irritados com o uso de fones de ouvido. Mas Morita ignorou o alerta do departamento de marketing e confiou em seu próprio instinto. Em vez de depender de pesquisas de mercado, ele solicitou à sua equipe: "Observem cuidadosamente como as pessoas vivem, percebam de forma intuitiva o que elas podem querer e, então, sigam em frente." Seus instintos estavam certos: outros compartilhavam de sua luta para tornar a música portátil. O Walkman encontrou um mercado pronto no Japão, onde os executivos da Sony inicialmente pensaram que venderiam cerca de 5 mil unidades por mês. Em vez disso, venderam mais de 50 mil nos primeiros dois meses. De repente, ouvir música ao caminhar, correr, ler e escrever se tornou possível. Em 40 anos, a empresa vendeu mais de 400 milhões de unidades. O Walkman se tornou um dos produtos de consumo portáteis mais bem-sucedidos que já foram lançados.

Nascia um mercado — e outros rapidamente se uniram a ele. Com cada novo mercado criado pela Sony, muitas empresas, incluindo a Toshiba, a Panasonic e várias outras, seguiram o exemplo e aproveitaram a oportunidade. O Walkman viabilizou a percepção de que a "música móvel" era possível. Para esclarecer, um mercado não gira em torno de uma única empresa, mas da criação de novos consumidores, bem como da inovação e do aperfeiçoamento contínuos da compreensão de suas dificuldades e do Trabalho a Ser Feito. Posteriormente, a Sony deixou passar uma chance com o MP3 e iPod, mas ela já havia plantado as sementes para a indústria crescer e florescer. São surpreendentes as inúmeras vezes que a empresa identificou e criou novos mercados nos quais outras entraram.

Isso se deve em parte porque, a cada produto lançado pela Sony — das almofadas aquecidas eletricamente ao Walkman — e a cada mercado que criou, a empresa encontrou uma maneira de desenvolver um modelo de negócios lucrativo que visasse as dificuldades do povo japonês comum. Para ter êxito, a Sony precisou criar empregos locais. Com cada trabalho que gerou, inadvertidamente ajudou a reconstruir o Japão e atraiu os recursos necessários para transformá-lo em um país próspero. Quando me deparo com um produto da Sony atualmente, não vejo apenas uma inovação bacana, mas algo muito mais poderoso e duradouro: o processo pelo qual uma das nações mais prósperas do mundo se desenvolveu.

Embora hoje existam outras empresas proeminentes de produtos eletrônicos de consumo, a Sony ainda é sinônimo de inovação japonesa. Em um país devastado pela guerra, dois amigos com recursos modestos e sem apoio do governo conseguiram construir uma das empresas mais reconhecidas do mundo ao criar novos mercados direcionados ao não consumo. Essa, claro, é apenas uma das histórias de sucesso que mostram como a inovação impulsionou a ascendência econômica do Japão. Há muitas outras.

Toyota: Do Não Consumo Japonês à Potência Global

Considere a montadora japonesa Toyota, cujo Corolla, compacto de baixo custo, é o carro mais vendido de todos os tempos. Isso não aconteceu primordialmente porque a empresa conseguiu empregar mão de obra barata ou receber apoio do governo. Esses fatos certamente ajudaram, mas ela se direcionou para algo muito mais significativo — e duradouro — nos anos após a Segunda Guerra Mundial.

Em 1937, quando a Toyota Motor Corporation foi fundada, a empresa concentrou-se no não consumo em nível local no Japão e na região da Ásia Oriental. Poucos pensariam que ela algum dia se tornaria a 5ª maior empresa do mundo em faturamento. Na época, havia cerca de 310 mil veículos puxados por cavalos e outros 111 mil puxados por bois que ainda circulavam pelas ruas do Japão.[4] A maioria das estradas do país não era pavimentada, apenas 20%, o que tornava a condução uma experiência cara e arriscada. Assim, carros quebrados eram comuns no Japão pós-guerra. Os automóveis da Toyota foram projetados com o contexto local em mente: Kiichiro Toyoda, o então presidente da empresa, declarou que os carros deveriam ser desenvolvidos como "veículos econômicos que resistem a estradas ruins e são mais práticos para os povos da Ásia Oriental".[5]

Os carros que a Toyota fabricou no país naquela época não eram bons o suficiente para um consumidor norte-americano. No entanto isso não importava. Sua intenção era captar o não consumo amplo no Japão e nas nações asiáticas vizinhas antes de se concentrar em exportar para países mais desenvolvidos. Foi apenas em 1980 que a empresa começou a exportar para os EUA a mesma quantidade de carros que vendia no Japão.[6] Contudo, mesmo quando a Toyota iniciou sua exportação, ainda adotava a estratégia de se concentrar no segmento inferior do mercado norte-americano — pessoas que não podiam pagar por veículos com alto consumo de gasolina.

A importância de a Toyota ter inicialmente segmentado o não consumo, em vez de competir com empresas automobilísticas em países mais ricos, como Ford, General Motors e Chrysler, não pode ser subestimada, especialmente no contexto de um país em desenvolvimento. Em primeiro lugar, ela conseguiu criar um mercado local no Japão que demandava marketing, vendas, distribuição, treinamento, manutenção e suporte a produtos pertencentes à indústria automobilística. Por exemplo, a Toyota investiu fortemente, até 40% do capital da empresa, na Autoescola Chubu Nippon, que se tornou um modelo para outras autoescolas no país, promoveu a motorização no Japão e ajudou a Toyota a vender mais veículos. Isso é muito diferente de uma simples estratégia de salários baixos, que se concentra em fabricar produtos e exportá-los para outro país. Se a empresa tivesse seguido essa estratégia, não teria escolhido investir em uma autoescola que, em 1958, abrigou uma faculdade de vendas da Toyota (agora chamada Nisshin Education and Training Center) para treinar e ensinar seu método a novos funcionários. Direcionar o não consumo requer mais do que conhecimento técnico de como fabricar e enviar um produto com eficiência. Requer conhecimento do contexto local.

Em segundo lugar, a segmentação do não consumo cria com êxito um mercado vibrante que atrai empregos de longo prazo. Como a Toyota construiu novas fábricas e vendeu mais carros para clientes japoneses, precisou de mais funcionários. Por exemplo, à medida que mais montadoras de automóveis se estabeleciam em Toyota — uma cidade que foi renomeada depois que a empresa construiu uma fábrica e escritórios no local —, a proporção de vagas de emprego para candidatos subiu de 2,7 em 1962 para 7,1 em 1970.[7] A Toyota tinha apenas 29 concessionárias em 1938; em 1980, tinha mais de 300 em todo o Japão. Do ponto de vista da contratação, o crescimento da empresa foi exponencial. Em 1957, ela empregava aproximadamente 6.300 pessoas; 10 anos depois, esse número quintuplicou, chegando a mais de 32 mil. Hoje, a Toyota emprega mais de 344 mil pessoas em todo o mundo, com mais de 70 mil no Japão. Eiji Toyoda resumiu a atitude da empresa em fornecer treinamento e educação relevante para seus trabalhadores: "São as pessoas que desenvolvem as atividades. Então devemos primeiro desenvolver as pessoas antes de desenvolvermos as atividades." Esse pensamento levou a Toyota a construir um departamento de educação e treinamento e uma escola técnica para formar "funcionários especializados".[8]

Em terceiro lugar, focar o não consumo pode ajudar uma região a criar uma estrutura institucional e normativa mais relevante e contextual. Como Jeffrey Alexander escreve em seu livro *Japan's Motorcycle Wars*, à medida que cada vez mais veículos ocupavam as estradas japonesas, "havia uma necessidade urgente de políticas governamentais coerentes sobre o tráfego rodoviário, licenciamento de veículos e motoristas e o policiamento das ruas da cidade".[9] Em outras palavras, a proliferação da inovação (veículos) acarretou políticas consistentes com as circunstâncias específicas do Japão. Essas normas contribuíram para que o país desenvolvesse suas regulamentações de forma mais sustentável. As inovações, como verificamos, muitas vezes precedem os regulamentos. Afinal, é difícil regulamentar adequadamente o que ainda não existe.

Em quarto lugar, a segmentação do não consumo, especialmente na indústria automobilística, possibilitou o desenvolvimento de outras indústrias na economia japonesa. Por exemplo, os empregos não aumentaram apenas em vendas e manutenção, mas também nos setores de logística e transporte. Mais japoneses começaram a viajar e percorrer seu país, já que a locomoção ficou mais barata. Além disso, o automóvel também possibilitou o acesso a escolas e hospitais e a expansão das cidades no Japão.

Encruzilhada: E Se a Toyota Focasse o Consumo?

Imagine se toda a situação tivesse sido diferente. E se a Toyota do pós-guerra tivesse se concentrado consistentemente em competir com as três grandes gigantes automobilísticas norte-americanas da época (Ford, GM e Chrysler)? Será que a empresa e o país teriam tido êxito? Ao que parece, a Toyota seguiu esse caminho, mas apenas de forma muito breve.

Em 1958, depois que a empresa obteve sucesso no mercado japonês, ela focou o mercado norte-americano com seu modelo líder, o Toyopet Crown. O carro se saiu muito bem no Japão e os executivos sentiram que o sucesso seria replicado nos Estados Unidos. Pelo contrário, foi um grande fracasso. Um observador comentou: "Embora o Crown tenha sido construído especificamente para o sistema viário de má qualidade do Japão, ele teve dificuldades para manter o ritmo no asfalto suave e rápido dos EUA. Quando chegou a 100km/h — uma velocidade rara no Japão — o carro aparentemente vibrava tanto que o motorista não conseguiu enxergar pelo espelho retrovisor." Em 1961, os executivos derrotados da Toyota fizeram as malas e abandonaram o mercado norte-americano. Porém não por muito tempo.

Depois de estudar o mercado dos EUA e entender melhor o Trabalho a Ser Feito dos consumidores norte-americanos, a Toyota desenvolveu o Corolla, que se tornaria o carro de maior sucesso da história em termos de volume de vendas. Em vez de criar algo que competisse com as três gigantes, a empresa adotou uma estratégia diferente. "É possível evitar a concorrência direta com as três grandes automobilísticas. Além disso, os carros pequenos são opções muito boas como segundo ou terceiro veículo", explicou Shotaro Kamiya, um dos principais executivos da Toyota, sobre a estratégia do Corolla.[10]

Seu êxito também afetou outras empresas do país — a Toyota é a maior fabricante japonesa de automóveis, e atualmente está entre as três maiores empresas de automóveis do mundo, mas não é a única. Nissan, Honda, Mitsubishi, Suzuki e Mazda são apenas algumas outras fabricantes de automóveis no Japão que também tiveram um papel significativo na formação da economia da nação.

Motocicletas Pequenas, Grande Desenvolvimento

Ainda mais impressionante que a entrada japonesa na indústria automobilística global foi sua inserção no mercado de motocicletas, em grande parte porque ela foi alcançada sem apoio governamental. Depois da guerra, o governo japonês apoiou investimentos em indústrias pesadas, como a construção naval e a fabricação de veículos maiores, porque supunha que o crescimento viria delas.[11] Assim, muitos fabricantes de motocicletas não obtiveram a concessão das matérias-primas necessárias para desenvolver seus produtos, que eram chamados de brinquedos.

Como mencionamos anteriormente, o apoio do governo, quando direcionado adequadamente, pode ajudar uma indústria e uma economia a crescer, mas geralmente não é a principal razão para o sucesso. E todos nós podemos indicar programas governamentais de desenvolvimento econômico bem-intencionados e propriamente elaborados, mas, no final, malsucedidos. Muitos governos seguem uma agenda econômica ou outra, mas apenas alguns obtêm êxito. Então, quando novas empresas entram em um mercado e rapidamente se tornam participantes dominantes, como as companhias japonesas fizeram no setor de motocicletas — sem o apoio do governo —, elas fornecem evidências convincentes do poder da inovação criadora de mercado.

Antes do surgimento da indústria japonesa de motocicletas, esses veículos eram muito caros no Japão. "Nenhuma motocicleta era fabricada no mercado interno na época, então todas eram importadas... Trouxemos dez unidades da 'Rolls Royce of Motorcycles', mas o preço era de cerca de 2 mil ienes, enquanto um Ford Modelo T custava apenas 1.900 ienes, ou seja, as motocicletas eram mais caras", lembra Ozeki Hidekichi, um dos pioneiros no setor. "Acho que meu salário mensal era de 3 ienes ou 5 ienes na época, e aos 20 anos recebia 7 ienes ou 10 ienes, então uma motocicleta era absurdamente cara. Como resultado, vendíamos apenas uma ou duas ao ano."[12] Compreensivelmente, a indústria era muito pequena e sem importância para atrair qualquer tipo de atenção ou ajuda do governo. No entanto várias empresas começaram a perceber a necessidade de os japoneses se movimentarem de forma mais livre e mais barata. Com o tempo, à medida que cada vez mais empresas de motocicletas surgiam no Japão, foi criada a Associação de Fabricantes de Motocicletas de Hamamatsu.[13]

De um grupo de mais de 200 fabricantes nos anos 1950, a Honda, Kawasaki, Suzuki e Yamaha surgiram para comandar o desenvolvimento do setor interna e externamente. Por mais tentador que fosse, essas quatro grandes empresas não buscaram crescimento roubando a participação de mercado dos líderes existentes na fabricação de motocicletas. Em vez disso, criaram novos mercados ao segmentar o não consumo. Em 1952, quando a Dieta Nacional (órgão legislativo do Japão, conhecido como Kokkai) aprovou uma emenda à Lei de Controle de Tráfego Rodoviário do país para permitir que motoristas mais jovens usassem motocicletas, a Suzuki foi uma das primeiras empresas a enxergar a oportunidade para criar um novo mercado. Ela rapidamente adaptou suas ofertas para os consumidores mais jovens com a 60cc Diamond Free, sua motocicleta mais acessível.

Da mesma forma, em 1952, a Honda lançou a Cub F-Type de 50cc para atingir o crescente número de pequenas empresas que necessitavam de veículos de entrega, mas não podiam pagar por veículos grandes. A Honda disponibilizou a motocicleta pelo preço mais acessível de 25 mil ienes (cerca de US$70 na época)[14] e forneceu um plano de financiamento parcelado em 12 meses. A competição interna entre as empresas pelos consumidores de baixa renda fez com que investissem não apenas na fabricação, mas também em distribuição, marketing, vendas, suporte e, em alguns casos, treinamento. Consequentemente, foram criados outros empregos no Japão além daqueles gerados pelas quatro grandes empresas. Ademais, após anos de melhorias em seus produtos, elas conseguiram exportar suas motocicletas para não consumidores nos Estados Unidos e na Europa, atendendo também os mercados desses países.

O mesmo padrão de segmentação do não consumo pode ser observado na Panasonic, Sharp e Nintendo e seus produtos eletrônicos, bem como na Canon, Kyocera e Ricoh e seus equipamentos de escritório. Essas empresas muitas vezes visavam primeiro o não consumo no Japão e depois em nível global.[15] Esse tipo de foco tem um potencial de desenvolvimento significativo para os países, porque força as empresas a desenvolver não apenas suas capacidades de fabricação, que criam **empregos globais**, mas também suas capacidades de vendas e distribuição, que criam **empregos locais** muito necessários, um fator crítico na produção e distribuição de prosperidade.

O Japão renasceu das cinzas da destruição da guerra por meio de ideais e objetivos que criaram uma cultura de inovação e oportunidade. "Os perdedores do conflito queriam esquecer o passado e transcendê-lo", escreveu John Dower, ganhador do prêmio Pulitzer, em sua análise sobre o país após a Segunda Guerra Mundial. "Os ideais de paz e democracia criaram raízes no Japão — não como uma ideologia emprestada ou uma visão imposta, mas como uma experiência vivida e uma oportunidade aproveitada."

Onde você começa não é onde você termina, e o Japão não é o único país asiático que torna isso claro. A Coreia do Sul também o faz.

Coreia do Sul: Atraindo o Caminho para a Prosperidade

Nos anos seguintes à Guerra da Coreia, a Coreia do Sul estava arruinada. De acordo com Ezra Vogel, professor emérito de Harvard: "[Em] 1953... A capital do país, Seul, tinha mudado de mãos quatro vezes e em todas elas houve lutas acirradas entre partidos rivais. Havia pouca ou nenhuma eletricidade e praticamente a única indústria do país era de têxteis."[16] Na verdade, nessa época, a Coreia do Norte estava mais industrializada do que a Coreia do Sul. Com um PIB per capita de US$155 em 1960, o país era desesperadamente pobre.

Porém, quando visito a Coreia do Sul atualmente, é difícil conciliá-la com o país empobrecido que aprendi a amar algumas décadas atrás. Hoje, com um PIB per capita de mais de US$27.500, a nação, com seu projeto de desenvolvimento *Korea Aid,* ajuda ativamente muitos outros países pobres a cumprir os Objetivos de Desenvolvimento Sustentável da ONU. Como a Coreia do Sul arquitetou uma reviravolta tão surpreendente?[17]

Muitos fatores, como a cultura, a liderança visionária, as indústrias pesadas, o comércio exterior, a ajuda dos Estados Unidos e a geografia, desempenharam um papel importante no que foi apelidado de "O Milagre do Rio Han". Mas a história da inovação na Coreia do Sul, que não é frequentemente contada, também tem sido fundamental para a transformação do país.

Empresas como Samsung, Hyundai, LG e Kia Motors, que têm sido motores do crescimento econômico no país, são hoje reconhecidas como algumas das empresas mais inovadoras do mundo. A Samsung, por exemplo, é responsável por aproximadamente um quinto do PIB de US$1,1 trilhão da Coreia do Sul. Quando essas empresas foram fundadas, no entanto, era impensável que algum dia elas se tornariam grandes potências globais. Porém a história da Coreia do Sul nos mostra que é possível.

Considere o começo modesto da Kia. A empresa foi fundada em 1944 como Kyungsung Precision Industry, fabricante de tubos de aço e peças de bicicleta. A Kia então, ao enxergar a oportunidade de ajudar os coreanos a se movimentarem com muito mais facilidade, integrou-se totalmente na fabricação de bicicletas. Em 1952, ela elaborou seu primeiro produto, chamado Samchully. Alguns anos depois, começou a criar motocicletas licenciadas pela Honda. Em 1962, a Kia desenvolveu o veículo de três rodas K-360, sendo a primeira incursão da empresa na fabricação de automóveis. Com esse produto, ela tornou a mobilidade mais acessível para os coreanos. Logo depois veio o T-600, outro veículo de três rodas, mas com maior espaço de armazenamento e melhor eficiência de combustível. Foi só em 1974, 30 anos após a fundação da empresa, que a Kia lançou o Kia Brisa, seu primeiro veículo de passageiros.[18]

A estratégia da empresa de primeiro visar o não consumo impediu-a de competir de frente com as fabricantes de automóveis estabelecidas. Em 1944, a tecnologia de fabricação de automóveis estava em boa evolução. A Ford existia há mais de 4 décadas; a General Motors adquiriu a Oldsmobile, a Cadillac e a Pontiac; a Mitsubishi fabricava automóveis há quase 30 anos; e a Toyota lançou seu primeiro veículo de passageiros em 1936. As pessoas sabiam o que os carros eram e os incluíram como parte integrante da sociedade moderna. Os países ricos tinham mercados de automóveis vibrantes, onde muitos cidadãos entendiam o valor de possuir um veículo. Muitas empresas giravam em torno do carro. A Kia poderia ter facilmente tomado a decisão de alavancar sua mão de obra barata e se concentrar no consumo existente, competindo de frente com outros fabricantes de automóveis.

Em vez disso, entretanto, a empresa começou com bicicletas, depois avançou para veículos de três rodas e, anos depois, veículos de passageiros — um produto direcionado ao não consumo. O impacto que a Kia teve e ainda está tendo na economia coreana é surpreendente. De fabricante de bicicletas e veículos de três rodas, a empresa se tornou uma das maiores automobilísticas do mundo. Hoje, ela emprega diretamente mais de 30 mil pessoas e fatura cerca de US$50 bilhões. Em junho de 2015, 40 anos após as primeiras exportações de 10 unidades do Kia Brisa para o Qatar, a empresa exportou seu 15º milionésimo veículo.

A Samsung, que em 1938 começou a vender peixe seco, farinha e legumes em uma Coreia do Sul lamentavelmente pobre, tem uma história parecida. Após a guerra, a empresa se aventurou em outros setores, como seguros, varejo, têxteis e, em 1969, eletrônicos. O primeiro produto da Samsung Electronics, uma televisão em preto e branco, tinha uma qualidade de imagem tão desfocada que muitas vezes incluía um "bônus grátis de assinatura de revistas".[19] Logo depois, a empresa produziu seus primeiros ventiladores elétricos baratos, sucedidos por condicionadores de ar acessíveis e, em 1983, lançou seu primeiro computador pessoal.

Assim como os produtos iniciais da Sony, muitos dos primeiros da Samsung também eram de baixa qualidade. Tão ruins, de fato, que, em 1993, Lee Kun-hee, CEO da empresa, disse a seus executivos que *tudo* precisava ser melhorado. "Mude tudo, menos sua esposa e seus filhos", declarou ele, ordenando que mais de 150 mil produtos eletrônicos, incluindo telefones e aparelhos de fax, fossem queimados em frente aos trabalhadores que os fabricavam. Isso serviu como um alerta para os funcionários da Samsung compreenderem que baixo custo não significa baixa qualidade. Funcionou.

Em 1994, a empresa desenvolveu o primeiro chip DRAM de 256 megabits do mundo e, em 1998, lançou a primeira TV digital produzida em massa em nível mundial. Em 2006, a Samsung se tornou a maior e mais lucrativa empresa de eletrônicos de consumo do planeta. Só o seu centro de pesquisa digital tinha espaço equivalente ao tamanho de 30 campos de futebol. Em 2017, a Samsung gastou US$12,7 bilhões em pesquisa e desenvolvimento, mais do que qualquer outra empresa, exceto a Amazon e a Alphabet (empresa-mãe do Google).

Atualmente, a Samsung fabrica tudo, desde máquinas de lavar e geladeiras até smartphones e Smart TVs. Ao lançar um fluxo contínuo de inovações, ela é amplamente reconhecida como uma líder da indústria tecnológica e classificada como uma das dez melhores marcas globais.

Essas inovações não apenas impulsionaram a Samsung para o domínio global, mas também tiveram um impacto significativo na economia sul-coreana.

A maioria das pessoas fora da Coreia do Sul realmente só conhece a Samsung por seus notebooks ou sua linha de smartphones Galaxy. Porém a empresa é muito mais do que somente uma fabricante de aparelhos eletrônicos para o consumidor comum do país. Atualmente, ela não é apenas a principal fabricante de eletrônicos da Coreia do Sul, mas também tem uma presença de mercado significativa em vários setores por meio de suas subsidiárias e afiliadas — eletrodomésticos, títulos, seguros de vida, construção, alimentos embalados e produtos químicos, só para citar alguns. Se você mora na Coreia do Sul, há uma boa chance de consumir diariamente produtos e serviços produzidos de forma direta ou indireta pela Samsung.

Se você ainda acha difícil imaginar o quão difundida é a marca Samsung em toda a Coreia do Sul, aqui está um bom exemplo. Nate Kim, que nos ajudou com a pesquisa deste livro, visita sua família em Seul todos os anos. Ele me disse que quando ele chega ao Aeroporto Internacional de Incheon, seus pais o buscam em seu sedã Renault Samsung SM5 (que, a propósito, é segurado pela Samsung Fire & Marine Insurance). Então, eles o levam para seu apartamento, que foi construído pela Samsung Construction and Trading Corporation. A maioria dos eletrodomésticos do local — como geladeira, lavadora e secadora, ar-condicionado e televisão — é fabricada pela Samsung. Um dos primos de Nate é médico no Samsung Medical Center, e outro trabalha na Samsung Heavy Industries, uma das maiores empresas de construção naval do mundo. Enquanto milhões de pais nos Estados Unidos levam seus filhos para a Disney World para férias em família, os pais de Nate levaram ele e seu irmão para Everland, um parque temático de propriedade e operado pela Samsung.

Desde seu início humilde em 1938, quando a empresa tinha apenas 40 funcionários, a Samsung cresceu para mais de US$220 bilhões em receitas e aproximadamente 500 mil funcionários hoje.

A inovação é contagiante e muitas vezes estimula mais inovações. Outras empresas sul-coreanas seguiram o mesmo caminho. Hyundai, LG, POSCO e muitas outras foram essenciais para fomentar a prosperidade na Coreia do Sul.

Considere a POSCO — antiga Pohang Iron and Steel Company, uma fornecedora fundamental para muitas empresas sul-coreanas e agora uma grande exportadora de aço — e como ela afetou o desenvolvimento na Coreia do Sul. Em 2016, a empresa produziu aproximadamente 42 milhões de toneladas de aço e é hoje uma das maiores fabricantes de aço do mundo. Há 45 anos, isso seria impensável.

Nos anos 1960, quando o Banco Mundial avaliou a viabilidade econômica de construir uma siderúrgica integrada na Coreia do Sul, concluiu que o projeto seria prematuro. Quem poderia culpá-los? Na época, o país não era apenas pobre, mas também carecia de minério de ferro (um insumo crítico para a produção de aço), e o país não estava próximo de nenhum fornecimento de fácil acesso. Além disso, a Coreia do Sul não tinha os recursos técnicos necessários para criar e manter uma indústria tão pesada. Havia também a questão dos mercados: no caso improvável de a nação poder produzir todo esse aço, a quem venderia? O Japão poderia ser a escolha lógica, mas ele já possuía algumas das siderúrgicas mais eficientes do mundo.[20]

Então, a POSCO se concentrou em seu próprio país. A estratégia inicial da empresa de atender à demanda interna por aço auxiliou sua recuperação. Com o crescimento da economia sul-coreana, surgiram várias indústrias locais que precisariam do aço como insumo. Por exemplo, a POSCO apoiou as indústrias automobilística e de construção à medida que cresciam. Atualmente, a indústria automobilística sul-coreana responde por cerca de 25% da produção de aço, enquanto a indústria da construção contabiliza 28%. Desde seu humilde começo — quando os funcionários dormiam em abrigos improvisados em seu local de trabalho e comiam arroz misturado com areia para se sentirem mais saciados —, a POSCO cresceu e se tornou uma das maiores empresas da Coreia do Sul. Hoje, ela fatura mais de US$60 bilhões por ano.

O impacto da empresa na Coreia do Sul repercutiu em outros setores, pois ela teve que integrar muitas de suas operações. Ao observar que "se pode importar carvão e máquinas, mas não talentos", Park Tae-joon, fundador da

POSCO, levou a empresa a criar a Universidade de Ciência e Tecnologia de Pohang (POSTECH, na sigla em inglês) e o Instituto de Pesquisa de Ciência e Tecnologia Industrial (RIST, na sigla em inglês) para fornecer a educação necessária em ciência e tecnologia. Segundo os líderes da POSCO, as escolas foram "fundadas para atender aos requisitos da tecnologia de autodesenvolvimento para independência tecnológica, criando uma conexão firme entre academia e indústria".

Embora a POSTECH tenha começado como um local de treinamento direcionado a futuros engenheiros e técnicos, para atender às demandas técnicas da crescente economia da Coreia do Sul, evoluiu para uma universidade completa com mais de 20 departamentos diferentes, incluindo matemática, ciência da computação, ciências biológicas e assim por diante. Como a economia do país cresceu e se desenvolveu, o mesmo aconteceu com a POSTECH. A faculdade se modificou para responder às exigências econômicas. Ela agora é consistentemente uma das primeiras entre as universidades nacionais e internacionais e foi classificada como a número 1 pelo "100 Under 50" da revista britânica Times Higher Education, um ranking das 100 melhores universidades com menos de 50 anos.[21]

Como a POSCO teve que desenvolver uma escola para treinar seus trabalhadores, a Coreia do Sul agora se beneficia por ter uma instituição de alto nível. Mas ela teve que ser *atraída* para o país para realizar uma tarefa muito específica. Se tivesse sido *empurrada* para a nação, provavelmente não teria o mesmo impacto. Para permanecerem sustentáveis, as instituições educacionais precisavam estar conectadas às necessidades de um mercado, local ou global. A POSTECH estava.

Hoje, a Coreia do Sul não é o mesmo país que era logo após a guerra, ou mesmo quando estive lá no início dos anos 1970. Muitos fatores ajudaram a nação a crescer, entretanto o compromisso contínuo com a inovação assumido pelas empresas sul-coreanas tem sido fundamental para ajudar a criar e manter sua prosperidade. Atualmente, a Coreia do Sul superou a pobreza debilitante em muitos aspectos de sua economia, incluindo a governança, que melhorou consideravelmente desde a década de 1960. As liberdades econômicas provocadas por esse crescimento da prosperidade abrem caminho para liberdades políticas antes impensáveis no país.

O crescimento e o desenvolvimento desses países surpreenderam tantas pessoas que, durante a crise financeira asiática de 1997, dizia-se que o celebrado "Milagre do Leste Asiático" era "não mais do que uma miragem", com insinuações de que o feitiço viraria contra o feiticeiro.[22] A recuperação seria questionável, pois insinuava-se que seu crescimento havia sido construído sobre uma base tênue sem os sistemas e estruturas adequados para apoiar o desenvolvimento econômico sólido.[23] Mas eles se recuperaram e desde então prosperaram. O nível de aprendizado, inovação e desenvolvimento dos mercados nessas nações — e sua resiliência diante do retrocesso econômico — indica o crescimento estabelecido em uma base sólida. É esperançoso.

Embora esses países já tenham errado — como acontece com todos —, eles acertaram no que diz respeito à inovação.

Inovações criadoras de mercado não são a única maneira de uma nação se desenvolver. Taiwan, por exemplo, inicialmente se concentrou no desenvolvimento de produtos simples como têxteis e alimentos processados para as 8 milhões de pessoas na pequena ilha, mas, logo depois, visou outros mercados além de suas fronteiras.[24] E, assim como a inovação desempenhou um papel fundamental no desenvolvimento do Japão e da Coreia do Sul, com Taiwan não foi diferente, o que possibilitou que o país alcançasse a prosperidade.

É claro que há mais a se fazer para entender melhor as circunstâncias específicas em que diferentes economias se desenvolvem. No entanto o que aprendemos é que priorizar investimentos em inovações criadoras de mercado, mesmo em circunstâncias difíceis, proporciona aos países pobres um caminho viável para a prosperidade.

NOTAS

1. William K. Tabb, *The Postwar Japanese System: Cultural Economy and Economic Transformation* (Oxford: Oxford University Press, 1995), 14.

2. Esse estereótipo foi há muito tempo deixado de lado. Na verdade, isso aconteceu com bastante rapidez. Quando Marty McFly, o personagem principal do filme *De Volta para o Futuro*, de 1985, se vê acidentalmente lançado no passado para 1955, seu parceiro lamenta que um circuito importante no carro que eles estão tentando consertar quebrou porque está rotulado como "Made in Japan [Fabricado no Japão]." McFly não entende a referência. "Do que você está falando? Todas as melhores coisas são feitas no Japão."

3. Equipe de projetos do 50º aniversário da Sony Corporation, *Genryu: Sony 50th Anniversary* (Tokyo: Sony Corporation, 1996).

4. Jeffrey Alexander, *Japan's Motorcycle Wars: An Industry History* (Vancouver: UBC Press, 2009), 36.

5. Toyota, "Resumption of automobile exports and Toyota in Okinawa", 75 anos da Toyota, acesso em 30 de março de 2018, http://www.toyota-global.com/company/history_of_toyota/75years/text/taking_on_the_automotive_business/chapter2/section9/item2.html.

6. No início, as exportações da Toyota para outros países da Ásia e Oceania também superaram as exportações para os EUA, embora esses mercados fossem significativamente mais pobres do que o mercado norte-americano. De 1956 a 1967, por exemplo, a empresa exportou o dobro de veículos para esses dois continentes (186.815). Esses números destacam o comprometimento do presidente Toyoda com uma estratégia primária de segmentação do não consumo local e regional antes de buscar o não consumo global. A Toyota começou a exportar seu modelo Corona, o precursor do Corolla, para os EUA na década de 1960 e observou as vendas do carro acessível crescerem rapidamente. Em 1971, a empresa exportava anualmente mais de 400 mil veículos para os EUA e, em 1980, quase 800 mil.

Toyota, "Exports to the United States", 75 anos da Toyota, acesso em 30 de março de 2018, http://www.toyota-global.com/company/history_of_toyota/75years/text/entering_the_automotive_business/chapter1/section5/item5.html.

7. Yukiyasu Togo e William Wartman, *Against All Odds: The Story of the Toyota Motor Corporation and the Family that Created It* (Nova York: St. Martin's Press, 1993), 194.

8. Ibid.

9. Alexander, *Japan's Motorcycle Wars*, 36.

10. Toyota, "Toyopet Crown: America's First Japanese Car", Toyota, 16 de dezembro de 2016, http://blog.toyota.co.uk/toyopet-crown-americas-first-japanese-car.

"After Toyopet trauma, Corona got Toyota up to speed in U.S.", *Automotive News*, 29 de outubro de 2007, http://www.autonews.com/article/20071029/ANA03/710290307/after-toyopet-trauma-corona-got-toyota-up-to-speed-in-u.s.

11. David Henderson, pesquisador da Instituição Hoover da Universidade Stanford e professor de economia na Escola de Pós-Graduação Naval, na Califórnia, escreveu sobre a influência do governo japonês na ascensão do país. Ele escreve em um de seus artigos: "Muitas pessoas acreditam que o notável crescimento do Japão se deve em grande parte ao Ministério da Indústria e Comércio Exterior (MITI, na sigla em inglês). Elas acreditam que o MITI decidiu em quais indústrias os japoneses deveriam investir, e que ele persuadiu outras agências do governo japonês a usar seu poder coercitivo para que as empresas aceitassem. Mas a evidência contraria essa visão. Entre 1953 e 1955, o MITI persuadiu o Banco de Desenvolvimento do Japão (JDB, na sigla em inglês), pertencente ao governo, a emprestar dinheiro a quatro setores — energia elétrica, navios, carvão e aço. Cerca de 83% do financiamento do JDB ao longo desse período foi para esses quatro setores. Mas, mesmo em retrospecto, o que não foi comprovado é se esses foram bons investimentos... Além disso, se o MITI tivesse conseguido impedir a Sony de desenvolver o rádio transistorizado, e limitar a indústria automobilística de maneira coercitiva, duas das indústrias mais bem-sucedidas do Japão provavelmente teriam tido muito menos sucesso."

David Henderson, "Japan and the Myth of MITI", *The Concise Encyclopedia of Economics*, acesso em 9 de abril de 2018, http://www.econlib.org/library/Enc1/JapanandtheMythofMITI.html.

12. Alexander, *Japan's Motorcycle Wars: An Industry History*, 34.

13. 13. Ibid., 91.

14. Na década de 1930, o iene japonês era uma moeda muito mais forte do que na década de 1950. Por exemplo, 2 mil ienes em 1935 equivaliam a aproximadamente 352.109 ienes (US$920) em 1952.

Fonte: http://www.historicalstatistics.org/Currencyconverter.html.

15. Bryan Mezue, Clayton Christensen, and Derek van Bever, "The Power of Market Creation", *Foreign Affairs*, 15 de dezembro de 2014, https://www.foreignaffairs.com/articles/africa/2014-12-15/power-market-creation.

16. Ezra Vogel, *The Four Little Dragons* (Boston: Harvard University Press, 1993), 42.

17. Embora seja verdade que a Coreia do Sul investiu significativamente em indústrias "pesadas", como siderurgia e construção naval, esse investimento por si só não

representa a transformação econômica do país de menos de US$200 em renda per capita nos anos 1950 para mais de US$27 mil hoje — um aumento de 13.400%. Com certeza, as indústrias pesadas ajudaram, mas é difícil argumentar que elas são as causas de uma transformação econômica tão significativa, sucedida pela transformação social e política, que aconteceu na Coreia do Sul. Considere a indústria da construção naval, por exemplo: de acordo com um relatório da OCDE, numericamente falando, a indústria agora representa menos de 2% do PIB sul-coreano e cerca de 10% das exportações do país (a indústria siderúrgica também está em torno de 2%). Do ponto de vista da contratação, a indústria de construção naval representa cerca de 0,65% do emprego total da Coreia do Sul. Não há dúvida de que a indústria é importante para a economia sul-coreana, mas não é suficiente para justificar a transformação da nação de menos de US$200 em renda per capita para mais de US$27 mil em pouco mais de 50 anos.

Grupo de Trabalho do Conselho Sobre a Construção Naval, "Peer Review of the Korean Shipbuilding Industry and Related Government Policies", *OCDE* (janeiro de 2015): 7-9, http://www.oecd.org/officialdocuments/publicdisplay documentpdf/?cote=c/wp6(2014)10/final&doclanguage=en.

18. Kia, "History of Kia", acesso em 30 de março de 2018, http://www.kia.com/worldwide/about_kia/company/history_of_kia.do.

19. "From Fish Trader to Smartphone Maker", *New York Times*, 14 de dezembro de 2013, https://archive.nytimes.com/www.nytimes.com/interactive/2013/12/15/technology/samsung-timeline.html#/#time298_8340.

20. Ahn Choong-yong, "Iron and steel helped Korea's industrial takeoff", *The Korea Times*, 19 de julho de 2010, http://www.koreatimes.co.kr/www/news/biz/2016/05/291_69759.html.

21. Bryan Mezue, Clayton Christensen e Derek van Bever, "The Power of Market Creation".

22. Arno Tausch e Peter Herrmann, *The West, Europe, and the Muslim World* (Nova York: Nova Publishers, 2006), 123.

23. Gary Dymski e James Crotty, "Can the Global Neoliberal Regime Survive Victory in Asia? The Political Economy of the Asian Crisis", Instituto de Pesquisa sobre Economia Política, 1º de setembro de 2000.

24. Para um breve artigo sobre a ideia de que nem todas as exportações são criadas da mesma forma, consulte: Efosa Ojomo, "Assessing exports through the lens of innovation", Christensen Institute, 5 de junho de 2018, https://www.christenseninstitute.org/blog/assessing-exports-through-the-lens-of-innovation/.

Capítulo 7

O Problema de Eficiência do México

O México tem sido um dos perdedores do século XX. Tentamos muitas alternativas diferentes para o desenvolvimento, mas, infelizmente, 40% da população é pobre (esse número se aproxima de 44%); e a renda per capita é extremamente baixa. É a mesma que tivemos há 25 anos; portanto, precisamos mudar essa situação.[1]

— VICENTE FOX, PRESIDENTE DO MÉXICO, ABRIL DE 2001

Resumo da Ideia

Há pouco mais de uma década, as manchetes sobre as empresas norte-americanas eram dominadas por histórias de desgraça — os empregos do setor industrial estavam mudando para o México, e milhares de posições de trabalho nos EUA seriam perdidas. Porém, do outro lado da fronteira, a situação parecia muito promissora. De acordo com o Centro de Pesquisa Automotiva, as empresas automobilísticas norte-americanas e internacionais investiram cerca de US$24 bilhões na indústria manufatureira mexicana. Esse investimento tinha o potencial de criar milhares de empregos e, por sua vez, estimular as economias locais onde quer que fosse construída uma fábrica. A esperança no México era evidente.

No entanto, atualmente, o país não é próspero. Somente em 2014, 2 milhões de mexicanos passaram a integrar os cidadãos que vivem abaixo da linha de pobreza nacional. O que deu errado?

Quando se analisa a economia dessa nação pela perspectiva da inovação, e não do investimento, um padrão se torna claro. Muitas empresas no país — nacionais e internacionais — investiram fortemente em inovações de *eficiência*. Entretanto, na economia que deveria ser vibrante, repleta de recursos, há uma ausência decepcionante de inovações criadoras de mercado. Como terrivelmente demonstrado pelo México, depender em excesso das inovações de eficiência não permite um desenvolvimento econômico além de determinado ponto.

Entusiasmado com um projeto em que teve a oportunidade de trabalhar, Javier Lozano ligou para sua mãe, que estava no México, para contar sobre seu trabalho iniciado como parte de seu mestrado em administração de empresas (MBA) no Instituto de Tecnologia de Massachusetts (MIT). Como tinha interesse em aprender tudo o que pudesse sobre inovação na área da saúde, inscreveu-se na Harvard School of Public Health. Lozano passou a colaborar com um professor na reflexão sobre como usar a tecnologia para ajudar os diabéticos que sofrem de complicações de saúde nos pés em Zanzibar. Para o pesquisador, a descoberta de que o recém-lançado iPhone poderia funcionar com um dispositivo para monitorar o nível de açúcar no sangue, medida crucial de saúde para a diabetes tipo 2, parecia algo vindo do futuro. Já que sua própria mãe lutava contra a doença, ele ficou ansioso para compartilhar o que estava aprendendo.

"Eu fiquei tão empolgado com as maneiras como a tecnologia poderia ajudar os diabéticos que mal podia esperar para contar à minha mãe", lembra. Durante anos, ela lidava silenciosamente com o diagnóstico de diabetes tipo 2, Lozano admite, sem muito interesse ou apoio de sua família. Contudo, o trabalho de pesquisa o fez perceber que ele tinha uma ótima fonte principal de informações na ponta dos dedos. "Comecei a enchê-la de perguntas", recorda agora. "Você sabia *disso*? Você sabia *daquilo*? Você sabia sobre todos esses dispositivos diferentes?" A resposta para cada pergunta foi negativa. Sua mãe não apenas desconhecia qualquer um dos dispositivos capazes de ajudá-la a monitorar e controlar melhor sua doença, mas também disse a Lozano o quanto se sentia desanimada em sua própria batalha pela saúde. "Pela primeira vez, ela compartilhou seus sentimentos comigo — e descobri que se sentia muito solitária", relembra. "Como família, não entendíamos o que ela estava passando e, pior, continuávamos a culpá-la por sua própria doença. Pensávamos que ela estava apenas comendo muito açúcar e que realmente não queria melhorar." O mais preocupante: a mãe de Lozano disse que estava farta de lutar contra a doença. "Ela não queria mais se cuidar", lembra, com a voz embargada de emoção — mesmo que isso significasse que poderia morrer de diabetes.

Lozano ficou abalado. Como a situação se tornara tão grave? No México, sua família tinha acesso a cuidados de saúde privados — uma vantagem não compartilhada pela maioria dos milhões de mexicanos que lidam com a doença diariamente. Se era tão difícil para sua mãe, deveria ser muito pior para os 10 a 14 milhões de cidadãos mexicanos diabéticos. "Esse foi o meu momento de descoberta", diz ele. "A diabetes é uma catástrofe no México." A maioria das pessoas não pode pagar por assistência médica de qualidade, o que resulta em uma série de problemas de saúde terríveis para aqueles que não conseguem controlar a enfermidade. No país, a diabetes não controlada é a principal causa de morte, amputações, cegueira e, em Nuevo León, estado natal de Lozano, é a maior causa de suicídio.

O pesquisador não tinha qualquer pretensão de ignorar esses problemas. Assim, começou a planejar uma forma de combater à epidemia da diabetes na nação. Inicialmente, ele pensou em fundar uma organização sem fins lucrativos que ajudasse os pobres a ter acesso ao tratamento da enfermidade — um custo anual, ele deduzia, de US$1 mil por pessoa. Pedir que os pacientes contribuíssem com US$200 por ano parecia razoável, porém, para conseguir os US$800 restantes, ele precisaria de um fluxo constante de doações e patrocinadores confiáveis que teriam de apoiar sua missão anualmente. Lozano passara parte de sua adolescência trabalhando para uma organização sem fins lucrativos. O objetivo era ajudar comunidades indígenas a obterem melhor acesso a recursos e tecnologia para que suas fazendas fossem mais sustentáveis. Por isso, ele sabia o quanto era angustiante ter de arrecadar esse dinheiro de forma constante. De acordo com sua própria experiência, tais projetos são muito difíceis de escalar e dependem dos caprichos e prioridades dos doadores. "Você pode esperar ser o projeto de interesse de algumas pessoas", disse ele, "incluindo doadores individuais ou dirigentes de organizações, mas é quase impossível encontrar uma fonte anual de financiamento sustentável."

Então, Lozano começou a pensar sobre o desafio de maneira completamente diferente — pela perspectiva do não consumo e do Trabalho a Ser Feito, teorias que ele aprendeu em seus dias no MIT e que rapidamente colocou em prática no México. Não havia muitos pacientes com diabetes ativos que usavam as opções de cuidados de saúde existentes. Como sua mãe, eles não faziam quase nada para controlar a doença, não porque não se importassem com sua saúde, mas porque as alternativas para melhorar sua situação pareciam sufocantes. Lozano enxergou imensas oportunidades nesse não consumo.

Em 2011, após concluir seu MBA, ele fundou as Clinicas del Azúcar, que literalmente significam "clínicas do açúcar". Lozano percebeu que, se os pacientes diabéticos não podiam pagar um seguro privado ou US$1 mil por ano para o tratamento, teria que criar um modelo de negócios que funcionasse com a quantia que podiam pagar. Ele começou a desenvolver o que chama de McDonald's de tratamento da diabetes — um balcão único para lidar com todas as questões relacionadas à enfermidade. Por uma adesão anual de cerca de US$250, os pacientes diabéticos e seus apoiadores podem ter acesso a qualquer clínica e passar rapidamente por várias "estações" direcionadas a cada um dos desafios de acompanhar e controlar a doença. Lozano diz que pondera o Trabalho a Ser Feito de *cada estação individual* para, assim, selecionar a melhor tecnologia e recurso humano para fornecer os cuidados daquela fase específica em que o paciente se encontra.

O serviço não é de primeira linha, mas é eficaz em todos os sentidos. No momento de escrita deste livro, as Clinicas del Azúcar são a maior prestadora de cuidados privados de tratamento da diabetes no México, com 12 clínicas e em via de atingir 200 nos próximos 5 anos. Lozano relata que sua mãe foi a paciente número 5 em sua primeira clínica: uma estatística que a incomoda até hoje porque ela queria ser a paciente número 1, mas, no dia da inauguração, muitas pessoas estavam à sua frente na fila. Ela tem sido uma paciente-modelo em todos os sentidos.

Dois anos atrás, o estudioso e sua equipe tentavam melhorar o apoio da clínica para além das visitas de rotina. Eles perceberam que, quando médicos e enfermeiros complacentes ligavam para saber como os pacientes estavam, a resposta frequente era o que pensavam que o médico queria ouvir, e não a verdade. "Os mexicanos não gostam de ferir os sentimentos de ninguém", diz Lozano. Com base em uma pesquisa que sugere que complicações do parto são drasticamente reduzidas quando a grávida tem alguém para orientá-la ao longo do processo, ele decidiu criar uma central de atendimento com uma equipe não de médicos, mas de outros pacientes diabéticos. Ele perguntou à sua mãe se ela gostaria de administrar o centro. Agora, eles trabalham a apenas três portas um do outro e se veem diariamente — e ela está prosperando. "Aos domingos, sempre temos uma grande reunião de família no almoço. Hoje em dia, minha mãe não consegue parar de falar sobre o que ela aprendeu e sobre os pacientes com quem ela conversa toda semana", relata o estudioso. É uma mudança muito agradável do teor da conversa que tiveram ao telefone quando ele ainda estava no MIT. "Eu amo esse entusiasmo."

Lozano e as Clinicas del Azúcar ainda estão nos estágios iniciais da jornada para criar um negócio escalável a partir de um Trabalho a Ser Feito não resolvido, e há muito a se realizar para garantir que seja uma história de sucesso duradoura. Até o momento, as clínicas trataram mais de 30 mil pacientes, 95% dos quais disseram que é a primeira vez que têm acesso a atendimento especializado. As clínicas também criaram centenas de empregos, permitindo que as pessoas ajudem os outros e tenham um sustento. Lozano criou um novo mercado que atende a pessoas consideradas muito pobres — um mercado que, inicialmente, quando o pesquisador apresentou sua ideia, muitos médicos e especialistas consideraram impossível. Quando esse tipo de novo mercado é criado, surgem imitadores e concorrentes, um processo que desencadeia muito mais desenvolvimento. Além da organização de Lozano, cerca de 10 empresas começaram a surgir em todo o país, seguindo o modelo das Clinicas del Azúcar. Esse pode ser considerado o sinal mais óbvio de que ele desenvolveu algo importante. Imagine o que poderia acontecer se o estudioso conseguir escalar com sucesso seus negócios não apenas no México, mas também na América Latina.

O seu êxito deve inspirar empreendedores em todo o país — veja o que é possível quando você segmenta o não consumo com um modelo de negócios inovador. Mas há pouquíssimas histórias de inovações criadoras de mercado como as Clínicas del Azúcar mexicanas. Em um país repleto de não consumo, a questão, então, se torna *por que não*?

Enigma da Inovação de Eficiência no México

O México não é uma nação pobre. Quando comparado com alguns países africanos, como Senegal e Lesoto, ou algumas nações asiáticas, como Nepal e Bangladesh, ou mesmo países das Américas, como Honduras e Guatemala, ele está se saindo muito bem, com vários dos principais ingredientes para a prosperidade.

Em primeiro lugar, do ponto de vista geográfico, sua proximidade com os Estados Unidos, o país mais rico do mundo, coloca-o em uma posição vantajosa. As companhias mexicanas podem negociar com relativa facilidade com as empresas norte-americanas e vender para os consumidores norte-americanos ricos por causa de sua proximidade com a fronteira.

Segundo, o México tem um acordo de livre comércio com os EUA e o Canadá desde 1994 (embora, até o momento, seu futuro seja incerto sob a atual administração norte-americana). Essencialmente, esse acordo concede certa liberdade para que os três países negociem bens entre si. Além do Tratado Norte-Americano de Livre Comércio (NAFTA, na sigla em inglês), o México assinou 12 acordos com outras 44 nações, muitas na União Europeia. Ele continua sendo um dos países mais abertos ao comércio no mundo.

Terceiro, de acordo com relatórios da Organização Mundial do Comércio (OMC) e da OCDE, a nação tem níveis de produtividade de trabalho semelhantes aos da maioria das principais potências econômicas.[2] Os mexicanos também são constantemente considerados os trabalhadores mais esforçados, quando avaliadas as horas trabalhadas.[3] Os sul-coreanos vêm em segundo lugar.

Em quarto lugar, o setor industrial e manufatureiro do país é bastante avançado. As principais indústrias do país são a aeroespacial, eletrônica, petroquímica e de bens de consumo duráveis. Em essência, a nação não está simplesmente fabricando e vendendo brinquedos, camisetas e matérias-primas básicas para seus vizinhos ricos; o país está fabricando e exportando carros, computadores e componentes aeroespaciais complexos.[4]

Por fim, o México conservou um ambiente macroeconômico relativamente estável e manteve as taxas de juros e a inflação baixas nas últimas duas décadas.[5] Esses fatores são conscientemente monitorados e meticulosamente administrados por economistas, ministros das finanças e investidores.[6]

Contudo, de alguma forma, mesmo com todas essas circunstâncias, a prosperidade generalizada ainda está fora do alcance da nação.[7] Pode ser tentador culpar seu subdesenvolvimento por outros fatores, como a corrupção ou a facilidade de fazer negócios no país. Porém os rankings apresentados pelo Banco Mundial sobre esse último aspecto mostram que o país também está se saindo relativamente bem — ele está em 49º lugar entre 190 países, superior a Itália, Chile, Luxemburgo, Bélgica, Grécia, Turquia e China. Ademais, embora a nação não se destaque em todas as métricas, ela apresenta um bom desempenho em algumas submétricas. Por exemplo, em "Recebimento de Crédito", o país ocupa o 6º lugar; em "Resolução de Insolvência", está em 31º; e em "Cumprimento de Contratos", ele ocupa o 41º. Assim, o enigma permanece.[8]

Entretanto, se analisarmos o México pela perspectiva dos tipos de inovações predominantes no país, começamos a ter uma percepção diferente. A nação atrai *inovações de eficiência*. Muitas empresas no país — nacionais e internacionais — depositaram suas esperanças e sonhos principalmente no investimento nessas inovações, as quais, sozinhas, conforme descrevemos no Capítulo 2, muitas vezes não acarretam um desenvolvimento econômico vibrante. Embora as inovações de eficiência sejam valiosas — liberam fluxos de caixa para os investidores, tornam as organizações mais eficientes em suas operações e proporcionam pagamentos de impostos para a economia local por um tempo — elas, por si só, não criam mercados suficientes para atrair e custear outros componentes importantes, os quais são necessários para o desenvolvimento em longo prazo de uma sociedade. Como resultado, na maioria das vezes, essas inovações apenas estimulam a criação do que descrevemos como *empregos globais*, que podem ser facilmente transferidos para outros lugares.

Por exemplo, em janeiro de 2018, a Fiat Chrysler Automobiles anunciou sua decisão de mudar a produção de camionetes Ram do México para Michigan em 2020. Ela disse que criará 2.500 empregos em uma fábrica em Warren, Michigan, perto de Detroit, e investir US$1 bilhão nas instalações. Até essa mudança, a Fiat Chrysler era a terceira maior produtora de automóveis no México. A fábrica existente no país será "reaproveitada na produção de futuros veículos comerciais" para venda nos mercados globais, mas, caso ocorra, ainda é incerto quais serão esses veículos. Repentinamente, a indústria retirou milhares de *empregos globais* da economia mexicana.

O Risco de Depender Excessivamente da Eficiência

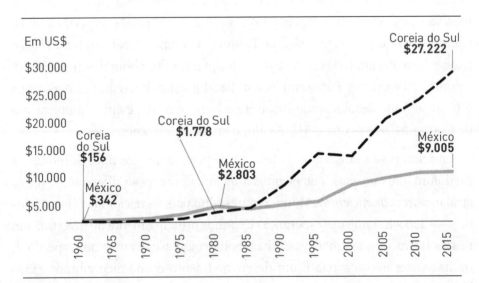

Figura 6: Coreia do Sul e México, PIB per capita de 1960 a 2015

Fonte: Banco Mundial

Em 1960, do ponto de vista macro e do PIB per capita, o México era mais de duas vezes mais rico do que a Coreia do Sul. Vinte anos depois, o país ainda era 58% mais rico que a Coreia do Sul.[9] Contudo, atualmente, a Coreia do Sul é mais de 3 vezes mais rica que o México.[10] Ainda mais preocupante é o fato de que há mais mexicanos vivendo na pobreza hoje — aproximadamente 54 milhões — do que sul-coreanos (cerca de 51 milhões).[11]

O exemplo mais óbvio da proliferação de inovações de eficiência no México é a popularidade das *maquiladoras*. As empresas *maquiladoras* importam componentes de outros países, normalmente isentos de tarifas, para fabricar um produto e exportá-lo para outros mercados. Não há nada de errado com *elas*, no entanto desempenham um papel muito específico na economia.[12]

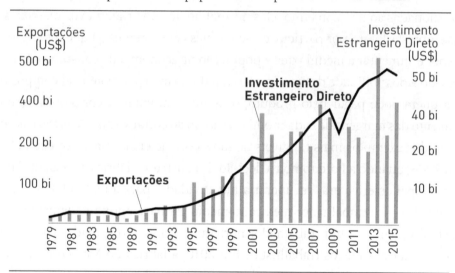

Figura 7: Crescimento das exportações e IED no México (em bilhões de dólares), de 1979 a 2015

Por exemplo, em 1994, quando EUA, Canadá e México assinaram o NAFTA, os resultados positivos do programa das *maquiladoras*, iniciado em meados da década de 1960, tornaram-se visíveis: o emprego cresceu; as exportações dispararam; e o investimento estrangeiro direto no México aumentou.[13] A possibilidade de industrializar ainda mais o país com manufatura de maior valor agregado foi tentadora para investidores e formuladores de políticas. Audi,

Ford, General Motors, Nissan e Honda são apenas algumas das montadoras que operam na região.[14] Fabricantes de eletrônicos, como Sharp, LG, Philips e Sony, também investiram intensamente. Atrair marcas globais como essas é a esperança da maioria dos países. Superficialmente, todos esses são bons indicadores econômicos. Todavia, esses investimentos não trouxeram o tipo de prosperidade que muitos esperavam e imaginavam.[15] Identificamos algumas das principais razões pelas quais isso aconteceu.

Uma estratégia baseada na inovação de eficiência — que permite às empresas extrair o máximo possível de ativos existentes e recém-adquiridos — tipicamente vende seus produtos na "economia de consumo", para aqueles que já podem pagar produtos existentes no mercado. Como essas inovações não são direcionadas ao não consumo, elas normalmente não criam novos mercados. As empresas lutam por participação com suas concorrentes, já que o mercado só pode aumentar à medida que a população na economia de consumo cresce. Devido à possibilidade de crescimento rápido do mercado potencial composto por quem pode pagar pelo produto, os gestores acabam se concentrando no aumento das margens de cada produto vendido ao cortar gastos. A terceirização é um dos exemplos mais tangíveis de inovações de eficiência.[16] Por exemplo, em 2008, quando a Ford tomou a decisão de construir a fábrica em Cuautitlán, o principal objetivo era "recuperar a lucratividade" para a montadora em dificuldades — o trabalhador mexicano médio ganhava aproximadamente um sexto do salário de um trabalhador norte-americano, o que ajudava a Ford a economizar nos custos trabalhistas. Em 2010, a fábrica no México produzia Ford Fiestas e vendia a maioria deles para consumidores norte-americanos.

Contudo, desde que a Ford começou a fabricar o Fiesta no México em 2010, os consumidores não se beneficiaram da redução de custos. O preço desses carros, na realidade, aumentou 19%. Os lucros gerados pelo aumento dos preços e diminuição nos gastos de fabricação foram direcionados principalmente para a empresa e seus acionistas, visto que ela não mudou fundamentalmente a estrutura de custos de seu modelo de negócios. Com exceção da integração de fabricação mais barata, todo o restante permanece o mesmo. Na verdade, para impulsionar as vendas, os investimentos em outros componentes do modelo de negócios da empresa, como publicidade, marketing e vendas, podem aumentar. O México usufruirá pouco ou nada desses investimentos; o país que aproveitará os benefícios é aquele onde a maior parte dos produtos é vendida, nesse caso, os Estados Unidos.

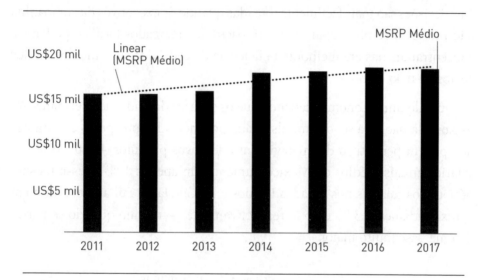

Figura 8: Preço de Varejo Sugerido pelo Fabricante (MSRP, na sigla em inglês) do Ford Fiesta, de 2011 a 2017

Fonte: *U.S. News e World Report*

Outra razão pela qual a confiança excessiva em inovações de eficiência não trouxe prosperidade sustentada e generalizada para a nação mexicana é porque esses investimentos são muitas vezes facilmente transferidos para outros lugares, especialmente quando os salários mais baixos surgem em outras regiões ou prevalece uma pressão política crescente em outros países para conter a terceirização. A natureza livre das inovações de eficiência não lhes permite criar mercados vibrantes que possam atrair outros componentes de uma economia próspera, como boas escolas, boas estradas ou um bom sistema de saúde, que podem ser sustentados pela economia local. Em raras circunstâncias em que esses investimentos ocasionam outros em infraestruturas de suporte diferentes, elas são tipicamente relacionadas a uma indústria específica.

Considere a decisão da Carrier de interromper a transferência de centenas de empregos para o México ou a decisão da Ford de não construir uma fábrica no país depois que essas empresas enfrentaram a pressão do governo dos EUA. Tais decisões são mais facilmente tomadas quando os executivos da companhia não precisam se preocupar com o impacto nos mercados locais e podem se concentrar apenas em melhorar a eficiência da cadeia de suprimentos ou dos custos de mão de obra.

Quando uma economia depende que os salários dos cidadãos permaneçam baixos, ela não está sendo impulsionada por mercados prósperos e vibrantes que podem permitir o desenvolvimento de novos produtos. Desde 1990, os salários anuais médios do México aumentaram apenas 13%. Nesse mesmo período, os salários nos Estados Unidos e na Coreia do Sul aumentaram em aproximadamente 37% e 65%, respectivamente — mesmo quando se partiu de uma base muito maior.

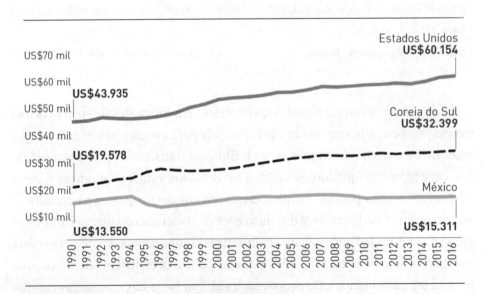

Figura 9: Salários médios anuais, em preços constantes de 2016 com base na Paridade do Poder de Compra (PPC) em dólares do mesmo ano

Por fim, a proliferação de inovações de eficiência no México não está gerando prosperidade, pois essas inovações são tipicamente direcionadas para o crescimento que pouco ou nada tem a ver com os mercados do país, e isso pode ser difícil de administrar. Por exemplo, o México é um dos maiores países produtores de petróleo do mundo e, historicamente, exportou dezenas de bilhões de dólares da substância bruta para os Estados Unidos. No entanto a queda nos preços reduziu drasticamente o valor das exportações de petróleo bruto da nação mexicana, de aproximadamente US$37 bilhões em 2012 para US$7,6 bilhões em 2016.[17] Como uma parte significativa de sua economia depende de algo que tem pouco controle (a flutuação de preços do petróleo e demanda de outras nações), o país luta para ter controle sobre um componente crítico de seu próprio crescimento econômico.

Um fenômeno semelhante também ocorre na Rússia.

Do ponto de vista da exportação, a economia russa é muito diferente da mexicana. Na verdade, elas aparentam ser totalmente opostas. Por exemplo, as maiores exportações do México são veículos e peças de automóveis (aproximadamente 24%) e maquinário elétrico (aproximadamente 21%); da Rússia são petróleo bruto (26%), petróleo refinado (16%) e várias outras commodities. As exportações mexicanas sugerem um país mais industrializado e, portanto, mais avançado economicamente, enquanto as russas indicam um país excessivamente dependente de recursos, sem muitas indústrias. Após uma observação mais minuciosa, no entanto, é possível perceber que os fenômenos que impulsionam as duas economias são idênticos: *inovações de eficiência*.

Como descrevemos no Capítulo 2, as indústrias de extração de recursos são notórias por fomentar investimentos em inovações de eficiência. Os gestores desses empreendimentos procuram reduzir o máximo possível os custos dos recursos. Embora isso possa ser favorável na perspectiva da empresa, muitas vezes não resulta em um desenvolvimento econômico vibrante, exceto quando a população do país é muito pequena, como no Catar. Ainda assim, os empregos precisam ser gerados a partir de outros setores da economia, já que a indústria não cria trabalhos suficientes para manter as pessoas empregadas de maneira significativa.

No cerne da economia da Rússia, tal como na do México, existe uma confiança excessiva nas inovações de eficiência. Considere, por exemplo, como a alteração nos preços do petróleo afeta a economia russa. De 1998 a 2008, quando os preços do petróleo aumentaram de aproximadamente US$18 para US$103, em dólares de 2017,[18] a economia russa registrou uma média de crescimento de 7%. No entanto, esse tipo de crescimento, impulsionado em grande parte pelo aumento nos preços das commodities, não significa necessariamente aumento de empregos ou impacto notável no desenvolvimento do país. Devido à imprevisibilidade frequente do crescimento, ele pode criar ondas de choque econômicas quando há queda nos preços das commodities, algo que vimos acontecer no país há alguns anos. Como os preços do petróleo arrefeceram, houve uma contração da economia russa de 2,8% em 2015 e de outros 0,2% em 2016.

Superficialmente, as inovações de eficiência parecem ser promissoras nos países pobres, porque são tipicamente caracterizadas por indústrias de fabricação, industrialização e, às vezes, pesadas. Contudo, em vez de realizar a promessa de prosperidade, uma confiança excessiva nessas inovações muitas vezes promove investimentos frágeis e de curto prazo que deixam as sociedades em uma situação precária.

Uma Perspectiva Diferente

A população mexicana é de aproximadamente 127 milhões e tem um PIB de mais de US$1,1 trilhão; a América Latina é o lar de mais de 600 milhões de pessoas e tem um PIB de mais de US$5,5 trilhões. Quando muitas pessoas analisam o potencial dessas regiões, elas observam os PIBs, a renda per capita, os níveis de educação, a infraestrutura ou a taxa de pobreza — que não oferecem muita esperança. Mas nós enxergamos algo diferente: o não consumo e seu enorme potencial. Nesses lugares, buscamos as dificuldades diárias que centenas de milhões de pessoas enfrentam e *nelas* vemos as oportunidades.

O México e muitas outras nações que ainda não alcançaram a prosperidade têm a capacidade de se tornar prósperas. Mas para que isso aconteça, especialmente em países tão povoados quanto esse, temos que pensar em como criar novos mercados que atendam ao vasto não consumo. E vemos alguns sinais de esperança.

Michael Chu, diretor administrativo da IGNIA Fund e professor sênior da Harvard Business School, fica em um escritório duas portas depois do meu.[19] Quando falei sobre algumas de nossas ideias, ele me apresentou uma empresa chamada Opticas Ver De Verdad (Opticas), que se concentra no não consumo de cuidados com a visão. A Opticas foi fundada em 2011 com um modelo de negócios projetado para fornecer óculos de grau acessíveis e serviços oftalmológicos para o mexicano comum. Aproximadamente 43% dos cidadãos têm uma deficiência visual para a qual precisam de lentes corretivas. Muitas das soluções existentes no mercado, que custam em média US$75, são muito caras para a maioria das pessoas. Assim, muitas delas simplesmente ficam sem óculos e vivem sem boa visão.

Em vez de analisar o potencial no México pela perspectiva da pobreza, a Opticas está analisando-o pela da *dificuldade*. Como um novo par de óculos pode impactar a vida de um eletricista, um encanador ou um enfermeiro? Como lentes a preços acessíveis podem afetar a vida de uma menina inteligente de 12 anos que não consegue ler com clareza e, como resultado, vai mal na escola?

Em vez de criar um negócio direcionado aos mexicanos mais ricos, que podem pagar por marcas sofisticadas como a Ray-Ban, a Opticas se concentra em resolver essa dificuldade. A empresa desenvolveu um modelo de negócios simples que proporciona óculos de grau por cerca de US$17. Suas margens podem ser baixas, porém seus volumes têm o potencial de ser muito altos (em determinado momento, a Ford Motor Company ganhou apenas US$2 em cada modelo de carro vendido pela empresa — mas vendeu milhões deles). O único concorrente da Opticas nesse mercado de não consumidores era a *inércia*: pessoas que preferiam sofrer com a visão deficiente do que tentar conseguir dinheiro (e tempo) para adquirir óculos caros demais para elas. A empresa abre lojas em locais convenientes, oferece aos clientes exames oftalmológicos gratuitos e lentes baratas. Isso pode transformar a vida de pessoas que já se conformaram em viver com visão fraca. Agora qualquer um pode entrar em uma loja, fazer um teste rápido e comprar óculos de grau.

Desde a abertura de sua primeira loja, a Opticas já realizou mais de 250 mil testes oftalmológicos e já vendeu mais de 150 mil pares de óculos — o que significa que 150 mil pessoas que antes não compravam esse produto agora integram o mercado. A empresa está, aos poucos, deixando o não consumo de "visão" mexicano no passado. E os cidadãos retribuem muito bem a oportunidade. Até o momento, a Opticas planeja operar mais de 330 lojas em todo o país até 2020.

Pão e Desenvolvimento

Os mercados emergentes estão repletos de oportunidades para criar outros novos que podem gerar retornos significativos se você souber onde buscá-los. Mas a criação de novos mercados normalmente requer paciência até que os não consumidores sejam identificados, compreendidos e depois atendidos. Uma vez que um mercado é criado, no entanto, é difícil destruí-lo. Eles mudam fundamentalmente a maneira como as pessoas vivem suas vidas, e, quando se é responsável por sua criação, as recompensas podem ser abundantes. A família Servitje, detentora de 37% do Grupo Bimbo, pode atestar esse fato. Hoje, o investimento vale mais de US$4 bilhões.[20]

O nome Grupo Bimbo pode não ser familiar para você, mas é a fonte de alguns dos produtos de padaria mais adorados do mundo, incluindo Thomas' English Muffins, Sara Lee, Entenmann's e Canada Bread, citando apenas algumas das marcas que essa gigante panificadora mexicana possui e gerencia. Hoje, o Grupo Bimbo é a maior padaria do mundo. A empresa fatura mais de US$14 bilhões por ano, opera 165 fábricas em 22 países e emprega mais de 128 mil pessoas em todo o mundo.[21] Com uma capitalização de mercado de mais de US$11 bilhões, ela também possui mais de 100 marcas e vende seus produtos no Equador, na Colômbia e no Peru, bem como nos Estados Unidos, no Reino Unido e na China. É realmente uma companhia global. Contudo, em 1945, quando os fundadores da Bimbo começaram os negócios, eles não tinham como objetivo exportar produtos favoritos dos norte-americanos para seus vizinhos mais ricos do Norte. Em vez disso, eles imaginaram maneiras de fazer pão e distribuí-lo para o cidadão comum na Cidade do México. Em outras palavras, eles estavam focados em criar um novo mercado para o pão fresco na nação mexicana.

É fácil avaliar o sucesso da companhia hoje e não valorizar o começo humilde da empresa. Em 1945, o México, como muitos outros países na época, era muito pobre — muito mais do que é hoje. A expectativa de vida era de cerca de 45 anos e mais da metade do país vivia em áreas rurais e se dedicava à agricultura — geralmente um sinal de pobreza. No entanto, foi nessas circunstâncias que os fundadores da Bimbo viram imensas oportunidades de criar um mercado para o mexicano comum, para quem o pão fresco era um luxo.

Embora a empresa hoje venda mais de 10 mil produtos diferentes, ela iniciou suas atividades assando e vendendo pequenos pães brancos e de centeio. A Bimbo concentrou-se na segmentação do cidadão comum que, em 1945, tinha acesso apenas a pão mofado em embalagem opaca. Aproveitando essa oportunidade para se diferenciar, sua primeira inovação de produtos foi embrulhar o pão em sacos de celofane — para que os clientes pudessem ver que estavam comprando pão sem mofo antes de levá-lo para casa. Conforme descrevemos anteriormente, a inovação não está relacionada apenas a soluções de alta tecnologia; mas à mudança nos processos pelos quais uma organização transforma mão de obra, capital, materiais e informações em produtos e serviços de maior valor. Isso não envolve necessariamente tecnologia de ponta. Nesse caso, fazer pão fresco e embalá-lo em sacos transparentes foi a inovação necessária para ajudar a Bimbo a criar e expandir esse mercado. Mas ainda mais importante do que encontrar uma maneira de vender pão sem mofo ou embalagens melhores foi a decisão da empresa de segmentar os mexicanos comuns — que simplesmente queriam a experiência de fornecer alimento bom e fresco para suas famílias.

Caso a Bimbo tivesse decidido atender apenas àqueles que podiam pagar por um pão caro, talvez não fizesse alguns dos investimentos necessários para criar e desenvolver um mercado no México. Por exemplo, para garantir um suprimento estável de farinha de qualidade para suas fábricas, a empresa construiu e adquiriu vários moinhos. Com uma capacidade de moagem de 2 mil toneladas por dia, a empresa ficou em segundo lugar na fabricação de farinha do país em 1997. Integrar a moagem em suas operações não era algo opcional para a Bimbo, assim como a integração da produção de aço e mineração às operações de sua empresa não era uma questão de escolha para Henry Ford. Essas atitudes simplesmente tinham que ser tomadas para criar e atender aos mercados que esses negócios segmentavam.

Embora o investimento inicial tenha sido alto, os moinhos da Bimbo rapidamente se transformaram de um centro de custo para um centro de lucro, à medida que a empresa começou a vender o excesso de produção para clientes externos. Ela também precisava integrar a agricultura e o cultivo do trigo. Nos anos 1980, mais de 60% do trigo utilizado pela companhia era importado. Para reduzir sua dependência do produto estrangeiro, a empresa decidiu investir em fazendeiros mexicanos. Ela forneceu capital aos agricultores para adquirir sementes de qualidade e depois comprou a colheita.

À medida que o negócio crescia, aumentar o capital humano para gerenciar o crescimento também se tornou um problema. Os executivos da Bimbo perceberam que precisavam complementar a educação que seus novos empregados recebiam do sistema tradicional de ensino mexicano. Assim, eles criaram um programa estruturado de gestão com duração de dois anos, no qual os funcionários aprendiam tanto as habilidades técnicas quanto as complexidades do negócio da empresa.

Para crescer e sustentar um mercado de pães de sucesso que atende ao mexicano comum, a Bimbo apoiou diretamente muitos mercados e indústrias, incluindo agricultura, moagem, serviços financeiros, educação, distribuição e logística, embalagens e vários outros. Indiretamente, possibilitou o desenvolvimento dos mercados que seus milhares de funcionários sustentam, incluindo moradia, educação, saúde, transporte e lazer. E esses não são meros mercados que podem mudar de um país para outro quando os salários aumentam, mas mercados vibrantes profundamente enraizados na economia local.

Eles são vibrantes em grande parte porque integram muitos componentes da cadeia de valor do Grupo Bimbo, incluindo vendas e distribuição, marketing, publicidade e assim por diante. Ademais, eles são sustentáveis porque se relacionam diretamente à população local. Se o impacto da empresa ainda não for suficientemente impressionante, considere o seguinte: a Bimbo paga aos funcionários de cargos menores mais do que o triplo do salário mínimo mexicano.[22] Ainda assim, a empresa consegue manter seus preços entre 15% e 25% mais baixos que os de seus concorrentes. O negócio se tornou muito mais que uma empresa de panificação.

Investidores, profissionais de desenvolvimento e formuladores de políticas devem considerar o Grupo Bimbo um símbolo do que é possível. Contudo, a diferença em anos e escala entre a companhia e as menores e esperançosas histórias de sucesso de empresas como Clinicas del Azúcar ou Opticas ainda é grande demais. Reconhecemos que elas, por si só, não podem possibilitar que uma nação tão ampla quanto o México se torne próspera. Todavia, os princípios que as guiam — desenvolver produtos e serviços para o mexicano comum e atrair os recursos necessários para o sucesso — podem.

Atrelar seu futuro à perspectiva de exportação e comércio contínuos com os EUA e outras superpotências — com base principalmente em inovações de eficiência — não é uma estratégia de longo prazo para a prosperidade estável. Em 2018, a *Bloomberg Businessweek* estimou o enorme impacto potencial para o México caso o alvoroço político do NAFTA desapareça. "O maior desemprego pode surgir de empresas norte-americanas que fecham suas fábricas no México e as transferem para outro país, como a Ford fez no ano passado quando cancelou os planos de construir uma fábrica de automóveis na cidade de San Luis Potosí e a construiu na China. O investimento de US$1,6 bilhão teria empregado diretamente quase 3 mil pessoas e teria proporcionado empregos indiretos a cerca de 10 mil mais."[23] O Oxford Economics, um instituto de previsão e análise quantitativa global, estimou que, caso o acordo do NAFTA acabe, o produto interno bruto mexicano perderá 4 pontos percentuais até 2022 e cairá em uma recessão técnica em meados de 2019 — levando *décadas* para se recuperar.

Durante anos, acadêmicos internacionais e especialistas da mídia indicavam o México como a possível próxima superpotência — mas o país fica sempre estagnado nisto: potencial. Acreditamos que o México tem, de fato, o potencial para se tornar uma das maiores histórias de sucesso do mundo na criação de prosperidade, e os esforços de empresas como Clinicas del Azúcar e Opticas nos dão esperança de que a nação possa quebrar o ciclo do *quase*, que a impede de plenamente chegar lá. Contudo, isso não acontecerá até que o México reconheça que diferentes tipos de inovações afetam sua economia de maneira diferente. Ele não chegará lá ao confiar apenas nas inovações de eficiência.

NOTAS

1. "Vicente Fox", PBS entrevista Commanding Heights, entrevista realizada em 4 de abril de 2001, http://www.pbs.org/wgbh/commandingheights/shared/minitext/int_vicentefox.html.

2. Do site da OCDE: "O PIB por hora trabalhada é uma medida da produtividade do trabalho. Ele mede a eficiência com que a incorporação de mão de obra é associada a outros fatores e usada no processo de produção. A contribuição do trabalho é definida como o total de horas trabalhadas de todas as pessoas envolvidas na produção. A incorporação do trabalho apenas reflete sua produtividade no que diz respeito às capacidades pessoais dos trabalhadores ou da intensidade de seu esforço."

"GDP per hour worked: OECD Data", OCDE, acesso em 10 de abril de 2018, https://data.oecd.org/lprdty/gdp-per-hour-worked.htm.

3. David Johnson, "These Are the Most Productive Countries in the World", *Time*, 4 de janeiro de 2017, http://time.com/4621185/worker-productivity-countries/.

4. Em 2015, de acordo com o Observatório da Complexidade Econômica, as 5 maiores exportações do México foram carros, US$31,4 bilhões; peças de veículos, US$26,2 bilhões; caminhões de entrega, US$23,4 bilhões; computadores, US$21,2 bilhões; e telefones, US$15,7 bilhões. Mais de 80% das exportações do país foram para os Estados Unidos. Veja o perfil do México no site Atlas for Economic Complexity no link: https://atlas.media.mit.edu/en/profile/country/mex/.

5. A nação mexicana mantém uma taxa média de inflação de 3,9% desde 2006. As taxas de juros reais em 2015 giravam em torno de 0,9%. A Islândia, os Estados Unidos e a Suíça tiveram taxas de juros reais de 1,6%, 2,2% e 3,3%, respectivamente.

6. O IED no México em 1993 foi de aproximadamente US$4,3 bilhões; 20 anos depois, em 2013, havia aumentado mais de 11 vezes, atingindo aproximadamente US$47,5 bilhões. Esse aumento no IED é em parte devido ao ambiente macroeconômico relativamente estável do país.

7. O fato de o país não exportar brinquedos e camisetas é importante. As pesquisas de Ricardo Hausmann, da Universidade de Harvard, e de César A. Hidalgo, do MIT, nos ajudaram a entender que a complexidade da economia de uma nação (quão sofisticados são os produtos que ela produz) está altamente correlacionada a seu nível de desenvolvimento. Países mais *capazes*, que podem fabricar produtos mais sofisticados, tendem a ser mais ricos.

César A. Hidalgo and Ricardo Hausmann, "The building blocks of economic complexity", *Proceedings of the National Academy of Sciences* 106, nº 26 (junho de 2009).

8. "Economy Rankings", Doing Business, Banco Mundial, acesso em 2 de abril de 2018, http://www.doingbusiness.org/rankings.

9. Para uma história econômica mais aprofundada do México antes de 1960, leia a Seção 2 de "Catch-up Growth Followed by Stagnation: Mexico, 1950–2010", escrita por Timothy J. Kehoe e Felipe Meza, https://www.minneapolis fed.org/research/wp/wp693.pdf.

10. Do ponto de vista comercial, embora o México tenha mais que o dobro da população da Coreia e desfrute dos benefícios mencionados previamente, o país tem apenas 9 companhias na lista da Forbes das 1.000 maiores empresas públicas, em comparação com 31 da Coreia do Sul. Além disso, a classificação de crédito da nação sul-coreana atualmente é AA2, a terceira maior, de acordo com a Moody's Investors e AA-, de acordo com a Fitch. O país mexicano é A3 com perspectiva negativa de acordo com a Moody's, e é BBB+ de acordo com a Fitch. Na maioria dos casos, a Coreia do Sul está superando o México economicamente.

11. Anahi Rama e Anna Yukhananov, "Mexican government says poverty rate rose to 46.2 percent in 2014", *Reuters*, 23 de julho de 2015, http://www.reuters.com/article/us-mexico-poverty-idUSKCN0PX2B320150723.

12. Gordon Hanson, da Universidade da Califórnia em San Diego e do Departamento Nacional de Pesquisa Econômica, escreveu extensivamente sobre o México e o papel das *maquiladoras* em sua economia. Seu artigo de 2002, "The Role of Maquiladoras in Mexico's Export Boom", por exemplo, destaca alguns dos riscos e recompensas associados a esse componente da economia mexicana.

Gordon H. Hanson, "The Role of Maquiladoras in Mexico's Export Boom", Universidade da Califórnia, San Diego, acesso em 30 de abril de 2018, https://migration.ucdavis.edu/rs/more.php?id=8.

13. Nos 5 anos anteriores ao NAFTA, o emprego nas *maquiladoras* cresceu 47%, porém, nos 5 anos seguintes à promulgação do acordo, o emprego aumentou em 86%. Além disso, em meados da década de 1980, essas *fábricas* empregavam aproximadamente 180 mil pessoas; em 2000, o sistema empregava mais de 1 milhão e gerava aproximadamente 50% das exportações do México. Hanson, "The Role of Maquiladoras in Mexico's Export Boom".

14. Gary Hufbauer, ex-membro do Conselho de Relações Exteriores e professor da Universidade de Georgetown, observa que "a transformação da indústria automobilística no México, como resultado do NAFTA, foi no mínimo radical, sendo de fato a maior transformação de qualquer setor nos três países [Estados Unidos, Canadá e México]". Antes do acordo, a fabricação de automóveis no país era uma indústria muito protegida, onde os carros podiam custar de duas a três vezes o custo de produção nos EUA. O NAFTA, que promoveu inovações de eficiência na região, reduziu drasticamente o custo

de produção. Sonari Glinton, "How NAFTA Drove the Auto Industry South", NPR, 8 de dezembro de 2013, http:// www.npr.org/templates/story/story.php?storyId=249626017.

15. Nós nos concentramos nas exportações porque, embora não sejam a totalidade da economia do México, elas são um microcosmo disso. As exportações representam mais de 35% do PIB mexicano, o 4º mais alto entre os 20 países mais populosos do mundo e o maior de qualquer país com uma população de mais de 100 milhões de pessoas.

16. Em termos mais gerais, o México exporta três de cada quatro carros que fabrica, a maioria dos quais vai para os Estados Unidos. Sara Miller Llana, "Mexico prepares for (Ford) Fiesta", *The Christian Science Monitor*, 2 de junho de 2008, http:// www.csmonitor.com/World/Americas/2008/0602/p06s02-woam.html.

17. Em 2015, cerca de 9% do petróleo bruto importado pelos Estados Unidos veio do México. Os ganhos das vendas do produto representam uma parcela significativa das exportações e da economia mexicanas, proporcionando quase US$20 bilhões por ano.
"U.S. energy trade with Mexico: U.S. export value more than twice import value in 2016", Today in Energy, U.S. Energy Information Administration, 9 de fevereiro de 2017, https://www.eia.gov/todayinenergy/detail.php?id=29892).

18. Tim McMahon, "Historical Crude Oil Prices (Table)", InflationData.com, 27 de agosto de 2017, https://inflationdata.com/Inflation/Inflation_Rate/Historical_Oil_Prices_Table.asp.

19. A IGNIA Fund é uma empresa de capital de risco no México dedicada a investir em empresas inovadoras que fornecem bens e serviços de alto impacto para populações de baixa renda. A companhia levantou capital duas vezes. Em 2008, conseguiu US$102 milhões da Omidyar Network, JPMorgan, Corporação Financeira Internacional e do Banco Interamericano de Desenvolvimento. Em 2015, obteve US$90 milhões por meio de certificados mexicanos de capital aberto conhecidos como CKDs. A IGNIA também foi o primeiro fundo de capital de risco no país a levantar capital de fundos de pensão mexicanos, sinalizando a "confiança dos investidores no histórico da empresa, bem como o crescimento econômico acelerado encontrado na base da pirâmide socioeconômica no México".

20. "Daniel Servitje Montull e família," *Forbes*, acesso em 30 de abril de 2018, https:// www.forbes.com/profile/daniel-servitje-montull/.

21. Alguns podem analisar o Grupo Bimbo e dizer que a empresa tirou muitas padarias mexicanas do negócio e que, na verdade, isso foi ruim para a economia do país. Embora isso seja verdade, observa-se o impacto significativo que a empresa teve e está tendo na economia mexicana. O investimento pode ser comparado à Ford Motor Company, especificamente durante a era do Modelo T. Antes dele, havia mais de mil fabricantes de automóveis nos Estados Unidos. Muitos deles estavam fazendo carros personalizados para pessoas ricas. Quando a empresa introduziu o acessível modelo T, quase todos saíram do negócio, salvo alguns. Contudo, seria difícil argumentar que a Ford não foi boa para a economia norte-americana. Considere como ela impactou a produção de

aço, fabricação de vidro, P&D para motores e automóveis, regulamentação, agricultura, construção de estradas, postos de gasolina, oficinas de automóveis, mineração de ferro produção de tinta, salários mais altos e muitos outros aspectos da economia nos EUA. Embora o pão não seja o Modelo T, o Grupo Bimbo também impactou positivamente a economia mexicana, ainda que padarias menores e talvez menos eficientes tenham sido fechadas. A empresa melhorou a agricultura, a distribuição e a cadeia de fornecimento, e a educação, e também aumentou os salários.

22. Na verdade, o Grupo Bimbo não paga substancialmente mais do que o salário mínimo no México apenas aos seus trabalhadores do país; paga um valor superior a todos, incluindo seus trabalhadores norte-americanos, europeus, latino-americanos e asiáticos. Em média, a empresa remunera seus funcionários de cargos menores o dobro do salário mínimo nos países onde desenvolve suas atividades. "Grupo Bimbo Annual Reports", Grupo Bimbo, https://www.grupobimbo.com/en/investors/financial-information/annual-information.

23. Andrea Navarro, "This Mexican Town Paid the Price for Trump's Attacks on Ford", *Bloomberg*, 1º de fevereiro de 2017, https://www.bloomberg.com/news/articles/2017-02-01/when-trump-s-taunts-cowed-ford-this-mexico-town-paid-the-price.

Seção 3

A Superação de Barreiras

Capítulo 8

Boas Leis Não São Suficientes

Os estados liberais terão que criar ativamente as estruturas institucionais dentro das quais as economias de mercado operam, além de redefinir os direitos fundamentais e responsabilidades específicos que fundamentam a atividade econômica.

— WILLIAM ROY, *SOCIALIZING CAPITAL: THE RISE OF THE LARGE INDUSTRIAL CORPORATION IN AMERICA*

Resumo da Ideia

A ausência do "Estado de Direito" e das "instituições"[1] é uma praga que afeta as nações pobres. Esses países não podem esperar progredir até que as corrijam — o que, sugere a sabedoria convencional, geralmente significa que devem adotar sistemas de estilo ocidental. "Se ao menos tivéssemos a instituição X ou Y, as pessoas poderiam finalmente criar e sustentar negócios." Com essa finalidade, bilhões de dólares são investidos anualmente por muitas organizações para ajudar os países pobres a melhorar suas instituições. Elas são empurradas para esses países com a melhor das intenções. Contudo, poderia haver uma razão pela qual tantas delas, que são "forçadas" nas economias emergentes, acabam sendo ineficazes ou, pior, corruptas? Não podemos resolver problemas com a lei, sistemas e instituições simplesmente ao incluir outros desses aspectos. Afinal, instituições eficazes não se resumem apenas a regras e regulamentos.

Em última análise, elas estão relacionadas à cultura — como as pessoas de uma região resolvem problemas e progridem. Em seu cerne, elas refletem o que as pessoas valorizam. Acontece que isso precisa acontecer em nível local. A inovação pode desempenhar um papel crítico nesse processo.

Na primavera de 1990, 24 dos principais acadêmicos, advogados e juízes especializados em direito constitucional do mundo ocidental se reuniram em Praga para o que parecia ser uma oportunidade única na vida: ajudar a orientar a elaboração da nova constituição de um país. Nos meses após a queda da antiga URSS, a Checoslováquia (assim como praticamente todos os outros países do antigo bloco soviético) iniciou o processo de redefinição de seus valores, em um mundo pós-União Soviética, por meio da criação de uma nova constituição. Os acadêmicos ocidentais convidados a orientar e aconselhar esse processo mal podiam esperar para participar. Nas palavras do *New York Times*: é difícil resistir a uma convenção constitucional. "Eu remarquei três aulas para conseguir comparecer", disse Laurence Tribe, professor da Harvard Law School, ao *Times*. "Nunca remarquei uma aula, nem por um caso da Suprema Corte."

Entre os especialistas estavam Lloyd Cutler, ex-conselheiro do presidente norte-americano Jimmy Carter; Charles Mathias Jr., senador aposentado; Charles Fried, ex-procurador-geral do presidente Reagan; Pierre Trudeau, ex-primeiro ministro canadense; e Martin Garbus, na época um dos principais advogados de direitos humanos dos EUA. Os participantes convidados, vindos de oito países diferentes, passaram uma semana debatendo e discutindo os méritos de várias abordagens para a elaboração de uma constituição que dividiria o poder entre as regiões checa e eslovaca. Foi uma empreitada empolgante, que acarretou grandes e pequenos debates na conferência; os cidadãos discutiam o assunto no transporte público e nos corredores durante dias. Como Dick Howard, professor de direito da Universidade da Virgínia, disse na época: "Para alguém que não pôde comparecer em 1787 [quando os EUA criaram sua constituição], esta é a situação mais próxima disso."

Dois anos depois, com a vantagem de ter o aconselhamento constitucional de uma equipe dos sonhos e vários meses de empenho dos principais políticos e estudiosos da Checoslováquia, uma nova constituição foi finalmente elaborada e adotada como parte da divisão pacífica do país em duas novas nações: a República Tcheca e a Eslováquia.

Ritos semelhantes aconteceram em todos os países do antigo bloco comunista, incluindo a Romênia, a Hungria, a ex-Iugoslávia e a Bulgária, para citar alguns. Os acadêmicos constitucionais do Ocidente aproveitaram a oportunidade para orientar essas democracias recém-formadas sobre como obter seus valores institucionais desde o início. Boas instituições econômicas e políticas protegem os direitos de propriedade assegurados, o pluralismo democrático, os mercados abertos, os consumidores e assim por diante. Por outro lado, instituições econômicas e políticas ruins protegem as oligarquias, os sistemas de partido único, o capitalismo clientelista, o nepotismo, os sistemas judiciários disfuncionais, a corrupção desenfreada e assim por diante. Em geral, os países pobres estão sobrecarregados das ruins, enquanto os países prósperos têm muitas instituições boas, ou pelo menos muito melhores. A sabedoria convencional sugere que os países que querem combater a pobreza devem primeiro estabelecer o Estado de Direito, corrigir suas instituições e adotar sistemas de estilo ocidental antes que possam progredir em direção à prosperidade.

No entanto, muitas vezes não é assim que o processo de adoção de instituições saudáveis realmente acontece. Superficialmente, parece lógico que estabelecer as instituições certas — o que Douglass North, ganhador do Prêmio Nobel, descreve como "as regras do jogo em uma sociedade ou, mais formalmente, as restrições concebidas por humanos que moldam a interação humana",[2] — é importante para desenvolver prosperidade econômica. Por essa perspectiva, elas podem logicamente ser *empurradas* para uma sociedade, talvez por um governo ou uma ONG muito influente, para preparar o caminho da solução.

Embora a antiga Checoslováquia tenha feito enormes progressos desde a convenção constitucional, a nova carta magna não criou magicamente um país ideal. Por exemplo, a corrupção ainda é predominante em diferentes níveis em toda a República Tcheca.[3] Mais de dois terços das empresas consideram a corrupção algo frequente em concursos públicos nacionais e locais, de acordo com um relatório da Comissão Europeia de 2014. Isso não quer dizer que a República Tcheca seja um país totalmente ruim ou moralmente falido. É um país em *evolução*, com instituições em desenvolvimento.

Uma das características distintas de uma economia com vasto não consumo é a falta de competência institucional e infraestrutural. Uma situação que Tarun Khanna e Krishna Palepu, professores da Harvard Business School, denominam "vazios institucionais". Com essa finalidade, no mundo do desenvolvimento econômico, há um foco intenso na criação de boas instituições nos países pobres como pré-condição necessária para um crescimento saudável da economia. De 2006 a 2011, mais de US$50 bilhões em projetos patrocinados pelo Banco Mundial foram de algum modo direcionados às reformas institucionais.[4] Alguns exemplos de instituições que foram forçadas são: advogados ocidentais que reescrevem as leis do Leste Europeu como condição para o desembolso de ajuda externa; britânicos que instauram direitos de propriedade privada em partes do Quênia na esperança de aumentar a transparência e a certeza. Entretanto, sem entender as complexas estruturas sociais locais nas quais essas sociedades evoluíram ao longo do tempo, muitas das instituições *forçadas* não cumprem sua promessa de eficiência e transparência. Pelo contrário, muitas vezes elas involuntariamente geram confusão e corrupção.

O problema é que as instituições de uma sociedade *refletem* seus valores em vez de criá-los. Portanto, estabelecer instituições fortes — que moldarão e manterão os valores de um país por gerações — não é tão simples quanto "exporte o que funciona para outro lugar, adicione água e mexa".[5]

Segundo Lant Pritchett, membro sênior da Escola de Governo John F. Kennedy na Universidade Harvard e economista de longa data do Banco Mundial, essa complexidade ocorre porque há um descompasso fundamental entre os esforços para "importar" alicerces institucionais — como formas de governança, sistemas judiciais, financeiros, como bolsas de valores e práticas bancárias, e de aplicação da lei — para um país pobre e a realidade de como instituições e valores são formados em qualquer nação. Especialistas externos "tendem a se concentrar nas regras porque é sua vantagem comparativa", explica Pritchett. "Costumamos convidar especialistas para criar regras que funcionam em outros lugares, mas não fazem sentido em um contexto diferente." Pode haver, digamos, 200 páginas de legislação sobre saúde na Dinamarca, por exemplo. Porém elas não explicam o que motiva um médico dinamarquês ou por que o financiamento de um sistema de saúde estatizado é uma prioridade naquele país. Isso, de acordo com Pritchett, "é uma história normativa".

Ele está certo. Mesmo que envolva todo o conhecimento do mundo, instituições não podem ser empurradas em um país apenas com boas intenções. Elas não são completas e acabadas, pois se transformam e evoluem de acordo com seu contexto. As instituições de uma sociedade geralmente refletem a cultura e os valores das pessoas que a integram — esse valores ditam como os problemas são resolvidos e como os cidadãos escolhem trabalhar e conviver. E mesmo quando a intenção é ajudar a estimular o crescimento de uma economia, as instituições eficazes não podem simplesmente ser empurradas. Elas devem ser atraídas.

Há evidências crescentes de que, em muitos países pobres, forçar instituições não acarreta os efeitos desejados na criação e manutenção de sistemas com bom desempenho. Conforme algumas estimativas, até 70% das reformas tiveram "resultados inexpressivos".[6] De fato, se a dinâmica fundamental de uma sociedade — o que as pessoas valorizam e como escolhem progredir — não mudou, as leis recém-impostas estão condenadas a falhar.

Como Não Resolver Problemas

Em um artigo recente do Banco Mundial intitulado "How (Not) to Fix Problems That Matter" [Como (Não) Resolver Problemas Pertinentes, em tradução livre], Kate Bridges e Michael Woolcock, especialistas em desenvolvimento, detalham esse fenômeno. Utilizando o Malawi como estudo de caso, eles analisam vários aprendizados do país nas últimas décadas. Houve forte ênfase na reforma institucional no Malawi: o número de projetos voltados de algum modo para essa reestruturação (171) supera o conjunto dos que se concentram nas quatro áreas de desenvolvimento (151) — indústria e comércio; agricultura, pesca e silvicultura; saúde e serviços sociais; e educação. Por si só, talvez esse fato não seja um problema tão grave. No entanto o artigo demonstra não apenas que muitos programas focados principalmente na reforma institucional acabam fracassando, mas também que continuamos a fazer a mesma coisa repetidas vezes. E falhamos constantemente.[7]

Segundo Bridges e Woolcock, parte da dificuldade é que muitas vezes não estudamos e entendemos toda a complexidade do problema e, como resultado, falhamos em "desinstitucionalizar o status quo". No Malawi, por exemplo, o recém-criado departamento anticorrupção era sobretudo uma "transferência em massa de estruturas e leis de países com contextos muito diferentes (especificamente Hong Kong, China e Botswana)".[8] Ao focar a adoção de "melhores práticas" que parecem funcionar em outras partes do mundo, muitas vezes não conseguimos entender as complexidades contextuais específicas de uma determinada região. Como consequência, medimos o sucesso ao considerar quanto um sistema se parece com outro que funciona em vez de focar a resolução efetiva de um problema em particular.

Infelizmente, tanto na reforma institucional quanto na questão mais importante do desenvolvimento econômico, esse modelo de resolução de problemas provavelmente não produzirá resultados positivos em longo prazo.[9] Para tanto, é necessário chegar à raiz dos valores e da cultura de uma sociedade. Contudo, para fazer isso, precisamos entender como a cultura é formada.

Resolvendo Problemas em Conjunto

"Cultura", bem como "inovação" ou "instituições", é uma palavra que ouvimos diariamente, e muitos de nós a associamos a coisas diferentes. Quando se trata de uma empresa, é comum descrever a cultura como elementos visíveis de um ambiente de trabalho: sextas-feiras casuais; refrigerantes gratuitos no refeitório; ou se você pode levar seu cão ao escritório. Entretanto, Edgar Schein — um dos principais estudiosos do mundo sobre cultura organizacional no MIT — explica que esses fatores não definem uma cultura. Eles são apenas artefatos culturais. Schein tem uma das definições mais apropriadas de cultura que já vimos:

> *A cultura é uma maneira de colaboração rumo a objetivos comuns que foram seguidos com tanta frequência e sucesso que as pessoas nem sequer pensam em tentar agir de outro modo. Quando uma cultura é constituída, as pessoas farão, de forma autônoma, o necessário para ter sucesso.*[10]

Esses instintos autônomos não se formam da noite para o dia e nem com a implementação de uma nova lei ou sistema. Pelo contrário, eles são o resultado de *aprendizado compartilhado* — de pessoas trabalhando em conjunto para resolver problemas e descobrir o que funciona.

O mesmo ocorre na formação dos costumes em uma sociedade. Em cada circunstância de um problema ou tarefa que surgir, os responsáveis podem chegar juntos a uma decisão sobre o que e como fazer para ter sucesso. Se essa resolução e sua ação associada tiverem um resultado bem-sucedido — uma decisão "boa o suficiente" para lidar com um conflito, por exemplo —, na próxima vez que os membros dessa sociedade enfrentarem um tipo semelhante de desafio, retornarão à mesma decisão e maneira de resolver o problema. Se, por outro lado, ela falhasse e o conflito não fosse resolvido, as pessoas hesitariam em retomar essa abordagem. Toda vez que se resolve um problema, não se soluciona apenas o impasse em si; ao resolvê-lo, é possível aprender o que importa. Assim, os costumes são criados ou desfeitos.

Uma *instituição* é realmente um reflexo da *cultura*, ou um padrão de comportamento que foi codificado. Quando se observa os costumes de um país e se tenta empurrar uma instituição que não se alinha com a cultura, será muito difícil sustentá-la.

A importância da cultura e das normas para ditar e talvez até prever a força das instituições não pode ser subestimada. Katrin Kuhlmann, que fundou o centro de direito e desenvolvimento na New Markets Lab e também leciona nas faculdades de Direito de Harvard e Georgetown, vivenciou isso ao trabalhar em um projeto no Quênia para ajudar investidores e empresários a lidar com as complexidades das leis e regulamentações. Ela rapidamente percebeu que abordagens que talvez funcionem em um país podem passar uma impressão negativa em outro lugar. Em Nairobi, por exemplo, vários empresários mencionaram que a "sobrecontratação" pode implicar uma desconfiança entre os parceiros comerciais. "Esse projeto evidenciou que o sistema legal que envolve o mercado é muito mais complexo do que uma única transação", diz Kuhlmann. "Como sempre acontece no nosso trabalho, temos que entender como as leis — tanto no papel quanto na prática — afetam diferentes aspectos do comportamento humano." De fato, o que pode parecer simples e óbvio — criar uma estrutura legal e aplicar contratos — acaba sendo mais complicado. A situação vivenciada por Kuhlmann não é incomum.

Risco Democratizante

Ainda assim, mesmo com o fracasso da maioria dos projetos de reformas institucionais, é compreensível que a tentativa de mudar as instituições de um país pobre seja tão urgente. Em várias dessas nações, o governo é muitas vezes a única opção na cidade e exerce influência significativa sobre a economia. Além disso, pense nas instituições eficientes nos Estados Unidos, no Reino Unido, no Japão ou em muitos outros países prósperos do mundo. Prosperidade e boas instituições parecem ser indissociáveis. Considere, por exemplo, os sistemas legais nos EUA ou no Reino Unido, onde os cidadãos geralmente podem depender da execução de contratos e do Estado de Direito. Isso, por sua vez, cria confiança não apenas entre os cidadãos, mas também entre a população e o Estado. Em contrapartida, as instituições de Angola, Equador e Bangladesh podem ser consideradas um impedimento ao florescimento de suas economias porque não conseguiram gerar essa confiança. Qual a probabilidade, por exemplo, de se confiar no sistema legal em Angola? Quem escolheria investir milhões de dólares em um país em que não se pode confiar no governo ou em outros participantes do setor privado da mesma forma que no Japão, em Singapura ou na Alemanha?11 Corrigir as instituições é muito importante.

No entanto economias dispostas a ter melhores instituições são diferentes das que realmente garantem sua existência. Descobrimos que as instituições mais bem-sucedidas se desenvolvem a partir da cultura, e não o contrário. A história está repleta de exemplos.

Acreditamos que as da Europa estão entre as mais sofisticadas e valorizadas do mundo: desconsidere as complexas negociações que acontecem no momento de escrita deste livro com o objetivo de eximir o Reino Unido das obrigações vinculativas da União Europeia. Por mais complexa que possa ser essa situação, não se questiona que ambos os lados valorizam o processo e honrarão o acordo definitivo. A Europa, no entanto, não chegou onde está de um dia para o outro; foram necessários vários séculos de tentativa e erro, e de sucesso e fracasso, para formar tal cultura.

O desenvolvimento de instituições nacionais em Veneza ajudou a cidade a se tornar uma das capitais mundiais do comércio já em 800 d.C. Segundo os economistas Diego Puga e Daniel Trefler: "O comércio de longa distância enriqueceu um grande grupo de comerciantes. Eles usaram esse poder recém-adquirido para reivindicar limitações ao Executivo, ou seja, o fim da hereditariedade do cargo de Doge (o chefe de Estado veneziano) em 1032, e o estabelecimento de um parlamento ou Grande Conselho em 1172."[12] Nesse período em Veneza, dos anos 1000 a cerca de 1297, constatou-se ascensão de muitas instituições modernas, uma das quais foi a Colleganza.

A Colleganza era essencialmente uma sociedade anônima criada para financiar expedições de longa distância. Considerando os riscos significativos associados a essas viagens na época, ela era uma maneira inovadora e inédita de distribuí-los e democratizá-los em um número maior de pessoas. Ainda mais importante, no entanto, foi a democratização das recompensas, o que gerou riqueza para muitos venezianos, para quem investir nessas expedições comerciais era historicamente impossível. "A Colleganza foi extremamente inovadora porque limitou a responsabilidade de cada sociedade e do capital coletivo dos sócios", escreve o jornalista Max Nisen sobre a instituição. "Foi incrivelmente importante para a história da cidade [Veneza], pois permitia que os comerciantes mais pobres tivessem acesso ao comércio internacional, ao se arriscarem como sócios itinerantes."[13] De repente, os comerciantes de baixa renda podiam participar do investimento no comércio rentável de longa distância, uma atividade historicamente reservada aos ricos.

Conforme observamos anteriormente, as inovações criadoras de mercado tornam os produtos e serviços tradicionalmente caros, complexos e fora de alcance acessíveis a uma nova classe de consumidores que não poderiam comprá-los, criando, assim, um novo mercado para as soluções democratizadas. Como a população pobre supera a rica na maioria das sociedades, e certamente em Veneza na época, quando uma nova solução consegue levar os pobres ao consumo de um determinado produto ou serviço, essa nova solução pode ter um grande impacto. A Colleganza forneceu um mecanismo que inseriu muitos comerciantes de baixa renda, que não tinham capital nem garantia, na classe dos investidores. Como resultado, essa inovação aumentou a mobilidade econômica, o comércio internacional, a riqueza e, por fim, o poder político.

Consideremos, por exemplo, o impacto da Colleganza na indústria da construção naval. Muitas pessoas trabalhavam na concepção, na venda ou no arrendamento, no fornecimento de peças de navios, no recrutamento de equipes para expedições comerciais e em muitos outros componentes que contribuíam produtivamente para a economia. E esse é apenas um dos setores afetados. À medida que a demanda por bens comercializáveis aumentou, agricultores e comerciantes foram pressionados a inovar para atendê-la. O impacto da criação de novos empregos, especialmente para pessoas em cidades pobres, é imenso, afinal, permite que uma pessoa desempregada se torne uma contribuinte produtiva para a sociedade. Como observa Schein, os sistemas de recompensas e punições nas organizações e sociedades são importantes conforme buscamos o aperfeiçoamento econômico. Se não houver empregos gratificantes para as pessoas, elas encontrarão outros meios de obter recompensas, muitos dos quais não serão produtivos para a sociedade.

À medida que cada vez mais fortuna era gerada para muitos outros cidadãos e a cidade se tornava uma das mais ricas da Europa, as estruturas políticas em Veneza começaram a mudar também. Tradicionalmente, o cargo de Doge, que exercia poder absoluto sobre a cidade, era ocupado por alguém de uma das três famílias de elite.[14] Uma vez que a riqueza começou a ser democratizada, o equilíbrio de poder começou a mudar, e um crescente número de comerciantes ricos foi capaz de desafiar o Doge. E eles o fizeram. Algumas das reformas institucionais impulsionadas por essa nova e crescente classe de comerciantes incluíam: proibir que os doges nomeassem seus sucessores; promulgar e executar um sistema de eleições; assegurar que o governante consultasse juízes e respeitasse decisões judiciais; e estabelecer um parlamento conhecido como o Grande Conselho.[15] Então, essas instituições deram origem a outras, que reforçaram o papel dos negócios, da inovação e do investimento no desenvolvimento da sociedade.[16]

No início do século XIV, as inovações financeiras em Veneza incluíam as precursoras de sociedades anônimas de responsabilidade limitada; mercados de dívida, de ações e de hipoteca; leis de falência que distinguem iliquidez e insolvência; contabilidade de dupla entrada; educação empresarial (incluindo o uso de álgebra para conversões de moeda); depósito bancário; e um meio confiável de troca (o ducado veneziano).[17] Embora todas essas inovações se relacionem às "demandas do comércio de longa distância", acreditamos que elas reflitam com mais precisão a "democratização" desse comércio.

Esse é o tipo de impacto que as inovações criadoras de mercado podem ter em uma sociedade.

Carroça na Frente dos Bois

Em contraste, considere as falhas de muitos programas de reforma e desenvolvimento institucional bem-intencionados no mundo atualmente. Em seu livro sobre o assunto, Matt Andrews, da Universidade de Harvard, lista vários fracassos notáveis. Por exemplo, em 2003, muitos especialistas internacionais esperavam que, em apenas sete anos, a reforma institucional transformasse o Afeganistão em uma nova Coreia do Sul. Essa teoria ocasionou o investimento de vários bilhões de dólares no país para primeiro transformar as instituições predominantes no governo, o que muitos esperavam resultar em mudanças. O tempo passou; bilhões foram gastos; e novas leis, regulamentos e "instituições" foram forçados, mas o Afeganistão ainda é considerado um dos países mais corruptos do mundo. Talvez o Afeganistão seja demasiadamente radical; ele não é apenas muito pobre, mas também está ativamente em guerra e conta com a atuação do Talibã. Assim, Andrews cita outro exemplo: a Geórgia. Ele explica que o governo do país se esforçou arduamente para simplificar impostos, reduzir regulamentações e, assim, "catalisar a indústria privada e gerar empregos". A esperança era de que o pequeno país se tornasse uma "Singapura caucasiana". As reformas pareceram funcionar, e a Geórgia subiu na classificação do Banco Mundial sobre a Facilidade de Fazer Negócios. Infelizmente, isso não estimulou a inovação nacional da maneira que muitos esperavam. Andrews conclui: "As regulamentações governamentais talvez já não sobrecarreguem os empreendedores, mas as reformas não acarretaram um governo que efetivamente catalise a produção geradora de empregos."[18]

Outro exemplo é a Índia, onde foi implementado o Projeto Karnataka, de responsabilidade do Ministério de Desenvolvimento Rural, destinado a cadastrar e informatizar os registros de terras em cerca de 600 distritos do país. Assim como os projetos de reforma institucional na Geórgia, o Karnataka obteve certo êxito (reduziu o tempo necessário de registro da propriedade de 30 dias para 30 minutos), mas há poucos indícios de qualquer progresso na redução do conflito subjacente pela propriedade de terra na região. Além disso, a informatização dos registros, que supostamente facilitaria a transferência de terras entre as partes, a fim de estimular a atividade econômica, não se concretizou.[19]

A principal diferença existente entre o exemplo de Veneza e esses projetos de reforma institucional, e muitos outros com boas intenções, é uma percepção fundamental para este livro. Não importa quão bem-intencionada seja uma reforma institucional, se ela não estiver relacionada a inovações que criem ou se conectem a mercados que atendam ao máximo possível de pessoas na região, será difícil sustentá-la. Quando colocamos a carroça na frente dos bois, ambos não conseguem sair do lugar.

Então, o que Seria Mais Eficaz?

Aprendemos três lições importantes à medida que estudamos instituições e inovação. A primeira é que as *inovações, especialmente aquelas que criam novos mercados, normalmente precedem o desenvolvimento e sustento de boas instituições*; a segunda é que *o contexto local deve ser considerado na criação de instituições*, pois, se não resolverem problemas da região, elas quase sempre se tornam inúteis para quem são projetadas; e terceiro, a *inovação é a cola que mantém as instituições unidas*.

Mercados Vibrantes Geralmente Precedem Boas Instituições

Quando discutimos nossas ideias com pessoas que trabalham em regiões com instituições menos desenvolvidas, uma das objeções mais comuns é que inovar em países pobres não é apenas difícil, é impossível. Assim, nos encontramos com um clássico problema *sem solução*: em que devemos nos concentrar primeiro para fomentar inovações e, assim, criar prosperidade econômica? Muitos estão convencidos de que as instituições devem ser prioridade[20], sendo seu argumento geral: "Como é possível prosperar em um ambiente sem boas instituições políticas e econômicas?" Certamente entendemos esse ponto de vista.

Contudo, há vários problemas com esse argumento. O principal é que as boas instituições não são apenas muito caras para criar e manter, mas muitas vezes não funcionam quando inseridas em uma sociedade sem os mercados relevantes para absorver o que elas têm a oferecer. Como um país pobre como o Mali, com cerca de 15 milhões de pessoas e um PIB per capita de aproximadamente US$900, custeia um sistema legal baseado no modelo da França, uma nação com 66 milhões de habitantes e um PIB per capita de US$44 mil? Além disso, esse sistema levou centenas de anos para evoluir, de modo que se adequasse ao contexto da crescente prosperidade da França. Como o Mali pode simplesmente adotar um modelo que é caro e não resolve muitos dos problemas que seus atuais cidadãos enfrentam? A teoria da cultura de Schein estima que a situação será incrivelmente difícil.

Sua teoria também prevê que há um caminho melhor. Pode ser contraintuitivo e até mesmo desconfortável, mas acreditamos que, se começarmos a ajudar as pessoas a progredirem em suas economias locais, mudanças culturais e institucionais ocorrerão. A história comprovou esse padrão repetidas vezes.[21]

Inovação Como Cola

Ter um filho e criar um cidadão bem-sucedido e produtivo são coisas bem diferentes, assim como criar instituições e sustentá-las.

Como já observamos, a prosperidade é um processo, não um acontecimento. O mesmo se aplica às instituições. Elas não são caracterizadas por construções ou lugares; mas principalmente por processos. A lição de Veneza nos ajuda a enxergar o papel central da inovação em sua criação e sustentação.

Com a mesma rapidez com que as instituições de apoio à prosperidade em Veneza foram criadas, foram também destruídas por um grupo de mercadores muito ricos e influentes que tentavam limitar a concorrência. Vários deles começaram a exercer sua influência para mudar as leis existentes. Por exemplo, eles queriam tornar "a participação parlamentar hereditária e dificultar o envolvimento nos aspectos mais lucrativos do comércio de longa distância".[22] Assim, com o tempo, menos comerciantes tinham a oportunidade de participar do comércio de longa distância. Isso destruiu o mercado em Veneza, tornando-a menos próspera. Enquanto o resto da Europa cresceu nos séculos XVII e XVIII, a cidade manteve o declínio em população e riqueza.

As instituições em Veneza foram desenvolvidas, mas não duraram, pois alguns comerciantes ricos reverteram o estatuto. Por que eles revogaram as leis se eram boas para Veneza? Elas poderiam ser benéficas para a cidade, mas não eram para os comerciantes que estavam focados em obter lucro para si, e não para os outros. Então, a fim de manter sua riqueza e posição na sociedade, eles mudaram as leis para se beneficiarem. As instituições não causam uma cultura, simplesmente a refletem. Assim, quando se permitiu que a cultura em Veneza mudasse — o modo como os comerciantes podiam resolver seus problemas —, suas instituições também se alteraram. Veneza sofreu as consequências a longo prazo ao ficar atrás de seus semelhantes no desenvolvimento econômico.

Esse comportamento, a propósito, não é excepcional — é a regra em muitas sociedades. A história nos mostra que aqueles que podem usar a lei a seu favor quase sempre o fazem. Mas quando ela é manipulada para beneficiar uns em detrimento de outros, aniquila-se o princípio da isonomia. Basta observar os Estados Unidos, onde o total de gastos com lobby em 2017 chegou a US$3,4 bilhões.[23] Porém quase sempre há consequências de longo prazo para essas ações.

O que poderia ter acontecido se os comerciantes ricos de Veneza tivessem diferentes e excitantes oportunidades (novas inovações) para aumentar sua riqueza e status na sociedade? Acreditamos que não teriam mudado as leis em benefício próprio tão rapidamente. A inovação, portanto, pode ser um potente mecanismo de igualdade. Quanto mais os inovadores democratizam as soluções para as massas, gerando, assim, oportunidades de crescimento e criação de riqueza, mais instituições podem permanecer fortes.[24]

Do Comércio Ilegal à Economia Formal

Por que centenas de milhões de pessoas em países de baixa renda e mercados emergentes permaneceriam nas "economias informais" — relacionadas ao mercado clandestino ou paralelo — mesmo quando sabem que é ilegal fazê-lo? É porque, em seu contexto particular, faz pouco sentido para elas se inserirem na economia formal. Suas experiências comuns fundamentam as maneiras pelas quais as pessoas resolvem os problemas de gestão dos seus negócios. Algumas dessas experiências se relacionam ao custo, à dificuldade e à falta de benefícios que obtiveram quando, no passado, elas ou seus conhecidos tentaram registrar seus empreendimentos. Por isso as pessoas não integram as economias formais, pelo menos não enquanto esse processo não for facilitado para as empresas. Quando isso acontecer, a mudança será profunda.

A Superação de Barreiras

Em 2013, quando Matias Recchia retornou à Argentina, sua terra natal, depois de anos estudando e trabalhando no exterior, ele ansiava por se estabelecer em um novo apartamento e fazer dele seu lar. Ex-aluno da Harvard Business School e da McKinsey & Company, Recchia passou anos lidando com a complexidade de construir a maior empresa de jogos online da América Latina. No entanto o que, em contraste, deveria ter sido um processo simples — planejar a mudança para seu próprio apartamento — revelou-se uma das experiências mais desafiadoras de sua vida adulta. "Foi terrível para mim", lembra ele. "Encontrar uma empresa de mudanças na Argentina já é extremamente exaustivo. Imagine precisar encontrar um encanador, eletricista e pintor... Foi horrível." Além da falta de transparência de preços — Recchia não tinha ideia de quanto era a cobrança antecipada —, os comerciantes também não cumpriam um acordo simples feito inicialmente e nunca apareciam na hora.

Recchia vivenciou momentos de frustração: tentou localizar as pessoas, recebeu cobranças indevidas e lamentou aos amigos como o sistema parecia injusto. Quase todos os profissionais contratados por ele operavam no setor "informal" da economia argentina; eles criavam seus negócios de uma ou duas pessoas, principalmente de boca em boca, precificavam cada trabalho no que parecia ser um palpite totalmente aleatório e não se preocupavam em se sobrecarregar com formalidades, como reportar ganhos, pagar impostos, respeitar normas de saúde e segurança, ou assumir a responsabilidade por trabalho mal feito. Embora houvesse leis que explicassem os requisitos para fundar e administrar empresas, esses empresários não viam a necessidade de obedecê-las. Esse não era apenas um problema argentino. Em outros países latino-americanos, cerca de 70% da mão de obra exercia suas atividades na economia informal. No sul da Ásia e na África subsaariana, essa porcentagem girava em torno de 90%.[25]

Porém, em seu esforço para lidar com reparos domésticos que deveriam ter sido simples, Recchia reconheceu um Trabalho a Ser Feito, não só para si, mas para muitas outras pessoas também. Toda essa dificuldade fazia com que metade dos 120 milhões de lares na América Latina deixasse de contratar serviços de reparos domésticos.[26]

No fim das contas, os proprietários de casas insatisfeitos não eram os únicos que buscavam superar sua dificuldade. Quando Recchia compartilhou sua ideia de criar um mercado formal para contratantes e contratados com os prestadores de serviço, ele percebeu que os problemas existiam para ambos os lados. "Havia boas razões para que essas pessoas não quisessem participar da economia 'formal'", diz ele. "Suas vidas eram muito difíceis. Foi muito complicado conseguir novos clientes. Eles viviam na incerteza, diariamente. Como não faziam parte da economia formal, nunca poderiam ter acesso a financiamentos para, de fato, criar ou desenvolver um verdadeiro negócio. Eles foram relegados a simplesmente tentar fazer o máximo que podiam, sempre que podiam e esperando o melhor." Qual seria a recompensa para esses prestadores de serviço, considerou Recchia, se respeitassem as regras da economia formal e defendessem seu trabalho? "Não havia absolutamente nenhuma vantagem em ser honesto, pontual, fazer um trabalho de qualidade e cobrar um preço justo." Em vez disso, a recompensa estava em fazer o máximo possível da maneira que melhor funcionasse para eles. Se um prestador terminasse um trabalho, digamos, às 15h, provavelmente não conseguiria fazer outro serviço no mesmo dia devido ao congestionamento extremo do trânsito argentino, especialmente na capital de Buenos Aires. Então, ele simplesmente cobrava do primeiro cliente o máximo que podia para que seu dia valesse a pena. Isso não ocasionava boas recomendações e, compreensivelmente, nem novas oportunidades de negócios. Era um círculo vicioso, no qual os comerciantes nunca poderiam realmente ter a esperança de proporcionar uma vida melhor para suas famílias. Eles simplesmente esperavam conseguir trabalhar o suficiente para sobreviver. "Se você nasceu pobre em alguns desses países", reconhece Recchia, "simplesmente não havia como subir na hierarquia social. As pessoas nem tentavam. Tornou-se uma profecia autorrealizável". E nenhuma lei, regra ou regulamento parecia ser suficiente para mudar isso.

No entanto, 4 anos após sua própria experiência frustrante, Recchia espera ter mais sorte. Ele e o sócio Andrés Bernasconi fundaram a IguanaFix, um serviço online que conecta os consumidores a fornecedores confiáveis e transparentes. Em seus primeiros 3 anos, a empresa gerou cerca de US$25 milhões e empregou diretamente 140 pessoas. Porém, talvez mais significativamente, em quatro países (Argentina, México, Brasil e Uruguai), a IguanaFix atraiu mais de 25 mil prestadores de serviço para a economia formal, com outros milhares em uma lista de espera. Eles não só estão reportando ganhos e pagando impostos (ambos fazem parte do serviço que a IguanaFix exige e fornece), mas alguns também estão começando a expandir e criar seus próprios negócios de maneiras que nem sequer poderiam imaginar antes.

Essa transição para a economia formal, na qual impostos são pagos e regras, respeitadas, não se originou de um súbito senso de responsabilidade cívica ou de penalidades severas por descumprimento das normas estabelecidas. Afinal, o que incentiva um prestador informal a declarar sua renda? *O fato de que isso acarretará ma dedução de impostos por parte do governo?* "A maioria dos nossos prestadores de serviço não vê o benefício direto de pagar impostos; e o medo das penalidades não é incentivo suficiente", diz Recchia. "Foi extremamente difícil fazer as pessoas mudarem hábitos com os quais estão acostumadas há gerações." Contudo, a IguanaFix obteve êxito em algo que muitos governos e grandes organizações de desenvolvimento vêm tentando fazer há décadas: trazer pessoas para a economia formal. Como? Por meio da compreensão de Recchia sobre a dificuldade dos contratantes e contratados, e a criação de um novo mercado que agora tornou lucrativo ser mais honesto e transparente. "Ao ingressar no mercado formal, os prestadores têm acesso a clientes corporativos, seguros de saúde e acidente de trabalho, conseguem abrir sua primeira conta bancária e obter um financiamento. Apenas enfatizamos as consequências positivas de ingressar na economia formal. Nós não os forçamos e nem destacamos as consequências negativas."

Os prestadores de serviço que fazem parte da IguanaFix chegaram à conclusão de que, ao ingressar na economia formal, podem ter mais controle sobre seus horários de trabalho, suas vidas e seus rendimentos. À medida que empresas mais inovadoras como a IguanaFix evidenciam para o mercado que participar formalmente na economia é realmente bom para todos, mais forte e mais bem-sucedida a economia formal se tornará. Peter Drucker, especialista em gerenciamento, nos lembra de que os *procedimentos não são instrumentos de moralidade; são exclusivamente instrumentos de economia. Eles nunca decidem o que deve ser feito, apenas como pode ser feito mais rapidamente.*

A IguanaFix está criando um novo mercado que possibilita que dezenas de milhares de prestadores de serviço de reparos domésticos — eletricistas, encanadores, carpinteiros e assim por diante — *atraiam* para suas vidas as instituições jurídicas, econômicas e políticas, as quais vários governos latino-americanos têm, por muito tempo, tentado *empurrar* para seus cidadãos.

Não existe uma empresa ou uma inovação — nem mesmo uma tão promissora quanto a IguanaFix ou tão estabelecida quanto a Bimbo — que possa, sozinha, mudar a cultura subjacente de um país e o respeito pelas instituições. É um processo cumulativo. No entanto entender o que pode *criar e sustentar* instituições saudáveis é uma questão fundamental a ser respondida no caminho para a prosperidade.

NOTAS

1. Samuel Huntington, o já falecido cientista político norte-americano, define instituições como "padrões de comportamento recorrentes, estáveis e valiosos". Elas podem ser políticas, econômicas ou sociais por natureza. Também podem ser formais (sistemas criados pelos órgãos governamentais) ou informais e representarem costumes em uma região (como uma sociedade celebra casamentos ou partos). Alguns exemplos são o sistema jurídico de um país, o governo ou as organizações públicas e os sistemas financeiros.

2. Essa definição, conforme destacado por Daron Acemoglu e James Robinson, economistas do MIT e de Harvard, respectivamente, tem três características importantes. Primeiro, instituições são "humanamente inventadas". Segundo, elas são "as regras do jogo", efetivamente estabelecendo restrições ao comportamento humano. Terceiro, seu maior efeito se dará por meio de incentivos.

   Daron Acemoglu e James Robinson, "The role of institutions in growth and development", *Documento de trabalho do Banco Mundial* 1, n° 1 (janeiro de 2008).

3. Em um caso de corrupção, um assessor do ex-primeiro-ministro Mirek Topolánek foi acusado de exigir um suborno multimilionário de uma empresa estrangeira em troca de um contrato de fornecimento de produtos de defesa (Reuters, fevereiro de 2016). Depois de um longo julgamento, incluindo uma condenação que foi anulada, mas, por fim, restabelecida pela Suprema Corte do país, o assessor recebeu uma sentença de cinco anos de prisão (Radio Praha, maio de 2017).

4. Kate Bridges e Michael Woolcock, "How (not) to fix problems that matter: Assessing and responding to Malawi's history of institutional reform", *Documento de Trabalho de Pesquisa de Políticas do Banco Mundial* 1, n° 8289 (dezembro de 2017).

5. A libertação da abordagem predominante na Checoslováquia governada pelos comunistas não foi resolvida com a escrita de uma nova constituição no país — nem foi essa a solução em nenhuma das outras democracias promissoras e renovadas na era pós-soviética. Em janeiro de 2018, sob intensa nevasca, mais de 50 mil pessoas marcharam para o prédio do parlamento em Bucareste, Romênia, entoando "Ladrões" e segurando cartazes nos quais estava escrito "Demisia", que significa "Renuncie" em romeno. Elas protestavam contra a falta de aplicação da lei e a prevalência da corrupção em seu país. A situação não é muito melhor para a Hungria, já que, em 2018, o país caiu de posição nos rankings de corrupção da Transparência Internacional, a ONG comprometida em combater esse problema em nível mundial. Até agora, na verdade, a Hungria, que é

membro da UE (União Europeia), apresenta uma classificação de corrupção pior do que Montenegro, um pequeno país que não foi autorizado a aderir à UE em parte porque é considerado muito corrupto. Andrea Shalal, "Hungary slides deeper down corruption index, watchdog says", *Reuters*, 21 de fevereiro de 2018, https://www.reuters.com/article/us-global-corruption/hungary-slides-deeper-down-corruption-index-watchdog-says-idUSKCN1G52E6.

6. Matt Andrews, professor associado do Center for International Development, escreveu um artigo no *Guardian* no qual destaca esse ponto: "Bilhões de dólares são gastos a cada ano em reformas institucionais em desenvolvimento, com o suposto objetivo de melhorar a funcionalidade dos governos nos países em desenvolvimento. No entanto as avaliações das organizações multilaterais e bilaterais que patrocinam tais reformas mostram que o sucesso é muitas vezes limitado. Essas avaliações revelam que até 70% das reformas parecem ter resultados silenciosos. As organizações produzem novas leis que não são implementadas, ou novos orçamentos que não são executados, ou novas unidades e agências que não recebem recursos e não são financiadas. Em suma, novas formas podem surgir, mas muitas vezes elas não têm funcionalidade: o que você vê não é o que você obtém."

Matt Andrews, "Why institutional reforms in the developing world aren't working", *Guardian*, 8 de março de 2013, https://www.theguardian.com/global-development-professionals-network/2013/mar/08/institutional-reform-international-development.

7. Kate Bridges e Michael Woolcock, "How (not) to fix problems that matter: Assessing and responding to Malawi's history of institutional reform", 4.

8. Bridges e Woolcock observam que, de todos os projetos que analisaram, 92% deles eram reguladores (isto é, atividades voltadas ao fortalecimento de leis e órgãos reguladores), 3% eram normativos (ou seja, atividades que tentavam entender práticas culturais e normas profissionais) e 5% eram culturais-cognitivos (isto é, atividades de educação ou orientação para o cumprimento de padrões internacionais). Sua análise mostra que as soluções que são extremamente reguladoras sem valorizar a natureza cultural-cognitiva ou normativa dos ambientes em que são implementadas muitas vezes fazem parte do problema.

Kate Bridges e Michael Woolcock, "How (not) to fix problems that matter: Assessing and responding to Malawi's history of institutional reform", 12-17.

9. Quando a classificação de 2017 do Banco Mundial sobre a Facilidade de Fazer negócios foi divulgada, a Nigéria comemorou seu progresso. A nação subiu de posição no ranking em 24 pontos e é agora, dos 190 avaliados, o 145º "país mais fácil de fazer negócios". Ao longo dos 18 meses anteriores, o país impulsionou regulamentações e reformas institucionais para subir no ranking. É compreensível que, quando seus esforços foram recompensados por uma posição maior, houve empolgação. No entanto, como isso afeta os nigerianos comuns, para quem o cotidiano é uma questão de progredir à medida que interagem com a polícia, o judiciário e os sistemas locais? A resposta a essa pergunta poderia ser que "as reformas terão efeitos em longo prazo". Contudo,

em 2016, houve uma contração da economia da Nigéria, o que resultou na perda de dezenas de milhares de empregos. A cultura cotidiana de como os nigerianos progridem e resolvem seus problemas permanecerá inalterada mesmo que o país suba no ranking. A mudança acontecerá quando houver um forte imperativo interno para fazer com que as instituições reflitam uma nova realidade de fazer negócios na Nigéria.

10. Edgar Schein, *Organizational Structure and Leadership* (São Francisco: Jossey-Bass Publishers, 1988).

11. Essa é uma das muitas razões pelas quais o empreendedor sudanês Mo Ibrahim se esforçou para levantar dinheiro para financiar a construção de sua empresa de telecomunicações por toda a África. A questão da governança eficaz é tão poderosa para ele que, nos anos após seu sucesso, o empreendedor criou a Fundação Mo Ibrahim. A fundação é responsável pela publicação do Ibrahim Index of African Governance, um índice que classifica os governos africanos em várias métricas, incluindo segurança e Estado de Direito, gestão pública, direitos humanos e outras. Veja http://mo.ibrahim.foundation/iiag/.

12. Diego Puga e Daniel Trefler, "International Trade and Institutional Change: Medieval Venice's Response to Globalization", *Quarterly Journal of Economics* 129, n° 2 (maio de 2014): 753–821, http://www.nber.org/papers/w18288.

13. Max Nisen, "How Globalization Created and Destroyed the City of Venice", *Business Insider*, 8 de setembro de 2012, http://www.businessinsider.com/the-economic-history-of-venice-2012-8.

14. Ibid.

15. Diego Puga e Daniel Trefler, "International Trade and Institutional Change: Medieval Venice's Response to Globalization", 753–821.

16. Uma ocorrência semelhante de renda crescente que ocasionou mudanças institucionais foi observada na Holanda, outra das nações pioneiras. Em um artigo seminal, "The Rise of Europe: Atlantic Trade, Institutional Change, and Economic Growth", Acemoglu et al. escrevem: "Os mercadores holandeses foram essenciais, pois melhoraram os recursos econômicos, em parte do comércio no Atlântico, que foram usados para colocar em campo um poderoso exército contra o Império Habsburgo... No geral, as evidências britânicas e holandesas, portanto, parecem favoráveis à nossa hipótese de que o comércio no Atlântico enriqueceu um grupo de comerciantes, o qual desempenhou um papel crítico no surgimento de novas instituições políticas que restringiram o poder da coroa."

Daron Acemoglu, Simon Johnson e James Robinson, "The Rise of Europe: Atlantic Trade, Institutional Change, and Economic Growth", *American Economic Review* 95, n° 3 (junho de 2005): 546–579.

17. Diego Puga e Daniel Trefler, "International Trade and Institutional Change: Medieval Venice's Response to Globalization", 753–821.

18. Matt Andrews, *The Limits of Institutional Reform in Development: Changing Rules for Realistic Solutions* (Cambridge: Cambridge University Press, 2013), 1–3.

19. Matthew McCartney, *Economic Growth and Development: A Comparative Introduction* (Londres: Palgrave Macmillan, 2015), 219.

20. O já falecido William Baumol, de Princeton, escreveu extensivamente sobre inovação, empreendedorismo e crescimento econômico. Ele considerava que as condições locais são o que mais afeta os tipos de inovações que os empreendedores buscam. Baumol escreve: "O modo como o empreendedor atua em um determinado momento e lugar depende fortemente das regras do jogo predominantes — a estrutura de recompensa na economia." Embora concordemos que as regras do jogo importam, é importante questionar: "Como elas são formadas? Como elas mudam?" Quando você observa circunstâncias em que as regras mudaram, é possível perceber que as inovações, especialmente aquelas que criaram novos mercados, foram as principais impulsionadoras.

William J. Baumol, "Entrepreneurship: Productive, Unproductive, and Destructive", *Journal of Political Economy* 98, n° 5 (outubro de 1990), http://www.jstor.org/stable/2937617?seq=1#page_scan_tab_contents.

21. Embora tenha começado a acontecer há mais de 150 anos, esse padrão de alcançar prosperidade antes de obter instituições que podem realmente funcionar para o cidadão comum é o que observamos nos Estados Unidos. À medida que o país começava a se industrializar, muitas de suas instituições, como em várias nações atualmente pobres, funcionavam para os ricos. Isso porque eles tinham mercados que financiavam suas próprias "instituições", mas os norte-americanos comuns não. Por mais difícil que seja acreditar, trens e acidentes industriais matavam ou mutilavam regularmente muitos cidadãos que tinham pouco ou nenhum recurso. Mas à medida que cada vez mais norte-americanos começaram a desenvolver mercados para a população comum, as boas instituições foram atraídas. E assim, um ciclo virtuoso foi criado. Dificilmente sua aplicação sem mercados resulta no desenvolvimento de boas instituições que sejam sustentáveis.

22. Diego Puga e Daniel Trefler, "International Trade and Institutional Change: Medieval Venice's Response to Globalization", 753–821.

23. "Lobbying: Overview", OpenSecrets.org, Center for Responsive Politics, acesso em 5 de março de 2018, https://www.opensecrets.org/lobby/.

24. E quanto a países como China, Chile ou Coreia do Sul, que conseguiram desenvolver instituições que impulsionaram o crescimento econômico? Essas nações associaram seu desenvolvimento a investimentos intensos em inovações que criaram mercados. Esses mercados acabaram custeando a criação e sustentação das instituições. Ainda assim, não foi tão simples. Matthew McCartney, professor de Oxford, observa que, na década de 1980, os países em rápido crescimento no Leste Asiático apresentaram índices de corrupção semelhantes aos de muitas "nações em desenvolvimento" atualmente. A

Coreia do Sul, por exemplo, tinha a mesma qualidade institucional da Costa do Marfim. Ele conclui que a implicação disso é que "a melhoria das instituições foi um resultado, não uma causa, do rápido crescimento no leste da Ásia".

Matthew McCartney, *Economic Growth and Development: A Comparative Introduction*, 217.

25. "New Study Reveals the Complexity of the Informal Sector", Banco Mundial, 20 de julho de 2016, http://www.worldbank.org/en/news/feature/2016/07/20/new-study-reveals-the-complexity-of-the-informal-sector.

26. Frank V. Cespedes, Thomas R. Eisenmann, Maria Fernanda Miguel e Laura Urdapilleta, "IguanaFix", Estudo de caso da Harvard Business School, 10 de novembro de 2016, 2.

Capítulo 9

A Corrupção Não É o Problema; É a Solução

Em nossa teoria, qualquer que seja a estratégia de aplicação da lei que a sociedade escolha, os indivíduos tentarão subverter seu funcionamento em benefício próprio.

— EDWARD L. GLAESER E ANDREI SHLEIFER,
"THE RISE OF THE REGULATORY STATE"[1]

Resumo da Ideia

Corrupção. Pergunte aos investidores por que eles escolhem não investir em certas regiões, ou pergunte aos cidadãos desses lugares por que seus países não estão se desenvolvendo. A corrupção é quase sempre a principal resposta. Uma recente estimativa do Fundo Monetário Internacional indicou que o custo anual do suborno é de aproximadamente US$1,5 a US$2 trilhões. Os custos econômicos e sociais gerais da corrupção são provavelmente muito maiores, pois os subornos constituem apenas uma de suas formas possíveis. Esse problema é tão corrosivo e generalizado que centenas de milhões de dólares são gastos anualmente na tentativa de erradicá-lo em todo o mundo — ainda assim, a corrupção é obstinadamente dominante. Neste capítulo, examinaremos esse assunto de maneira diferente. Em vez de perguntar *como podemos eliminá-la?*, questionamos: *por que ela persiste?* A resposta, acreditamos, se encontra não apenas em algumas falhas morais fundamentais, mas na compreensão do motivo pelo qual muitas pessoas optam por "contratá-la". A história mostra que economias bem-sucedidas se desenvolvem apesar da corrupção generalizada. Podemos entendê-la melhor por uma nova perspectiva e, assim, esperamos encontrar novas maneiras de combatê-la. Nos países mais prósperos de hoje, a aplicação adequada das leis contra a corrupção sucedeu os investimentos em inovações, as quais criaram novos mercados ou cresceram e se conectaram com os já existentes. Se acertarmos a sequência, poderemos estimular o progresso mesmo nas nações mais corruptas.

———

Quando eu era missionário na Coreia do Sul, éramos visitados mensalmente por um homem que vendia um "seguro de segurança". Se você lhe pagasse (e, para nós, não era pouco dinheiro), ele garantiria que sua casa não seria roubada. Caso contrário, alguém entraria em sua residência para pegar todos os seus pertences. Certificar-se de que nossos modestos bens não fossem tirados de nós era importante para nossa sobrevivência, então pagávamos. Somente agora, em retrospecto, constato que todos fomos coniventes com uma forma de corrupção de nível inferior — do tipo que estabelece um equilíbrio de poder em uma comunidade local, facilita a vida (ou dificulta para aqueles que se recusam a participar) e mantém o funcionamento das engrenagens econômicas do cotidiano. Era uma questão de sobrevivência. Para ambos os lados.

Perceber o quão facilmente esse processo aconteceu — não apenas para nós, mas para os outros ao nosso redor — me fez questionar se a corrupção é apenas uma questão moral. Sei que os coreanos que conheci eram boas pessoas. Porém, se a corrupção é principalmente uma questão moral, por que essas pessoas boas se envolveram com tanta facilidade?

Ademais, eles estão longe de ser exceção. Hoje, mais de dois terços dos países avaliados pela Transparência Internacional, a ONG comprometida com o combate ao problema em nível mundial, pontuam abaixo de 50, em um total de 100, no Índice de Percepção da Corrupção divulgado anualmente. Uma pontuação de 0 significa muito corrupto, e de 100, muito honesto. A média, em todo o mundo, é de 43. Segundo a organização, 6 bilhões do total de 7,6 bilhões de pessoas no mundo vivem em países com governos "corruptos". A quantidade é assombrosa. Ainda que seja difícil estimar o efeito inibidor que a corrupção — ou sua ameaça — exerce sobre os países empobrecidos, especialmente quando sua mera *percepção* impede investimentos que podem ajudar essas nações a criar riqueza e prosperidade, sabemos que o impacto é enorme.

Como mencionado anteriormente, na maioria dos países prósperos de hoje, o cumprimento adequado das leis contra a corrupção sucedeu os investimentos em inovações que criaram novos mercados ou cresceram e se conectaram com os já existentes. Se acertarmos a sequência, poderemos começar a estimular o progresso mesmo nas nações mais corruptas do mundo. A história provou isso repetidas vezes.

Lutar contra a corrupção geralmente parece um jogo de Whac-A-Mole [Caça à Toupeira, em tradução livre], no qual se usa um martelo para acertar toupeiras de brinquedo que aparecem aleatoriamente em vários buracos. Você acerta uma e outra surge em uma abertura diferente. Você gasta tanta energia batendo diversas vezes que desiste.

Isso nos faz pensar se estamos muito focados nos seus *sintomas*, em vez de tentar realmente entender suas *causas*. Para chegar à raiz do problema, devemos fazer duas perguntas importantes: primeiro, por que a corrupção descarada é bem mais difundida nos países mais pobres do que nos ricos? E, segundo, como muitas das nações prósperas de hoje se tornaram menos explicitamente corruptas? Como veremos, a resposta para essas questões fornecerá uma estrutura que pode ajudar a reduzir a prevalência da corrupção em muitos dos países mais pobres do mundo.

Entendendo a Corrupção

A corrupção não é um fenômeno recente. Muitos dos países prósperos de hoje já foram extremamente corruptos; na verdade, alguns se igualavam a várias das nações atualmente pobres. Contudo, o problema também não é um fenômeno permanente. Ou pelo menos não precisa ser. Embora saibamos que ainda ocorrem casos específicos, mesmo nos países mais admirados do mundo (e os Estados Unidos não são exceção), ela não é mais um aspecto predominante dessas culturas. Então, o que causou a mudança?

Pode-se rapidamente elencar o que parecem ser as respostas óbvias: boa liderança e governança, mudança nos valores morais da sociedade ou boas instituições colocadas em prática. No entanto não acreditamos que essas circunstâncias alterem substancialmente a prevalência da tolerância à corrupção em uma sociedade. É importante reconhecer isso, pois muitos programas anticorrupção são direcionados quase exclusivamente à governança e operam com base em incutir um senso de certo e errado. Se esse é o segredo para o combate ao problema, por que esses louváveis esforços, em geral, têm um impacto relativamente pequeno?

De acordo com o mais recente relatório do Índice de Percepção de Corrupção publicado pela Transparência Internacional, "a maioria dos países está fazendo pouco ou nenhum progresso na luta contra a corrupção".[2] Assim, mesmo com foco internacional intenso — abundantes recursos para combater o problema, incluindo iniciativas para incutir uma noção fundamental de integridade nas crianças — o progresso tem sido muito lento.

Não acreditamos que as pessoas que nascem em sociedades pobres estejam de alguma forma perdendo a fibra moral fundamental das que tiveram a sorte de nascer em circunstâncias mais prósperas. Também sabemos que elas tampouco ignoram que há um caminho melhor. Porém, atualmente, a corrupção é a melhor saída, uma *solução alternativa*, uma escolha conveniente em lugares onde há poucas opções melhores. Ela está sendo contratada para um Trabalho a Ser Feito, ou, mais especificamente, para ajudar as pessoas a progredir em determinadas situações — essa é uma percepção importante. Uma vez que entendermos por que as pessoas recorrem à corrupção, começaremos a perceber diferentes abordagens para resolver o problema.

Por que as Pessoas a *Contratam*?

Então, para iniciar o processo de construção de confiança e transparência, precisamos compreender o motivo pelo qual as pessoas contratam a corrupção para resolver seus problemas. Descobrimos três razões poderosas.

A Corrupção Não É o Problema; É a Solução   205

Primeiro, a grande maioria das pessoas na sociedade quer progredir. Desde o cidadão pobre que procura emprego até o rico que busca obter mais status, a maioria de nós quer melhorar nosso bem-estar financeiro, social e emocional. É por isso que vamos à escola, saímos de férias e frequentamos lugares de culto. É também por esse motivo que economizamos dinheiro, compramos casas, abrimos empresas e nos candidatamos a cargos públicos. Cada uma dessas coisas, de uma forma ou de outra, nos ajuda a sentir que estamos progredindo na vida. Quando a sociedade nos oferece poucas opções legítimas para o progresso, a corrupção se torna mais atraente.

Segundo, todo indivíduo, assim como toda empresa, tem uma estrutura de custos. Nos negócios, a estrutura de custos empresarial se refere à combinação dos encargos fixos e variáveis incorridos para administrar os negócios. Ela define quanto a empresa deve gastar para projetar, fabricar, vender e oferecer suporte a um produto. Por exemplo, quando uma empresa gasta US$100 para criar e entregar um produto a um cliente, a fim de obter lucro, deve vender o produto por um preço acima de US$100.

Da mesma forma, os indivíduos também têm uma estrutura de custos — quanto dinheiro gastam para manter um estilo de vida específico. Isso inclui despesas como aluguel ou financiamento imobiliário, mensalidades escolares, contas hospitalares, alimentos etc. Assim como as empresas, os indivíduos também devem ter receitas (renda proveniente de seu trabalho ou de seus investimentos) que superem seus custos. A compreensão dessa relação simples entre custo e receita pode ajudar a prever as circunstâncias em que a probabilidade de corrupção será alta, bem como a eficácia das intervenções de combate ao problema. Em essência, se os programas anticorrupção não afetarem fundamentalmente a equação custo-receita, é improvável que sejam sustentáveis.

Por exemplo, se um policial na Índia ganhar 20 mil rúpias por mês (aproximadamente US$295), mas tiver uma estrutura de custos que exige que ele gaste US$400 mensalmente, ele estará suscetível à corrupção, independentemente do que as leis determinarem.[3] Como resultado, pode-se esperar, previsivelmente, que o policial comum exija subornos, especialmente em uma sociedade onde a aplicação da lei e o julgamento desses crimes não são predominantes. Não é que ele seja inerentemente uma pessoa má — na verdade, acredito que as pessoas sejam inerentemente boas —, mas as circunstâncias de sua vida o obrigam a fazer escolhas difíceis para sobreviver.

A terceira razão pela qual as pessoas contratam a corrupção é que a maioria dos indivíduos — independentemente do nível de renda — tentará subverter as estratégias vigentes de aplicação das leis para progredir ou se beneficiar, segundo Edward Glaeser e Andrei Shleifer, acadêmicos de Harvard que estudaram o aumento da regulamentação nos Estados Unidos na virada do século XX. Os seres humanos estão condicionados a tomar a melhor decisão por conta própria conforme as *circunstâncias*. Quando somos confrontados com uma lei que limita nossa capacidade de fazer algo que queremos, a maioria de nós instintivamente realiza um cálculo mental: preciso obedecer a essa lei ou posso desobedecê-la sem que haja consequências? E qual desses caminhos me trará mais benefícios?

O raciocínio por trás dessa percepção é bastante simples: viver de acordo com as leis estabelecidas pelo Estado requer esforço. Assim, a pessoa racional comum comparará os benefícios de obedecê-las às consequências da desobediência. Se a desobediência apresentar mais prós, então é realmente *irracional* para o indivíduo obedecer à lei, não importa quão "boa para a sociedade" possa parecer. Considere o fato de que muitas pessoas, em todo o mundo, ultrapassam o limite de velocidade quando não há policiais à vista. Vinte anos atrás, ter um detector de radar portátil era quase um símbolo de status nos Estados Unidos. Hoje em dia, o Waze, aplicativo de navegação para smartphones baseado em comunidade, nos permite avisar uns aos outros quando uma viatura da polícia está escondida atrás dos arbustos à frente. Desenvolvemos um produto habilitado para redes sociais que depende da concordância das pessoas em ajudar umas às outras a evitar radares de velocidade. Queremos progredir — chegar a nosso destino com rapidez — e voluntariamente ignoramos a lei que nos informa o limite legal de velocidade, porque acreditamos que, no final das contas, é melhor fazer essa escolha. Embora as circunstâncias possam ser diferentes, o processo de cálculo raramente varia.

No entanto as sociedades evoluem. O caminho de uma sociedade impregnada de corrupção para uma em que a confiança e a transparência se desenvolvem geralmente segue um padrão predefinido e, muitas vezes, previsível, com três fases: "corrupção descarada e imprevisível"; seguida de "corrupção velada e previsível"; e por fim, a transição para o que denominaremos "sociedade transparente".

Só porque um país em particular é classificado como integrante da primeira fase, não significa que não tenha alguns componentes da segunda. Em vez de pensar nessas três fases como absolutas e distintas, pense nelas como três pontos em uma escala. Nossa suposição é que todos queremos chegar ao mais próximo possível da fase três, uma sociedade em que a confiança e a transparência são valorizadas. A história nos mostra que muitos dos países mais admirados do mundo, ao avançarem da corrupção à transparência, seguiram um caminho relativamente previsível ao passar por essas fases. Entender como elas evoluem é essencial em nossa busca pela criação da transparência necessária para economias saudáveis.

Fase 1: Descarada e Imprevisível

A primeira fase é a que chamamos de corrupção descarada e imprevisível, e é nela que muitos países pobres se encontram. Nessas nações, os contratos são de difícil cumprimento, as instituições governamentais são duvidosas e os escândalos de corrupção são comuns. Viaje para qualquer um desses países, pegue um jornal e você provavelmente verá uma manchete na primeira página sobre a má administração dos fundos pelas elites empresarial e política. Muitas da nações nessa fase obtêm uma pontuação baixa no Índice de Percepção de Corrupção da Transparência Internacional.

É muito difícil que o capital seja implementado nesse tipo de ambiente. É compreensível que os investidores evitem a imprevisibilidade e falta de transparência. Por exemplo, imagine fazer negócios na Venezuela, onde, no momento de escrita deste livro, o governo não é mais capaz de financiar os programas sociais que atendem às necessidades básicas de muitos de seus cidadãos.[4]

Embora a situação na Venezuela possa parecer sem esperança, é importante notar que muitas nações prósperas e avançadas surgiram de circunstâncias semelhantes. No final dos anos 1940, por exemplo, Taiwan era um país bastante corrupto e imprevisível. Prefeitos e funcionários públicos locais distribuíam favores a seus comparsas e enchiam seus próprios bolsos no processo. Ademais, muitas formas de corrupção, como suborno, peculato, nepotismo e até mesmo crime organizado, não eram controladas.[5] Taiwan, no entanto, tornou-se uma economia muito bem-sucedida e produtiva, e ocupa o 29º lugar entre 180 países no Índice de Percepção da Corrupção.

Nessa primeira fase da evolução de uma sociedade, especialmente quando o país é pobre, uma estratégia de combate à corrupção focada principalmente em instituir novas leis, na realidade, não é o suficiente para contê-la. Na verdade, pode piorar a situação, afinal, contornar as leis que impedem o progresso acaba por ser recompensador para aqueles que o fazem. Além disso, muitos países pobres não conseguem aplicar adequadamente suas leis, pois é um processo caro — financeiramente, socialmente e politicamente. Isso não quer dizer que passe despercebido. Protestos são massivos e frequentes em todo o mundo. Esse fervor levou a uma proliferação de candidatos anticorrupção que disputam posições políticas importantes. Às vezes eles de fato ganham. O russo Vladimir Putin e o venezuelano Hugo Chávez (agora falecido), por exemplo, chegaram ao poder com a promessa de erradicar a corrupção. Digamos que essas campanhas não deram os resultados que os eleitores esperavam.

Mesmo no caso raro de um líder verdadeiramente bom com uma vontade poderosa de transformar um país — por exemplo, a influência de Nelson Mandela na África do Sul nos anos em que governou —, a corrupção não desaparece magicamente com boas intenções. Em 1994, quando Mandela foi eleito presidente sul-africano pós-apartheid, ele era, sem dúvida, um dos líderes mais admirados do mundo. Os 27 anos de prisão política não diminuíram seu desejo de tornar seu país um lugar melhor. Pelo contrário, o tornaram mais forte. Hoje ainda pensamos em Mandela como a personificação de uma grande liderança. Segundo Nitin Nohria, reitor da Harvard Business School: "Embora tenha declarado ser um homem comum que apenas chegou ao poder devido a circunstâncias extraordinárias, ele era um exemplo das características de liderança que mais valorizamos: integridade, moralidade, compaixão e humildade."

Contudo, mesmo durante os anos mais promissores de seu mandato, a África do Sul estava, e assim permanece, mergulhada em corrupção. Na verdade, desde que Mandela deixou o poder, o problema só piorou. Jacob Zuma, que se tornou presidente depois que o sucessor de Mandela foi afastado do cargo, ganhou o apelido de "presidente de Teflon" por sua capacidade de escapar ileso de um extraordinário número de alegações de corrupção e escândalos em seus oito anos na função.

Como o país, tão ávido por mudanças durante a liderança de Mandela, se afastou tanto e tão rapidamente da esperança que ele representava? De acordo com a maioria dos relatos, a África do Sul possui a maioria dos recursos institucionais necessários para combater a corrupção: uma constituição extremamente admirada, um poder judiciário independente e uma mídia robusta. Na maioria dos índices de corrupção, incluindo os apresentados pela Transparência Internacional, o país ainda está apenas em alguma posição no meio da lista — uma classificação que piorou ano após ano.

A luta sul-africana não é única. Cinco anos depois que Ellen Johnson Sirleaf, da Libéria, se tornou a primeira presidente democraticamente eleita da África, Sirleaf recebeu a mais alta homenagem internacional, o Prêmio Nobel da Paz, por sua liderança em garantir a paz em sua nação. Ela passou anos concentrando-se em construir — ou reconstruir — as instituições democráticas do país e fortalecer a posição das mulheres. No entanto, mesmo com tal aclamação internacional, a liderança de Sirleaf não foi capaz de transformar completamente a Libéria. Segundo a Transparência Internacional, em 2016, 69% das pessoas no país admitiram o pagamento de suborno para ter acesso a serviços básicos como saúde e educação. Por fim, Sirleaf deixou o cargo com o país ainda enfrentando o que ela chamou de "inimigo público número um" quando assumiu a função há mais de uma década. Em seu último Discurso do Estado da Nação, Sirleaf disse aos legisladores: "Não cumprimos totalmente a promessa anticorrupção que fizemos em 2006. Não por causa da falta de vontade política para fazê-lo, mas por conta da intratabilidade da dependência e da desonestidade cultivada em anos de privação e má governança."

A causa principal da corrupção não é a falta de uma boa liderança. Embora isso seja certamente parte do problema, os fatores causais são muito mais fundamentais. Ela diz respeito à "contratação" da solução mais conveniente para o que parece ser, em determinado momento, a melhor das opções disponíveis.

Fase 2: Velada e Previsível

A segunda fase é a velada e previsível, na qual a corrupção é praticamente um segredo público — pense no filme *Casablanca*, no qual o capitão de polícia Louis Renault afirma estar "chocado — chocado!" ao descobrir que jogos de azar são praticados na próspera e ilícita boate de Rick, um estabelecimento que rotineiramente paga subornos a ele. Apesar das pessoas estarem cientes da existência da corrupção, ela está enraizada no sistema. Como o desenvolvimento acontece em paralelo, ela é vista como um preço a ser pago para se fazer negócios.

A transição da fase imprevisível para a previsível pode ser muito cara — econômica e politicamente — e requer, principalmente, a criação de novos mercados, não leis. A maioria das pessoas envolvidas em corrupção sabe que *não deve* fazer o que está fazendo. As novas leis apenas ajudam a resolver um problema quando há confusão sobre o que se deve fazer e quando os governos têm capacidade para aplicar as leis.

Considere a China. Segundo algumas estimativas, a corrupção pode custar ao governo chinês até US$86 bilhões por ano[6] — mais do que o PIB de 61 nações. Desde 2000, estima-se que entre US$1 trilhão e US$4 trilhões tenham sido retirados do país, e parte desse dinheiro foi associada a funcionários do governo, incluindo o cunhado do presidente Xi Jinping. De acordo com um relatório, o patrimônio líquido dos 153 parlamentares chineses comunistas alcançou US$650 bilhões em 2017, um aumento de cerca de um terço em relação ao ano anterior.[7] É uma quantia maior do que a soma dos PIBs da Finlândia e da Noruega.

Note que a China e muitos outros países pobres tentaram erradicar a corrupção principalmente com o uso de leis, mas obtiveram pouco sucesso. Paradoxalmente, quanto mais leis essas nações decretam para combatê-la, mais ela parece se alastrar. A China, por exemplo, tem "mais de 1.200 leis, regras e diretrizes contra a corrupção". Entretanto, de que serve uma lei se o órgão legislativo não tem a força, o dinheiro e nem a vontade para aplicá-la?

Ao mesmo tempo, é difícil contestar o desenvolvimento recente do país e o influxo de investimento estrangeiro direto (IED) nas últimas quatro décadas.

Em 1970, o PIB per capita da China era de aproximadamente US$112; atualmente é cerca de US$8.200. Naquela época, a expectativa de vida era de 59 anos; hoje é aproximadamente 76 anos. O país cresceu a uma taxa média anual de mais de 10% e foi responsável por aproximadamente 40% do crescimento mundial durante esse período.[8, 9]

É notável que, apesar de a China vivenciar esse crescimento, a nação ainda ocupe a 77° posição entre 180 países no ranking da Corrupção da Transparência Internacional, abaixo do Senegal (66°) e no mesmo nível de Trinidad e Tobago.[10] A corrupção não impediu a consolidação do desenvolvimento. Talvez o mais significativo seja o aumento meteórico de IED na China nas últimas 4 décadas. Em 1980, o IED no país era de cerca de US$400 milhões. Em 2016, ele totalizou mais de US$170 bilhões, um crescimento de 42.400%. De fato, de 2006 a 2016, mais de US$2,3 trilhões de IED fluíram para a China.[11] Os investidores estrangeiros que injetaram trilhões de dólares no país não sabiam que a corrupção era generalizada? Por que eles não esperaram a nação erradicar o problema antes de investir? Isso ocorre porque o tipo de corrupção na China difere do de outros países na primeira fase. Ela é velada, mas previsível. Assim, pode ser incluída no cálculo do "custo de fazer negócios" no país.

Embora o desenvolvimento aconteça na China (como mencionamos anteriormente, aproximadamente 1 bilhão de pessoas saíram da pobreza nas últimas décadas), todos concordamos que o país ainda não tem uma sociedade transparente, e que ainda existe progresso a ser feito. Para que a prosperidade se torne sustentável em longo prazo em uma nação, ela deve alcançar a terceira fase.

Fase 3: Transparência

Em 2017, o lobby nos Estados Unidos totalizou mais de US$3,3 bilhões.[12] Os lobistas são empregados para influenciar os governos a fim de promulgar leis favoráveis às suas causas, indústrias ou aos seus interesses particulares. Entretanto, mesmo com bilhões de dólares utilizados para persuadir os funcionários do governo norte-americano, o país ainda ocupa o respeitável 16°

lugar entre 180 nações no Índice de Percepção de Corrupção da Transparência Internacional.[13]

A corrupção é extremamente estigmatizada nos Estados Unidos. Por esse motivo, é erradicada de forma regular e processada nos rigores da lei. A Lei Norte-Americana Anticorrupção no Exterior de 1977 (FCPA, na sigla em inglês) serve como um impedimento para as possíveis empresas nacionais corruptas que operam fora do país, ou empresas internacionais que operam nos Estados Unidos. Walmart, Siemens, Avon, Alstom (um grupo industrial francês) e muitas outras empresas entraram em conflito com a FCPA e, como consequência, pagaram centenas de milhões de dólares em multas.

Bilhões de dólares são declaradamente gastos para influenciar o governo, mas ao mesmo tempo os envolvidos em corrupção são perseguidos agressivamente e processados. Como essas duas atitudes podem ser coerentes? Além do fato de que o lobby é legal, ele também é bastante transparente. Os norte-americanos interessados podem obter dados do Departamento de Registros Públicos do Senado e descobrir o responsável pelo lobby, para quem o pratica e por qual motivo.

Além da transparência, a economia norte-americana também é relativamente previsível. Embora os EUA não sejam imunes à corrupção — e pessoas sensatas talvez discordem do quão corrupto o país realmente é —, a diferença e a esperança residem no fato de que o problema na nação é frequentemente exposto, processado e punido. Você não precisa procurar muito para encontrar manchetes sobre políticos norte-americanos corruptos. Três dos mais recentes presidentes da Câmara dos Representantes de Massachusetts se tornaram criminosos condenados em acusações de corrupção. Rod Blagojevich, ex-governador de Illinois, foi julgado, condenado e sentenciado a 14 anos de prisão pelas mesmas acusações quando tentou "vender" a vaga no Senado que era do ex-presidente Barack Obama.

No entanto os Estados Unidos nem sempre processaram, muito menos condenaram e sentenciaram seus Blagojevichs. Então, como o país evoluiu de um lugar onde a corrupção era abundante para um em que a transparência se tornou a regra?

Os EUA de Boss Tweed

Assim como é difícil imaginar os EUA como um país pobre, também é difícil imaginá-lo explicitamente corrupto, onde tais ocorrências não seriam investigadas. Porém houve um tempo em que a corrupção norte-americana se comparava à de algumas das nações mais pobres de hoje.

Talvez William Magear "Boss" Tweed, político norte-americano do século XIX, exemplifique mais do que qualquer um o que significava ser claramente corrupto. Nascido em 1823, ele entrou na política ainda jovem e foi eleito vereador aos 28 anos. Depois de passar vários anos no cargo, apesar de não ser advogado, Tweed abriu um escritório de advocacia, por meio do qual recebia pagamentos de grandes corporações por seus "serviços jurídicos", que eram em sua maioria extorsões. Com esse dinheiro, Tweed comprou muitos imóveis em Manhattan e aumentou sua influência na política de Nova York. Isso foi apenas o começo.

"Em seu auge, a aliança formada por Tweed era um mecanismo engenhoso, forte e sólido, estrategicamente implantada para controlar os principais pontos de poder: os tribunais, o legislativo, o tesouro e as urnas eleitorais", escreveu o biógrafo Kenneth Ackerman. "Suas fraudes tinham uma dimensão grandiosa e uma estrutura refinada: lavagem de dinheiro, participação nos lucros e organização."[14] Durante seu tempo como chefe da sociedade política Tammany Hall, Tweed (que também era membro da Câmara dos Representantes dos Estados Unidos) desviou um montante estimado entre US$1 bilhão e US$4 bilhões em dólares de hoje.[15]

Em 1889, o semanário satírico *Puck* publicou uma charge intitulada *The Bosses of the Senate* ["Os Chefes do Senado", em tradução livre], que retratava perfeitamente a evidente corrupção do país na época. A ilustração mostra membros do Senado dos EUA trabalhando fervorosamente enquanto representantes de interesses comerciais específicos, como trustes de vigas de aço, cobre, açúcar etc., observam de cima. Há várias entradas na câmara do Senado. Uma delas diz: "Este é um Senado dos Monopolistas, pelos Monopolistas!" A porta que representa a "Entrada do Povo" está "FECHADA".[16] A corrupção era tão grave e generalizada que o Presidente Woodrow Wilson (1913-1921) teve que enfrentá-la durante seu mandato.

Em 1913, ele escreveu em um de seus livros: "Existem tribunais nos Estados Unidos que são controlados por interesses privados. Há juízes corruptos, que agiram para servir a outros homens, e não como servidores públicos. Sim, existem alguns capítulos vergonhosos na história. O processo judicial é a garantia suprema da estabilidade que devemos manter neste país. Entretanto, suponha que essa garantia esteja corrompida e não resguarde meus interesses nem os seus, mas apenas os interesses de um grupo muito reduzido de indivíduos. Onde está, então, a sua garantia?"[17]

A corrupção também dominava grandes projetos de infraestrutura nos EUA, como ferrovias e estradas. Embora as ferrovias nos anos 1800 e as estradas nos anos 1900 fossem boas para o país, elas também acarretaram um nível de corrupção sem precedentes. Quando o governo dos EUA entrou no ramo das ferrovias e estendeu os subsídios às empreiteiras, eles eram frequentemente concedidos com base no número de quilômetros de trilhos construídos, e não por sua qualidade ou eficácia. As empreiteiras construíam ferrovias longas e sinuosas, muitas vezes com material abaixo do padrão, já que competiam principalmente por "favores federais em vez de clientes ferroviários".[18]

Considere o que aconteceu com a construção de estradas após o boom automobilístico no início do século XX. Thomas MacDonald, então responsável pela Administração de Rodovias Federais dos Estados Unidos, "visitou obras de estradas nas quais encontrou desperdício e trabalho de má qualidade em abundância", observa Earl Swift em seu livro *The Big Roads*. "As localidades geralmente tinham estradas que valiam dez centavos para cada dólar gasto... as empreiteiras dividiam o estado entre si, de modo que cada uma garantisse todas as obras em uma determinada região, um esquema que custava aos contribuintes o dobro em contratos que eram extremamente superfaturados."[19]

Se os rankings anuais da Transparência Internacional existissem naquela época, os Estados Unidos não estariam no topo da lista de países "menos corruptos". No entanto a nação, ao longo do tempo, encontrou suas garantias e hoje ocupa a 16ª posição. Isso ocorreu principalmente devido a leis mais eficazes?

À eleição de políticos melhores? À criação de instituições mais adequadas? Certamente todos esses fatores ajudaram a estabelecer e apoiar a cultura de transparência que os EUA têm agora, mas elas não *fizeram* com que o país deixasse de ser corrupto.

À medida que um número cada vez maior de norte-americanos gerava mais riqueza e encontrava formas melhores de ganhar a vida, sua insatisfação com a corrupção só aumentava. Segundo Lawrence Friedman, professor de Direito de Stanford: "Politicamente, a raiva das vítimas tinha uma importância mínima em 1840 e 1860; mas em 1890, era uma força estrondosa."[20] Evidentemente, o problema não foi erradicado em 1890, mas houve um processo de evolução nos EUA e, como consequência, a esperança por algo melhor surgiu.

Assim, compreendemos que o desenvolvimento norte-americano aconteceu *apesar* da corrupção generalizada e da imprevisibilidade no país.[21] A anticorrupção nos EUA não foi desencadeada principalmente pela legislação ou pelo aumento na intensidade de aplicação da lei, mas pela mudança da equação fundamental de como os cidadãos médios e ricos poderiam ganhar dinheiro, progredir e sustentar a si mesmos e suas famílias. "O capitalismo norte-americano da década de 1920 era menos corrupto e menos abusivo com trabalhadores e consumidores do que em 1900",[22] Glaeser e Shleifer concluíram em seu artigo. Descobrimos que o capitalismo atual nos Estados Unidos, embora não seja perfeito, é certamente superior ao da década de 1920.

O desenvolvimento geralmente *precede* programas de combate à corrupção bem-sucedidos, e não o contrário. Ainda que algumas pessoas se tornem mais corruptas ao longo do tempo porque estão acostumadas a agir dessa forma, não creio que a maioria acorde de manhã apenas para cumprir esse objetivo.

Quando existem poucas alternativas para ajudar as pessoas a progredir, a corrupção muitas vezes se destaca como a opção mais viável. Contudo, quando um caminho melhor surge, inicia-se o processo que leva à transparência. Podemos observar esse fenômeno em países de todo o mundo.

Monarcas e Homens

Considere como a corrupção evoluiu na Europa, onde talvez suas formas mais óbvias — monarquias absolutistas que, a seu bel-prazer, se apropriaram de terras e bens, e mataram cidadãos — eram comuns. Os monarcas têm sido comparados a ladrões que estão "permanentemente à espreita, sempre sondando... sempre procurando... algo para roubar".[23] A corrupção permeava a sociedade europeia à medida que grupos de homens armados, com a bênção secreta de algum nível de nobreza, aterrorizavam distritos inteiros com chantagens ou outros meios draconianos de extorquir dinheiro ou recursos. Não havia exceção para idade, gênero ou local.[24] Com dinheiro suficiente, mesmo os plebeus podiam corromper juízes e jurados de maneiras impensáveis hoje em dia.[25]

Embora a transição da corrupção descarada para a transparência na Europa tenha ocorrido de forma mais lenta e talvez mais dolorosa do que nos EUA, foi em parte provocada por um mecanismo similar: inovações que criaram novos mercados para muitos não consumidores do continente, as quais ofereciam opções viáveis para uma pessoa comum ter um sustento. Os novos mercados também forçaram os governos a se tornarem mais criativos na cobrança de impostos e no modo como conduziam seus cidadãos.

À medida que as sociedades se tornaram menos agrárias, riquezas como ouro, prata e outros metais preciosos adquiriram mais mobilidade, e os governos precisaram criar maneiras melhores para cobrar tributos. "Os monarcas inovaram as formas de explorar a riqueza privada de seus cidadãos. Entre as mais significativas estava a criação de parlamentos — fóruns nos quais eles poderiam negociar concessões em políticas públicas para o pagamento de receitas públicas", conclui Robert Bates, professor de Harvard, em seu livro *Prosperity & Violence: The Political Economy of Development*. Os governos escolheram a sedução em detrimento da intimidação porque, de repente, os cidadãos podiam movimentar seu dinheiro mais facilmente.[26] Um novo tipo de economia surgira — em vez de saquear a riqueza, ela *buscava sua criação*.

Além disso, à medida que os monarcas continuavam a lutar mais guerras e conquistar mais territórios, precisavam pedir emprestado quantias cada vez maiores de dinheiro. Há inúmeros relatos, por exemplo, da falta constante de dinheiro do rei inglês no século XVII. Naquela época e hoje, há poucos desafios piores do que um governo sem recursos quando está em guerra. Atualmente, de forma geral, consideramos a dívida pública mais segura do que a dívida privada (embora isso dependa do país em questão), mas naquela época ela era o tipo mais arriscado do mercado, pois era maior do que a dívida privada e demorava mais para ser quitada. Ademais, os monarcas podiam descumpri-la sem que houvesse muitas consequências. Assim, os investidores que normalmente emprestavam dinheiro e cujos recursos agora eram mais móveis, já que não estavam mais vinculados à terra, faziam com que os monarcas criassem instituições menos corruptas e mais transparentes.[27]

No início, essas instituições estavam longe do ideal, mas criaram uma boa previsibilidade para os investidores na Europa. Os tribunais, por exemplo, concentraram-se mais em julgar de forma célere do que propriamente fazer justiça. Assim, os investidores poderiam estimar, previsivelmente, quanto tempo os processos judiciais demorariam, e como isso poderia afetar seus negócios. Isso é importante porque a pesquisa sugere que a imprevisibilidade em um sistema, mesmo que consideravelmente corrupto, pode na verdade ser mais prejudicial do que a própria corrupção.[28]

Com o crescimento dos mercados europeus, os sistemas judiciais também adquiriram mais relevância, o que afetou a cultura do cidadão comum, resultando na valorização extrema dessas novas instituições transparentes. Elas funcionavam, mas é crucial entender *por quê*: muitas delas, que promoviam a transparência, se relacionavam a novos mercados que as sustentavam e as tornavam necessárias.

Evidentemente, as circunstâncias hoje são diferentes. Nem todo país pobre está envolvido em uma guerra e tem um governo que precisa desesperadamente de dinheiro, como muitos na Europa há 500 anos. No entanto a equação fundamental permanece a mesma. É preciso existir uma razão boa o suficiente para que as pessoas na sociedade desejem obedecer às leis do país. Pense na dificuldade do governo da Argentina para conseguir que pequenos prestadores de serviços declarem sua renda para pagar impostos. Mas a IguanaFix, oferecendo-lhes algo além da responsabilidade moral — a capacidade de progredir nas dificuldades de suas próprias vidas —, foi capaz de mudar isso.

A Transparência Cria Raízes

Mesmo em países que parecem muito diferentes dos Estados Unidos e dos países da Europa, vemos um padrão semelhante no caminho para a transparência. Se alguém tivesse dito ao general Park Chung-hee, líder ditatorial da Coreia do Sul de 1963 a 1979, que sua filha, Park Geun-hye, um dia se tornaria presidente do país, ele certamente não teria ficado surpreso. Contudo, se essa pessoa tivesse dito ao general que sua filha seria *destituída* pelo Parlamento da Coreia do Sul e acusada de corrupção, ele poderia ter ficado chocado.

No entanto isso foi exatamente o que aconteceu no país. No final de 2016, a Presidente Park Geun-hye, filha do General Park, foi afastada do cargo por acusação de suborno, abuso de poder e outros crimes relacionados à corrupção. Em março de 2017, a Corte Constitucional da Coreia, por unanimidade, manteve a decisão do parlamento e, em abril de 2018, a ex-presidente foi condenada a 24 anos de prisão.[29]

Para compreender a importância do acontecimento, considere o fato de que a Coreia do Sul foi governada pelo General Park até seu assassinato em 1979. Sob sua ditadura, a escala de desenvolvimento econômico alcançada era invejável, mas a de corrupção era tão incontestável quanto. O governo distribuía favores a várias grandes corporações, que, em troca, pagavam subornos às autoridades. Isso sustentava o sistema e, à medida que a economia crescia, a corrupção parecia relativamente ínfima. Mas só parecia.

O economista Mushtaq Khan descreve a corrupção e o desenvolvimento institucional na região da seguinte forma: "Medidas de qualidade institucional com base em burocracia, Estado de Direito, risco de expropriação e repúdio de contratos por governos de países bem-sucedidos do Leste Asiático em meados da década de 1980 eram apenas ligeiramente melhores do que em muitos países com desempenho insatisfatório. A Indonésia, que cresce rapidamente, teve a mesma classificação que Mianmar ou Gana. Coreia do Sul, Malásia e Tailândia ficaram na mesma faixa que a Costa do Marfim. O índice de corrupção criado pela Transparência Internacional mostrou que os países do Leste Asiático, agora em rápido crescimento, nos anos 1980, ficaram em posições pouco diferentes das de outros países em desenvolvimento."[30] Ainda assim, a Coreia do Sul está em vias de se tornar uma sociedade mais transparente.

À medida que as sociedades investem mais em inovação, o que gera prosperidade para seus cidadãos, seus sistemas de combate à corrupção melhorarão aos poucos, e a probabilidade de um chefe de Estado corrupto sofrer impeachment será maior. Muitos dos países corruptos atualmente têm o potencial de se tornarem mais transparentes, mas, para alcançar esse objetivo, é preciso acertar a sequência.

Então, o que Devemos Fazer?

Então o que *podemos* fazer para reduzir a corrupção? Com o nosso entendimento de que as pessoas estão tentando progredir em suas vidas quando a "contratam", temos duas sugestões. Primeira: e se parássemos de concentrar todo o nosso esforço no *combate à* corrupção? Sem simultaneamente fornecer um *substituto* que as pessoas possam contratar, será extremamente difícil minimizá-la. Como aquele jogo de Whac-A-Mole, assim que um esforço para a reprimir tiver sucesso, outra forma de corrupção surgirá.

Glaeser e Shleifer, de Harvard, sugerem que a *circunstância* em que um determinado Estado se encontra deve determinar qual instituição ou mecanismo de aplicação da lei ele emprega. Seu modelo propõe que "quando a capacidade administrativa do governo é severamente limitada, e tanto seus juízes quanto reguladores são vulneráveis a intimidação e corrupção, pode ser melhor aceitar as falhas do mercado e as externalidades existentes do que lidar com esses fatores por meio de processos administrativos ou judiciais. Pois, se um país tentar corrigir as falhas do mercado, a justiça será subvertida e os recursos serão desperdiçados com a subversão, sem que elas sejam controladas de forma eficaz".[31] Em outras palavras, se um país não tem capacidade para aplicar suas leis, pouco importará a criação de novas legislações, instituições ou mandatos públicos para combater a corrupção ou impor a transparência.

Em vez de governos sérios de países pobres continuarem a combater agressivamente o problema com recursos muito limitados, o que aconteceria se eles se concentrassem em possibilitar a criação de novos mercados que ajudem os cidadãos a resolver seus problemas cotidianos? Uma vez que mercados suficientes são criados, as pessoas têm interesse em seu êxito. Os governos gerarão mais receita para melhorar tribunais, aplicação da lei e sistemas legislativos. Além disso, os mercados disponibilizam empregos que dão às pessoas uma alternativa viável para acumular riqueza por meios corruptos. Pedir que elas demitam a corrupção sem que tenham um substituto para contratar não é muito realista e, como mostram os dados, geralmente não funciona.

Integrando e Internalizando as Operações da Sua Organização

Em segundo lugar, temos de nos concentrar no que *podemos* controlar, ao integrar e internalizar nossas operações a fim de reduzir as oportunidades em que a corrupção pode acontecer. As organizações entendem a importância da integração vertical ou horizontal para controlar custos e criar previsibilidade em suas operações. Essa é uma das razões pelas quais muitas grandes empresas em mercados emergentes integram vertical e horizontalmente operações que podem parecer desnecessárias em países mais prósperos. Como descrevemos anteriormente, a Tolaram — fabricante do macarrão Indomie —, por exemplo, gera sua própria eletricidade e criou uma rede de distribuição e varejo para garantir um fornecimento estável e previsível.

Quanto mais componentes do modelo de negócios de uma organização são internalizados, mais chances ela tem de reduzir a corrupção. De certa forma, é como se uma organização pudesse recomeçar e criar novas regras para definir seu sistema de recompensa e punição. É exatamente isso que a Roshan, principal provedora de telecomunicações no Afeganistão, fez para diminuir o problema.

Com uma pontuação de 15/100, o Afeganistão ocupa o 177º lugar entre 180 nações no Índice de Percepção de Corrupção da Transparência Internacional. Um relatório divulgado recentemente pela ONG sugere que é improvável que o país cumpra seus compromissos de conter a corrupção, apesar dos esforços para fazê-lo. Porém a Roshan compreendeu que, para superar a cultura da corrupção cultivada no país há muito tempo, era preciso fazer algo diferente.

Muitas pessoas podem não lembrar como era fazer telefonemas no Afeganistão há duas décadas, mas, felizmente, Philip Auerswald nos lembra em seu livro *The Coming Prosperity*. Ele cita Karim Khoja, fundador da Roshan, que observa: "A menos que você fosse muito rico, se quisesse fazer uma ligação, teria que caminhar 700 quilômetros até o país mais próximo. Havia uma empresa de telefonia celular que cobrava US$500 pelo aparelho e US$12 por minuto para ligações internacionais, ou US$3 para chamadas locais. Era preciso subornar seus vendedores até para que notassem sua presença."[32] Hoje, a Roshan atende aproximadamente 6 milhões de pessoas e conquistou a reputação de atuar eticamente, com uma força de trabalho de 1.200 colaboradores composta quase exclusivamente por afegãos. No entanto alcançar esse patamar não foi fácil. Em 2009, a empresa gastava mais de US$1.500 por funcionário local ao treiná-los nos aspectos técnicos e na ética empresariais.

A Roshan não se enganou em acreditar que as pessoas sempre recorreriam à sua própria bondade e, assim, não se restringiu simplesmente ao treinamento ético. A empresa percebeu que precisava se integrar mais. Assim, ela criou um departamento de relações com o governo que lida com denúncias e relatos de corrupção. Os funcionários são instruídos a informar a exigência de pagamento de subornos ao departamento, que, por sua vez, relata essas incidências aos ministros, às organizações doadoras e aos membros da mídia do Afeganistão. Hoje, a empresa é vista como um sinal de esperança e um bem comunitário no país.

O Afeganistão ainda está mal posicionado em muitas métricas de corrupção, mas o caso da Roshan mostra que é possível evitá-la mesmo nos ambientes de negócios mais difíceis. Se a transparência pode começar a se enraizar na atual nação afegã, esperamos que o mesmo aconteça em outros países.

Da Pirataria à Assinatura Paga

A corrupção para a maioria das pessoas, especialmente em países pobres, é simplesmente um meio para um fim. Se houvesse uma alternativa, grande parte não escolheria contratá-la para progredir. E, além de impor a moralidade — muitas vezes uma estratégia cara e difícil com resultados mistos —, não conseguimos pensar em uma estratégia melhor para conter o problema do que a criação subsequente de novos mercados.

Considere o que aconteceu na indústria musical nos Estados Unidos na virada deste século — em uma sucessão relativamente rápida, a cultura de pirataria e compartilhamento ilegal de músicas deu lugar a uma em que os clientes optam por pagar pelo streaming.

Se você tem idade suficiente para se lembrar da era de ouro da "coletânea de músicas em uma fita cassete", lembrará que, após a inovação de um gravador duplo, copiar músicas ficou fácil. Era só comprar uma fita e fazer cópias para você e seus amigos. Foi o que muitos de nós fizemos. Fitas com coletâneas de músicas para festas, para compartilhar com namoradas ou namorados e para escutar em viagens. Com nossas fitas caseiras, podíamos criar a seleção musical ideal para escutar sempre que quiséssemos. Executivos da indústria musical passaram anos fazendo lobby no Congresso por proteções mais rígidas a direitos autorais e gastaram milhões de dólares em campanhas de conscientização destinadas a impedir que pessoas "roubassem" a música dessa maneira. Contudo, nenhuma das tentativas impediu a prática. O ensaísta Geoffrey O'Brien chamou a fita de coletânea pessoal de "a forma de arte norte-americana mais disseminada e praticada". Em outras palavras, era a arte de roubar dos artistas que adorávamos. De repente, os EUA se tornaram uma nação de ladrões de música. E poucas pessoas fora da indústria musical pareciam se importar.

Na verdade, as coisas só pioraram para a indústria da música com a invenção do Napster, uma tecnologia pioneira de compartilhamento de arquivos que fazia a prática da gravação caseira parecer obsoleta. De repente, pessoas de todo o mundo podiam compartilhar suas músicas — a qualquer hora, com qualquer um. E elas o fizeram indiscriminadamente. A situação se agravou tanto que praticamente todos na indústria musical processaram o Napster. E a indústria ganhou. O aplicativo teve que encerrar suas operações e, posteriormente, declarou falência. Porém, embora tenha vencido essa batalha, a indústria perdeu a guerra ao não conseguir impedir que os norte-americanos amantes de música as compartilhassem ilegalmente e na clandestinidade.

Em um extraordinário livro confessional intitulado *How Music Got Free*, o jornalista Stephen Witt narra sua própria incursão entusiasmante no mundo da pirataria musical — e sua eventual mudança de opinião. Ele não parou de roubar música porque teve uma revelação moral. Em vez disso, depois de anos se divertindo com a furtiva indústria da pirataria de música online, Witt finalmente decidiu desistir da prática em 2014, porque *simplesmente não valia a pena*. "A pirataria estava se tornando muito cara e demorada — depois de um certo ponto, era mais barato pagar uma assinatura do Spotify e da Netflix", escreve. "A posse individual de propriedade digital 'privada' estava desaparecendo; no novo paradigma, os bens digitais eram propriedade corporativa, com usuários que pagavam por acesso limitado. Ao usar o Spotify pela primeira vez, eu imediatamente entendi que as corporações haviam ganhado — sua dimensão e praticidade fizeram a música de torrent parecer antiquada. Pela primeira vez, um negócio lícito oferecia um produto superior ao oferecido pelo clandestino."

A indústria musical poderia até ter conseguido derrubar a pirataria em alguns pontos, mas, até que realmente entendesse por que as pessoas "contratavam" essas soluções alternativas, não seria capaz de prevalecer, pois estava jogando seu próprio jogo de Whac-A-Mole. O mesmo acontece em toda a sociedade. Podemos ganhar processos contra políticos e práticas corruptas, mas até que entendamos de fato por que as pessoas contratam a corrupção continuaremos a gastar nossos árduos recursos na luta contra esse problema. Não estamos sugerindo que o mundo ignore a corrupção, na esperança de que as inovações criadoras de mercado acabem por afastá-la. Entendemos que esse processo demanda tempo. Entretanto, devemos complementar agressivamente os esforços existentes com inovações criadoras de mercado, caso queiramos ter uma chance de combater a corrupção.

A Superação de Barreiras

Os agentes da Coreia do Sul que exigiam que eu pagasse "seguro de segurança" há 40 anos eram corruptos? Pela nossa definição, sim. E quanto aos policiais em países empobrecidos que aceitam subornos? Absolutamente. Essas pessoas se envolvem com a corrupção porque são moralmente falidas? Acho que não. Para cada uma delas, essa é a solução para uma dificuldade e, muitas vezes, a maneira mais econômica de fazer progresso em suas sociedades — e de sustentar suas famílias. Como constatamos inúmeras vezes, simplesmente promulgar novas leis — ou até mesmo sanções mais severas — não modificará esse comportamento. Apenas fará com que a corrupção se torne cada vez mais clandestina.

Não estamos dizendo que ela pode ser completamente erradicada, mas acreditamos que pode ser significativamente reduzida. Isso é importante para o potencial de crescimento de uma sociedade, porque limitar esse problema possibilita a previsibilidade e, como consequência, melhora a confiança e a transparência. Assim como a prosperidade, alcançar a transparência é um processo.

Quando analisamos as crenças amplamente difundidas de que estabelecer instituições sólidas e abolir a corrupção são pré-condições para o desenvolvimento de uma economia, constatamos repetidas vezes que a inovação, especialmente a que cria novos mercados, pode ser um catalisador crucial para a mudança. As inovações criadoras de mercado têm a capacidade de *atrair o* que é necessário, independentemente da existência de instituições sólidas ou do nível de corrupção. Acreditamos que as instituições adequadas acompanharão essas inovações, assim como a peça mais notória do quebra-cabeça do desenvolvimento: a infraestrutura.

NOTAS

1. Edward L. Glaeser e Andrei Shleifer, "The Rise of the Regulatory State", *Journal of Economic Literature* 41, n° 2 (junho de 2003): 401-425.

2. "Corruption Perceptions Index 2017", Transparência Internacional, 21 de fevereiro de 2018, https://www.transparency.org/news/feature/corruption_perceptions_index_2017.

3. "The monthly remuneration received by each of its officers and employees including the system of compensation as provided in its regulations", Maharashtra State Anti Corruption Bureau, acesso em 6 de abril de 2018, http://acbmaharashtra.gov.in/.

4. A queda nos preços do petróleo, que representa até 95% das receitas do governo venezuelano, não ajudou. Isso fez com que essas receitas diminuíssem de cerca de US$80 bilhões em 2013 para aproximadamente US$22 bilhões em 2016. Esse fato não apenas impediu o governo de financiar algumas necessidades básicas, mas também fez com que ele se tornasse mais criativo na "arrecadação de fundos". Por exemplo, alguns membros do governo se direcionaram a programas de apoio à distribuição de alimentos, pedindo suborno antes mesmo que os contêineres de alimentos fossem retirados dos portos do país.

The Associated Press, "US Lawmakers Call for Action on Venezuela Food Corruption", NBC News, 23 de janeiro de 2017, http://www.nbcnews.com/news/latino/us-lawmakers-call-action-venezuela-food-corruption-n710906.

5. Christian Goebel, "Taiwan's Fight Against Corruption", *Journal of Democracy* 27, n° 1 (janeiro de 2016): 128, https://www.researchgate.net/publication/291821592_Taiwan's_Fight_Against_Corruption.

6. Minxin Pei, "Corruption Threatens China's Future", *Carnegie Endowment for International Peace Policy Brief* 55, outubro de 2017, http://carnegie endowment.org/publications/index.cfm?fa=view&id=19628.

7. Sul-Lee Wee, "China's Parliament Is a Growing Billionaires' Club", *New York Times*, 1° de março de 2018, https://nyti.ms/2t7KA4z.

8. Howard French, *China's Second Continent: How a Million Migrants Are Building a New Empire in Africa* (Nova York: Alfred A. Knopf, 2014).

9. Jeff Desjardins, "These countries are leading the way on growth", *Fórum Econômico Mundial*, 30 de outubro de 2017, https://www.weforum.org/agenda/2017/10/these-countries-are-leading-the-way-on-growth.

10. "Corruption Perceptions Index 2017", Transparência Internacional, 21 de fevereiro de 2018.

11. "Foreign direct investment, net inflows (BoP, current US$)", Banco Mundial, acesso em 6 de abril de 2018, https://data.worldbank.org/indicator/BX.KLT.DINV.CD.WD?locations=CN.

12. "Lobbying: Overview", OpenSecrets.org, Center for Responsive Politics, acesso em 5 de março de 2018, https://www.opensecrets.org/lobby/.

13. O Serviço de Pesquisa do Congresso, um centro de estudos independente financiado com o objetivo de melhorar a governança nos Estados Unidos e, assim, aumentar a representatividade dos norte-americanos, fez uma extensa pesquisa sobre os efeitos da transparência nos governos, particularmente no Congresso dos EUA. Uma de suas principais teses é que aumentar a transparência pode realmente "degradar a qualidade de uma democracia". Sua pesquisa mostra que, à medida que o processo legislativo se torna mais transparente para os cidadãos, incluindo os lobistas, esses lobistas podem começar a influenciar os legisladores a votar de maneiras que não representam as necessidades e desejos do povo norte-americano. Isso significa que mesmo uma sociedade transparente não é desprovida de corrupção. Assim, devemos procurar continuamente formas de ajudar as pessoas a encontrar um substituto para esse câncer econômico. Leia mais aqui: http://congressionsalresearch.org/index.html.

14. Pete Hamill, "'Boss Tweed': The Fellowship of the Ring", *New York Times*, 27 de março de 2005, https://nyti.ms/2jLJRNi.

15. *The Progressive Era*, livro de Faith Jaycox, fornece um relato de algumas das práticas corruptas do Tammany Hall (maquinário do Partido Democrático de Nova York). A organização estava envolvida em "corrupção policial, incluindo extorsões generalizadas, intimidação de eleitores e fraude eleitoral, maus-tratos a novos imigrantes e colaboração com proprietários que exploravam seus inquilinos e empregadores que elaboravam estratégias para impedir greves." Quando um processo foi instaurado contra a organização por alguns reformadores em Nova York, o governador se recusou a financiar a investigação. Assim, ela foi financiada pela Câmara de Comércio e outros "Clubes do Bom Governo", como eram conhecidos na época. Esses clubes surgiram por todo o país em resposta à crescente corrupção governamental e eram custeados por cidadãos preocupados que queriam uma melhor representação.

Faith Jaycox, *The Progressive Era* (Nova York: Facts on File, 2005), 80.

16. Jack Beatty, *Age of Betrayal* (Nova York: Vintage Books, 2008), xvi.

17. O presidente Woodrow Wilson era um escritor prolífico, mesmo antes de se tornar presidente. Ele escrevia frequentemente sobre a situação do governo nos Estados

Unidos e sobre a corrupção. Em agosto de 1879, o influente periódico *International Review* publicou um de seus artigos escritos na época em que Wilson estudava em Princeton. Nele, o futuro presidente afirma: "Tanto as legislaturas estaduais quanto as nacionais são consideradas com grande desconfiança, e aclamamos a suspensão do Congresso como imunidade temporária ao perigo." Posteriormente, Wilson escreveu um discurso intitulado "Governo e Negócios", no qual declara: "O que há de errado com os negócios deste país? Em primeiro lugar, certos monopólios, ou quase monopólios, foram estabelecidos e mantidos injustamente; e foram utilizados e destinados para fins monopolistas."

Woodrow Wilson, *The New Freedom: A Call for the Emancipation of the Generous Energies of a People* (Nova York: Doubleday, Page & Company, 1913), 240.

18. Larry Schweikart, *The Entrepreneurial Adventure: A History of Business in the United States* (Fort Worth: Harcourt College Publishers, 2000), 153–154.

19. Earl Swift, *The Big Roads: The Untold Story of the Engineers, Visionaries, and Trailblazers Who Created the American Superhighways* (Boston: Houghton Mifflin Harcourt, 2011).

20. Lawrence Friedman, *A History of American Law*, 3ª edição revisada (Nova York: Simon & Schuster, 2005).

21. Na época em que Isaac Singer lançou sua máquina de costura, a probabilidade de que inovadores fossem processados por suas inovações era muito maior do que a chance de venda de seus produtos. As ações judiciais eram tão comuns que Singer e um grupo de outros inovadores criaram o primeiro "pool de patentes" de todos os tempos. A noção de que, de alguma forma, o ambiente de negócios dos EUA era previsível e a lei e a ordem eram respeitadas não é bem verdade.

Além disso, durante o período de construção ferroviária, houve ampla especulação e negociações com membros do Congresso. Muitos deles aproveitaram essa oportunidade para encher seus bolsos ao conceder favores aos maiores licitantes.

22. Edward L. Glaeser e Andrei Shleifer, "The Rise of the Regulatory State", 419.

23. Ralph V. Turner e Richard Heiser, *The Reign of Richard Lionheart: Ruler of the Angevin Empire, 1189–1199* (Londres: Routledge, 2000), 12.

24. Sir John Fortescue e Charles Plummer, *The Governance of England: The Difference between an Absolute and a Limited Monarchy* (Oxford: Clarendon Press, 1885): 24.

25. Deirdre McCloskey, *Bourgeois Dignity: Why Economics Can't Explain the Modern World* (Chicago: University of Chicago Press, 2010), 317.

26. Robert Bates, professor da Universidade de Harvard, fornece um resumo brilhante sobre a evolução do desenvolvimento institucional na Europa em seu pequeno livro *Prosperity & Violence*. Ele apresenta um relato minucioso sobre o desenvolvimento dos tribunais e parlamentos europeus. Em ambos os casos, torna-se evidente a relação entre

mercados prósperos e em crescimento e a capacidade de o Estado gerar mais receita por meio do desenvolvimento dessas novas instituições.

Robert Bates, *Prosperity & Violence* (Nova York: W.W. Norton & Co., Inc., 2010), 41, 52.

27. Ibid.

28. Em seu artigo "Predictable Corruption and Firm Investment", o economista Krislert Samphantharak e o cientista político Edmund Malesky escrevem que a previsibilidade de subornos é pelo menos tão importante para as decisões de investimento de uma empresa quanto a quantia de suborno que ela paga, desde que não seja exageradamente cara.

Krislert Samphantharak e Edmund J. Malesky, "Predictable Corruption and Firm Investment: Evidence from a Natural Experiment and Survey of Cambodian Entrepreneurs", *Quarterly Journal of Political Science* 3 (31 de março de 2008): 227-267.

J. Edgar Campos também chega à mesma conclusão de que, no que diz respeito ao impacto da corrupção nos investimentos, a previsibilidade é importante. Ele explica isso em seu artigo "The Impact of Corruption on Investment: Predictability Matters".

29. Choe Sang-Hun, "Park Geun-hye, South Korea's Ousted President, Gets 24 Years in Prison", *New York Times*, 6 de abril de 2018, https://nyti.ms/2Heh68v.

30. Mushtaq H. Khan, "State Failure in Developing Countries and Institutional Reform Strategies", *Conferência Anual do Banco Mundial sobre Economia do Desenvolvimento — Europa 2003*, http://eprints.soas.ac.uk/3683/1/State_Failure.pdf.

Matthew McCartney, *Economic Growth and Development: A Comparative Introduction* (Londres: Palgrave Macmillan, 2015), 217.

31. Edward L. Glaeser e Andrei Shleifer, "The Rise of the Regulatory State", 420.

32. Philip Auerswald, *The Coming Prosperity: How Entrepreneurs Are Transforming the Global Economy* (Oxford: Oxford University Press, 2012), 58.

Karim Khoja, "Connecting a Nation: Roshan Brings Communications Services to Afghanistan", *Innovations* 4, n° 1 (inverno de 2009): 33-50, https://www.mitpressjournals.org/doi/pdf/10.1162/itgg.2009.4.1.33.

Capítulo 10

Se Você Construir, Pode Ser que Eles Não Venham

Entre o oceano e a montanha [na Cidade do Cabo], há a estrada inacabada. É um marco de aparência estranha em uma bela cidade: trechos de estradas elevadas deixadas suspensas no ar quando a construção parou nos anos 1970. Quatro décadas depois, as grossas placas de concreto ainda terminam em quedas abruptas.

— *THE ECONOMIST*

Resumo da Ideia

Crianças sentadas em pisos de terra em uma sala de aula sem mesas. Pacientes em fila nos corredores de hospitais e clínicas, desesperados por ajuda. Mulheres que caminham longas distâncias em estradas não pavimentadas para buscar água. Instalações de tratamento de esgoto inexistentes. Estradas intransitáveis. Ferrovias em mau funcionamento. Portos ineficientes. A infraestrutura precária é um dos sinais mais visíveis de pobreza e uma das principais razões pelas quais os países pobres não conseguem escapar do seu ciclo de miséria, de acordo com um relatório da Conferência das Nações Unidas sobre Comércio e Desenvolvimento (UNCTAD, na sigla em inglês).[2] Se essas nações pudessem apenas melhorar suas infraestruturas, o investimento fluiria e a prosperidade viria em seguida.

Embora seja verdade que investidores e empreendedores, colaboradores do desenvolvimento e corporações multinacionais estejam frustrados pela falta de infraestrutura confiável em muitos países de baixa renda em todo o mundo, presumindo que a prosperidade sucederá investimentos infraestruturais, eles esquecem uma questão crítica: *o que sustenta o* **sucesso** *do desenvolvimento da infraestrutura?* Será que basta apenas um governo ou agência de desenvolvimento bem-intencionada destinar milhões ou bilhões de dólares para a construção? Neste capítulo, exploraremos a relação entre inovações criadoras de mercado e infraestrutura. Constatamos que, sem um compromisso sério de incentivo às inovações que criam novos mercados ou apoiam os existentes, muitos projetos infraestruturais são vulneráveis ao fracasso.

Quando Mo Ibrahim idealizou pela primeira vez a criação de uma empresa de telefonia móvel em todo o continente africano, ele e seus colegas tiveram que encontrar maneiras criativas de lidar com as infraestruturas físicas deficientes, país por país. Desafios que até mesmo sua ampla experiência no setor de telecomunicações do Reino Unido não o preparara para enfrentar. "Criar uma empresa de telefonia móvel na Europa implica fazer acordos com empresas de telecomunicações existentes, preencher formulários e fazer ligações", lembra Ibrahim sobre o processo, que parecia simples em comparação ao que estava prestes a confrontar. "Na África, tivemos que literalmente construir a rede, torre por torre."

Inicialmente, Ibrahim e sua equipe se concentraram em alguns países que tinham licenças de rede gratuitas ou de baixo custo, incluindo Uganda, Malawi, República Democrática do Congo, República do Congo, Gabão e Serra Leoa. A demanda reprimida era quase esmagadora e eles não conseguiam se preparar rápido o suficiente. Ao estabelecer as operações no Gabão, por exemplo, os clientes chegaram a derrubar a porta de um dos escritórios da Celtel na tentativa de entrar. Era essa a vontade extrema que as pessoas tinham de realizar telefonemas. Porém essa demanda apenas pressionou ainda mais Ibrahim, que tinha a urgência de efetivamente configurar a infraestrutura necessária para colocar o negócio em funcionamento, uma tarefa praticamente impossível. Fazer negócios em um lugar como a República Democrática do Congo foi inicialmente um pesadelo, porque não tinha boas estradas — e às vezes nem estradas ruins. A equipe de Ibrahim teve que usar helicópteros para mover suas estações rádio base e levar equipamentos pesados para cima de uma colina ou para o meio do nada. Eles precisavam descobrir como obter energia para esses locais.

As equipes da Celtel tiveram que aprovisionar sua própria eletricidade e água; abastecer e reabastecer seus geradores com frequência. Além disso, havia um desafio para o qual a extensa experiência de Ibrahim na indústria de telecomunicações não o preparara: garantir que não houvesse inimizade com nenhum dos grupos de guerrilheiros locais, em cujo território a Celtel precisava construir torres. Os críticos de Ibrahim o advertiram de que ele nunca seria capaz de trabalhar nesses territórios dominados por chefes militares. Porém o medo acabou por ser infundado. Esses grupos não apenas receberam as torres Celtel em seu território, como também as protegeram. Eles rapidamente reconheceram que elas facilitavam uma melhor comunicação durante os tempos de conflito, o que *os ajudava* a resolver uma dificuldade.

Assim, torre por torre, Ibrahim e sua equipe foram capazes de construir a infraestrutura necessária para tirar sua empresa do papel. A princípio, ela era imperfeita e instável, no entanto, à medida que sua base de clientes cresceu, também aumentou sua capacidade de criar — ou fazer parcerias com os governos locais para elaborar — a infraestrutura sofisticada necessária para oferecer suporte total à rede. Hoje, a infraestrutura da organização de telecomunicações móveis da África atende aproximadamente 1 bilhão de assinantes. Além do grande êxito da empresa de Ibrahim, seus investimentos infraestruturais também desencadearam mais investimentos e fizeram com que uma série de empreendedores começassem a considerar o setor de telecomunicações da África. O que há 20 anos era uma indústria inexistente e sem infraestrutura atualmente atrai bilhões de dólares em investimentos e contribui com mais de US$200 bilhões em valor econômico ao continente.

Embora muitos considerem a falta de infraestrutura fundamental nas economias em dificuldades um obstáculo intransponível — ou uma solução essencial antes que as empresas possam começar a se desenvolver nos mercados emergentes —, outras reconhecem que ela é atraída aos poucos para onde é realmente necessária, por meio de soluções "boas o suficiente". Basta perguntar aos muitos assinantes de telecomunicações africanos o quanto melhorou o serviço de celular nos últimos 20 anos. Pode não ser perfeito ainda, mas é muito melhor do que era 20, 10 e até 5 anos atrás. Curiosamente, um fenômeno semelhante aconteceu nos EUA há 150 anos. Projetos de infraestrutura bem-sucedidos crescem com as empresas e melhoram à medida que as economias se desenvolvem. Uma boa infraestrutura surgirá quando houver mercados que possam absorver o custo de construção e manutenção.

O Impulso para uma Infraestrutura Falha

A noção de que os governos dos países pobres devem forçar a infraestrutura para as sociedades antes que qualquer desenvolvimento significativo possa acontecer não tem sido um caminho consagrado para a prosperidade. Na verdade, a ideia de que investimentos infraestruturais em grande escala são uma pré-condição para o desenvolvimento econômico é uma teoria relativamente nova, que começou a se enraizar na década de 1950. Até mesmo a palavra "infraestrutura" não era comumente usada até que vários artigos influentes fossem escritos para promovê-la como uma precursora do desenvolvimento econômico.[3] Depois disso, ela se tornou sinônimo de uma promessa de "progresso", mas muitas vezes relacionada às vicissitudes políticas.

Se você alguma vez visitar a Cidade do Cabo, na África do Sul, ficará impressionado com a visão de uma rodovia elevada que cruza o centro da cidade, porque ela literalmente acaba em um precipício, sem nada além de uma grade de proteção para evitar que um carro caia da borda. Essa estrada para lugar nenhum permanece ali, inacabada, há mais de 40 anos. Em parte, ela foi originalmente planejada para ajudar alguns moradores mais pobres da região a se deslocar mais rapidamente para empregos com melhores salários fora de seus bairros locais. Só que, na verdade, não havia muitos empregos mais bem-remunerados simplesmente esperando que as pessoas encontrassem uma maneira de chegar até eles. Assim, quando a verba acabou e as prioridades mudaram — e todos esses empregos que estariam disponíveis para os residentes mais pobres e sem instrução não se concretizaram —, a ponte tornou-se um símbolo gritante de boas intenções que deram errado. Nas últimas quatro décadas, ela tem sido usada como cenário para comerciais ousados e ensaios fotográficos de modelos, filmes e programas de televisão ocasionais, e não muito além disso.

Forçar a infraestrutura para uma economia de baixa e média renda antes que existam mercados suficientes para usá-la pode resultar em projetos grandes, magníficos e, por fim, fracassados, que custam vários bilhões de dólares — lembranças visíveis e dolorosas do que antes parecia possível.

Em contrapartida, como já mencionamos ao escrever sobre Isaac Singer, ainda existe uma estação ferroviária na Escócia — construída originalmente em 1907 como uma maneira de levar com mais eficiência as máquinas de costura Singer da fábrica escocesa ao mercado. A primeira grande ferrovia nos Estados Unidos, a Baltimore & Ohio, foi desenvolvida por um consórcio de investidores e empreendedores com o objetivo principal de melhorar o acesso aos mercados. T. Coleman du Pont, engenheiro, empresário, político norte-americano e membro da influente família Pont, foi o responsável pela construção da Du-Pont Highway, uma rodovia com mais de 200 quilômetros em Delaware, que depois foi doada ao estado e hoje é conhecida como US Route 113 e US Route 13. Durante a euforia automobilística nos EUA, Frank Seiberling, presidente da empresa de pneus Goodyear, concedeu US$300 mil para a construção de estradas no país. Ele não consultou seu conselho e disse posteriormente que era "uma estratégia para que a empresa distribuísse dividendos".[4] Para quem queria vender pneus, investir em estradas era uma excelente opção.

A construção de muitos projetos de infraestrutura bem-sucedidos — naquela época e agora — geralmente começa porque os empreendedores tentam resolver um problema com mais eficiência. Foi a proliferação de motocicletas e veículos motorizados no Japão que acarretou a pavimentação de estradas, ou pelo menos o que a tornou sustentável. Em 1949, havia menos de 2 mil quilômetros de rodovias pavimentadas e apenas 370 mil veículos motorizados registrados no país. Dez anos depois, o número de veículos ultrapassava 5 milhões, e a extensão das rodovias mais que quadruplicou. Entretanto, o transporte não é o único setor em que se verifica esse fenômeno. Ele também ocorre em outros, como eletricidade, educação, saúde, comunicações e assim por diante. Ainda hoje, as empresas em todo o mundo costumam liderar os esforços infraestruturais essenciais para expandir seus negócios. Como descrevemos anteriormente, a Tolaram, a empresa de macarrão que vale bilhões de dólares, providencia sua própria eletricidade e tratamento de água e desenvolve ativamente o que se tornará um dos maiores portos da África. A POSCO, empresa siderúrgica coreana, uma das maiores do mundo, criou a POSTECH, uma escola para treinar gerentes e técnicos. Quando Ford decidiu democratizar o carro, ele teve que construir e administrar algumas ferrovias também.

Por mais caros que muitos desses projetos de infraestrutura possam parecer, quando descobrirmos como divulgar adequadamente a oportunidade, o capital sobrevirá. Quando esses projetos se relacionam a inovações criadoras de mercado, eles se tornam mais viáveis e são capazes de atrair o capital necessário para a construção e manutenção. No entanto, quando os mesmos projetos são considerados isoladamente, eles quase nunca parecem lucrativos e, como resultado, há dificuldade em atrair capital.

Joseph Bower, meu colega e professor da Harvard Business School, detalhou um fenômeno similar em seu livro *Managing the Resource Allocation Process: A Study of Corporate Planning and Investment*, no qual explica quantas boas ideias se enfraqueceram dentro das corporações porque os gestores de nível médio não divulgaram o valor dos projetos em relação à forma como a organização lucrava. Assim, os executivos de nível mais alto nunca tiveram a chance de considerar muitos projetos potencialmente rentáveis porque esses gerentes os julgaram não lucrativos e nunca os evidenciaram. O mesmo ocorre com os projetos de infraestrutura, especialmente em países pobres. Muitos investidores podem nunca pensar seriamente em financiar uma nova estrada, escola técnica, porto ou hospital porque muitas vezes os consideram simplesmente pelas perspectiva de investimentos necessários e não rentáveis. Se analisados pelo viés do mercado que ajudam a criar ou a desenvolver, muitos desses projetos infraestruturais se tornariam mais interessantes tanto para governos quanto para empresas.

Pode ser tentador pensar que esse é um fenômeno de "país pobre" ou "mercado emergente". Não é. É um fenômeno no qual "a inovação normalmente precede a infraestrutura" — semelhante em países ricos e pobres. No final de 2017, por exemplo, o Facebook e a Microsoft criaram uma infraestrutura digital significativa chamada MAREA. É um cabo submarino transatlântico de 6.400 quilômetros entre a Virgínia, nos EUA e Bilbau, na Espanha. Segundo a Microsoft, esse é o cabo de maior capacidade que já atravessou o Oceano Atlântico. Ademais, assim como as ferrovias nos auxiliaram na movimentação de bens e serviços em 1800, hoje a infraestrutura da internet nos ajuda a movimentar informações digitais. A MAREA, no entanto, não foi financiada pela Virgínia ou por Bilbau, mas pela Microsoft e pelo Facebook.

Atualmente, os países pobres tentam replicar muitas das infraestruturas que foram desenvolvidas por séculos nas nações ricas. E, pior, eles geralmente tentam reproduzir diferentes infraestruturas indispensáveis sem associá-las às necessidades das organizações e, mais especificamente, às inovações criadoras de mercado. Infelizmente, e como podemos constatar ao observar os projetos infraestruturais que falharam em muitos desses locais, essa não é uma estratégia sustentável.

O Afeganistão, onde o governo dos EUA gastou mais de US$1 bilhão em infraestrutura educacional no país, com poucos resultados, é um exemplo. Em 2011, segundo o Ministério da Educação, havia 1.100 escolas em funcionamento. Em 2015, a maioria delas eram prédios vazios, sem alunos nem professores.[5] Na Tanzânia, um projeto de US$200 milhões para construir uma fábrica de papel e celulose destinada a apoiar o compromisso do país com a educação primária universal (era necessário imprimir muitos livros para estudantes) foi à falência depois que os planejadores perceberam que era grande e tecnicamente complexa demais para os tanzanianos gerenciarem na época. Infelizmente, pelos próximos 20 anos, os cidadãos terão que arcar com os custos do problemático projeto.[6] Uma situação semelhante aconteceu com os cuidados de saúde em Cabul quando o governo dos EUA financiou uma clínica de última geração direcionada à atenção primária. A certa altura, o local recebia milhares de pacientes por mês, mas foi fechado em 2013 porque não tinha fundos para se manter sustentável e solvente. O cenário é parecido no Parirenyatwa Hospital, no Zimbábue. Segundo relatos, o que antes era uma próspera instalação que cuidava de milhares de zimbabuanos, agora é um espaço abandonado com um "sentimento inquietante de anormalidade".[7]

Por que esses projetos começam com tanta esperança e promessa, mas quase sempre falham em cumprir seus objetivos?

Categorizando a Infraestrutura

As infraestruturas são frequentemente definidas como *as estruturas básicas físicas e organizacionais e instalações **necessárias** para a operação de uma sociedade ou empresa.*[8] Essa definição nos leva ao argumento de que o desenvolvimento infraestrutural deve ser feito a todo custo para que o progresso aconteça.[9] A partir disso, observamos todas elas pela mesma perspectiva — são essenciais para as operações de uma sociedade ou empresa. Contudo, quando se compreende seu papel com mais precisão, é possível constatar que, ao forçá-las para uma economia local antes que estejam prontas, raramente são bem-sucedidas.

Para realmente entender por que muitos projetos não cumprem suas promessas, devemos primeiro definir e categorizar as infraestruturas adequadamente. As categorizações são importantes, pois são uma parte fundamental de como nossos cérebros compreendem uma informação. Quando aprendemos algo novo, colocamos esse conhecimento em uma categoria de "gostar" ou "não gostar". É assim que assimilamos o significado relativo. No meio acadêmico, categorizar corretamente problemas, soluções e ideias é fundamental para melhorar nossa compreensão de como o mundo funciona. Se não fizermos uma categorização adequada, nunca poderemos entender os problemas que tentamos resolver. Nunca diagnosticaremos devidamente as falhas em nossa análise — o que significa que não conseguiremos resolver a dificuldade subjacente. A situação da infraestrutura não é diferente.

É importante, então, entendermos que ela é dividida em duas categorias: rígidas e flexíveis. A primeira tem como exemplos estradas, pontes e sistemas de energia e comunicações de uma região. A segunda, sistemas financeiro, de saúde e educação.

Com essa categorização em mente, verificamos uma definição diferente, talvez mais útil, de infraestrutura como *o mecanismo mais eficiente pelo qual uma sociedade armazena ou distribui valor*. Por exemplo, as estradas são o meio mais eficiente que desenvolvemos para distribuir ou transportar carros, caminhões e motocicletas; as escolas são o meio mais eficiente para distribuir conhecimento (até o momento); hospitais e clínicas são o meio mais eficiente que temos para distribuir cuidados de saúde (em comparação com uma época em que a maioria dos médicos fazia visitas domiciliares); a internet é o meio mais eficiente para distribuir informações; os portos são o meio mais eficiente que desenvolvemos para armazenar temporariamente mercadorias transportadas. Essa definição simplifica completamente o conceito de infraestrutura.

Infraestrutura	Categoria	Valor	Armazenamento ou Distribuição
Escolas	Flexível	Conhecimento	Distribuição
Sistemas financeiros	Flexível	Crédito	Ambos
Portos	Rígida	Mercadorias	Armazenamento
Eletricidade	Rígida	Energia	Ambos
Sistemas de esgoto	Rígida	Saneamento	Distribuição
Estradas e Pontes	Rígida	Carros, caminhões, motos, bicicletas etc.	Ambos
Obras hídricas	Rígida	Água	Ambos

Figura 10: Alguns exemplos de infraestruturas e o valor que elas armazenam ou distribuem, ou ambos

Entender o propósito funcional da infraestrutura nesse nível granular nos ajuda a descobrir seus dois importantes atributos:

1. Em última análise, o valor de uma infraestrutura está intrinsecamente relacionado ao valor que armazena ou distribui.

2. O valor armazenado ou distribuído deve justificar — e, por fim, contribuir para — o custo de construção e manutenção infraestrutural.

Explicaremos o que queremos dizer.

Quando Escolas Não São o Mesmo que Educação

Como você determina o valor da infraestrutura de educação, saúde ou transporte de uma nação? Elas não valem tanto ou tão pouco quanto o valor que proporcionam aos cidadãos? Há uma tendência de construí-las sem que antes se entenda a sutil relação entre infraestrutura e valor distribuído ou armazenado.

As infraestruturas existem para servir a um propósito. Por si só, não criam valor — elas distribuem ou armazenam.[10] Por exemplo, infelizmente muitos países pobres constroem escolas que não distribuem valor real aos estudantes. E assim, embora possamos celebrar o fato de que a infraestrutura educacional deles está "melhorando", o valor real — isto é, a qualidade da educação que está sendo distribuída aos alunos — é baixo. "Mais crianças estão na escola do que já estiveram. A atenção internacional para melhorar as matrículas e as metas, como o segundo item da lista dos Objetivos de Desenvolvimento do Milênio [das Nações Unidas], teve muito a ver com esse avanço", observa Lant Pritchett, da Harvard Kennedy School, que escreveu extensivamente sobre o tema. "No entanto, embora tenha havido muitas metas escolares, não houve nenhuma de educação internacional, e a escolarização — para esclarecer — *não é o mesmo que educação*."[11] Em essência, escola não é sinônimo de educação.

O que Pritchett descreve é o que ocorre com o valor educacional que muitos estudantes em países pobres recebem. Por exemplo, embora a taxa de matrícula na escola primária de muitas das nações de baixa renda esteja agora quase no mesmo nível da dos países de alta renda, a qualidade da educação não poderia ser mais diferente.[12] Avaliações internacionais de alfabetização e educação matemática mostram que o aluno mediano em um país de baixa renda tem desempenho inferior a 95% dos estudantes em países de alta renda. Além disso, os alunos que estão no quartil superior em nações de baixa renda acabariam no quartil inferior em países de alta renda.[13]

A situação não parece ser drasticamente diferente para aqueles que frequentam o sistema escolar em muitos países pobres. O valor que grande parte dos estudantes recebe até mesmo da infraestrutura de ensino superior também parece ser bastante baixo. Em Gana, por exemplo, as muitas pessoas formadas que não conseguem emprego criaram uma organização chamada Associação de Graduados Desempregados (no final de 2017, adotaram o nome mais otimista de Associação de Graduados em Desenvolvimento de Habilidades). Na Nigéria, na África do Sul e no Quênia, o desemprego entre os formados continua a aumentar, e os estudantes agora consideram o trabalho autônomo sua opção mais viável para sobreviver.[14]

Embora essas nações possam ter taxas crescentes de matrícula na educação primária, secundária e superior, o valor que essas escolas distribuem aos alunos é baixo. O mesmo vale para outras formas de infraestrutura — desde a assistência médica até o transporte e as muitas outras que desenvolvemos. Sua utilidade consiste no valor que são capazes de distribuir aos cidadãos. Se não puderem realizar essa distribuição de forma eficiente, lucrativa e sustentável, elas provavelmente não durarão.

Quem Assume os Custos?

Cerimônias de inauguração que destacam novas e chamativas infraestruturas são onipresentes em muitos países, ricos e pobres. Elas são uma chance para os políticos evidenciarem o trabalho (ou receberem o mérito pelo feito) que realizam para servir ao povo. No entanto muitos projetos infraestruturais que são empurrados para comunidades pobres não armazenam ou distribuem valor suficiente para justificar sua construção e manutenção. Essas cerimônias são rapidamente esquecidas, uma vez que os esforços de infraestruturas antes promissoras enfraquecem sem gerar receita suficiente para serem mantidas.

Se o valor do que está sendo armazenado ou distribuído em uma determinada infraestrutura é incapaz de financiar (muitas vezes por meio de impostos — direta ou indiretamente — ou pelas taxas cobradas pelos próprios fornecedores) seu desenvolvimento e sua manutenção, o projeto provavelmente fracassará. Se essa situação perdurar, infelizmente, os países pobres continuarão a pedir dinheiro emprestado para financiar projetos infraestruturais de grande escala e podem nunca sair de seu ciclo de dívidas. Em março de 2018, o Fundo Monetário Internacional (FMI) divulgou um relatório com a informação de que 40% dos países de baixa renda estão agora em crise de dívida ou são altamente suscetíveis a ingressar em uma.

Considere o exemplo da recém-encomendada Mombasa – Nairobi Standard Gauge Railway, inaugurada em maio de 2017. Um artigo recente no *Economist* observa que a ferrovia de US$3,2 bilhões "pode nunca gerar lucros". A nova linha ferroviária deveria transportar cerca de 40% da carga do porto de Mombasa, mas em seu primeiro mês transportou apenas 2%. Infelizmente, a parte rentável do investimento parece não estar aumentando. Um estudo de 2013 realizado pelo Banco Mundial estimou que a "nova ferrovia só seria viável se conseguisse movimentar pelo menos 20 milhões de toneladas de carga por ano, quase tudo que passa pelo porto [de Mombasa]. Na melhor das hipóteses, a nova linha transportará metade disso".[15] Já há algumas evidências de que a linha férrea não será sustentável e, se não for mantida adequadamente, pode não durar muito tempo. Porém a dívida do Quênia com os chineses que a financiaram e construíram permanecerá e, com juros, aumentará. Parece que a questão não é a ausência de ferrovia (infraestrutura) em si, mas a de valor (inovações) para utilizá-la.

Há muitos outros exemplos de hospitais, escolas e outros projetos infraestruturais que não movimentam ou armazenam valor suficiente para permanecer economicamente viáveis. No Brasil, há inúmeros desses projetos fracassados. Por exemplo, US$32 milhões foram destinados à construção de um teleférico para transportar moradores para o morro da favela no Rio de Janeiro, mas o projeto está parado desde 2012, pois não havia passageiros suficientes para justificar sua manutenção. Há vários outros exemplos no país, incluindo a rede de canais de concreto de US$3,4 bilhões na região Nordeste, as dezenas de novos parques eólicos e vários estádios e ferrovias. É quase como se os projetos infraestruturais não pudessem sobreviver ao clima brasileiro.[16]

Tendo em mente a nossa compreensão do que é infraestrutura e como ela se relaciona com o valor que armazena ou distribui, como podemos investir de forma mais sustentável em projetos infraestruturais viáveis?

Desenvolvimento de Infraestrutura

O desenvolvimento de infraestrutura não é apenas caro — econômica, política e socialmente —, mas muitas vezes também falha em cumprir totalmente sua promessa de impacto econômico nos países ricos e pobres. Por exemplo, o economista dinamarquês Bent Flyvbjerg, que fez uma extensa pesquisa sobre megaprojetos (projetos que custam mais de um bilhão de dólares) e riscos, observa que nove entre dez desses projetos estão atrasados, acima do orçamento e malsucedidos em suas projeções econômicas. E a maioria das complicações e estudos citados por Flyvbjerg não estão nos países mais pobres do mundo, que carecem de capacidade institucional, perícia técnica e supervisão administrativa para gerenciar esses grandes projetos; mas nos mais ricos.[17]

Isso dificulta o estímulo infraestrutural nos países pobres. Por definição, os países pobres não têm fundos para investir nas infraestruturas, e seus governos não são capazes de atrair os investimentos necessários para construir e manter as não existentes. Tendo em vista os altos custos de infraestrutura e a grave falta de investimentos nos países pobres, que esperança há para que ela se desenvolva? Não há muita expectativa quando infraestruturas são consideradas de maneira convencional — essencialmente como uma pré-condição necessária para o desenvolvimento, que deve ser financiado quase exclusivamente pelo governo, agências bem-intencionadas ou ONGs. No entanto, quando seu progresso é atraído para a sociedade por inovações que criam novos mercados, os investimentos tornam-se mais viáveis. De repente, o alto custo do desenvolvimento infraestrutural de uma sociedade torna-se mais administrável e os gastos são muitas vezes internalizados pelos novos mercados criados (impostos, taxas cobradas para usar a infraestrutura recém-construída, ou empresas que fazem investimentos de longo prazo e as atraem para seu modelo de negócios).

Na Índia, vemos como o Aravind Eye Care System, agora o maior e mais produtivo hospital de olhos do mundo, atrai a infraestrutura necessária para fornecer assistência médica a milhões de pessoas na Índia. O hospital tratou mais de 32 milhões de pacientes e realizou mais de 4 milhões de cirurgias oculares. No entanto, o Aravind não contrata enfermeiros treinados; em vez disso, internaliza os custos de treinamento profissional da área médica. O hospital recruta pessoas inteligentes, as treina e depois lhes oferece empregos na prestigiada organização. "Nossos profissionais não vêm da faculdade de enfermagem; nós fornecemos o treinamento para eles", observa R.D. Thulasiraj, um dos líderes da organização, em relação à formação de enfermeiros. "É como obter um diploma de prestígio e o treinamento de uma vez só."[18]

O Aravind é capaz de internalizar o custo dessa infraestrutura educacional fornecida em grande parte porque criou um vasto novo mercado para cirurgias oculares na Índia e garante a qualidade dos cuidados prestados aos seus pacientes. E, como há poucas escolas que podem capacitar profissionais de saúde até o nível necessário para atuar no hospital, a empresa precisa internalizar o custo da educação em seu modelo de negócios. A maioria dos pacientes do Aravind são cidadãos de renda muito baixa, mas a organização desenvolveu um modelo de negócios tão único e sustentável que inúmeros estudos de caso foram realizados sobre o assunto. Esse modelo não envolve apenas o treinamento extensivo de sua equipe médica para capacitação de trabalho no hospital, mas também inclui a fabricação de lentes intraoculares (LIOs) e várias outras atividades. As LIOs são parte integrante das cirurgias que o hospital realiza. Antes de construir sua fábrica, o Aravind importava LIOs dos Estados Unidos a um custo aproximado de US$30. Agora, elas custam cerca de um quarto das importadas.[19]

Se o Dr. Govindappa Venkataswamy, fundador do Aravind, tivesse esperado o governo indiano desenvolver a infraestrutura de educação médica do país antes de criar a organização, então o maior e mais produtivo hospital de olhos do mundo não existiria.

Mas Não É Responsabilidade do Governo?

Pode ser desconfortável pensar que, de alguma forma, deixamos os governos se eximirem do desenvolvimento, financiamento e gerenciamento de infraestrutura. Isso não é uma parte crítica da responsabilidade governamental em uma sociedade?

De fato, o desenvolvimento infraestrutural certamente evoluiu para se tornar responsabilidade do governo, e não estamos o isentando de seus deveres. Contudo, mais uma vez, o *sequenciamento é importante*. A história está repleta de exemplos de empreendedores criativos e inovadores que encontraram um caminho mais rápido para criar as infraestruturas necessárias para seus negócios, muito antes de o governo desejar ou poder intervir.

Nos Estados Unidos, como já discutimos, os empresários individuais e as empresas privadas foram responsáveis por construir a maioria das primeiras estradas, trilhos e canais. Na época, o governo não podia bancar esse investimento, então muitas dessas empresas emitiram ações e títulos para financiar essas infraestruturas. Na região da Nova Inglaterra, por exemplo, as empresas privadas investiram mais de US$6 milhões, o que ajudou na construção de milhares de quilômetros de rodovia. Nova York e Pensilvânia seguiram o exemplo para alcançar o mesmo objetivo ao distribuir licenças a centenas de empresas privadas.[20]

Com o passar do tempo, o governo tornou-se mais envolvido não apenas no desenvolvimento e gerenciamento de infraestruturas, mas também no estabelecimento de padrões. Por exemplo, como empresas diferentes construíam e gerenciavam ferrovias nos Estados Unidos, elas usavam a *bitola* — espaçamento entre trilhos em uma via férrea — mais conveniente para elas, desde bitola-padrão a bitola mínima, estreita e larga. Naturalmente, isso limitava a eficiência de uma rede ferroviária crescente no país, já que ou os trens precisariam ser equipados para manobrar diferentes bitolas ou os clientes e a carga precisariam ser transferidos de trem dependendo de sua jornada. Em 1863, o governo federal aprovou o Pacific Railway Act, de 1863, que determinava que toda nova ferrovia federal fosse construída usando "bitola-padrão". Embora a medida não tenha impactado diretamente as ferrovias privadas, certamente o fez indiretamente. Depois da Guerra Civil, o comércio entre o Norte e o Sul começou a crescer e as diferentes bitolas no país (especialmente no Sul) prejudicaram significativamente o comércio. Como a maioria das vias férreas era de bitola-padrão, as ferrovias do sul decidiram realizar a alteração em 1886.

Hoje, considerando o tamanho, a escala e a importância de grande parte das infraestruturas — especialmente do ponto de vista da segurança nacional —, os governos são responsáveis por administrá-las e financiá-las. No entanto diferentes países devem ter variadas estratégias infraestruturais, dependendo das necessidades de seus cidadãos, indústrias e mercados que esperam criar.

A criação e manutenção das infraestruturas são muitas vezes demasiadamente caras para os governos de países pobres financiarem e gerirem por si próprios, especialmente quando existe pouca ou nenhuma base para inovações criadoras de mercado. De acordo com a Sociedade Norte-Americana de Engenheiros Civis, se os Estados Unidos — o país mais rico do mundo — obteve um grau "D+" para sua situação infraestrutural, e precisa de mais de US$4,5 trilhões para melhorá-la para o grau "B", como os governos de Honduras, Togo ou Libéria podem começar a considerar o desenvolvimento de suas infraestruturas?[21]

A maioria dos primeiros empreendedores não investiu milhões de dólares no desenvolvimento infraestrutural porque era lucrativo por si só, mas porque a construção de estradas, trilhos, canais e melhores infraestruturas de comunicações ajudava a melhorar seus outros interesses comerciais.[22] É a mesma situação que observamos em muitas organizações que operam em países pobres hoje — empresas que entendem a necessidade de criar mercados e o processo para ter êxito em países de baixa e média renda investem em suas próprias infraestruturas porque são essenciais para seus negócios. Esse é o motivo pelo qual as empresas do setor manufatureiro financiam seus próprios programas educacionais. Elas não dependem do conhecimento que os graduados adquirem nas universidades locais. Essa não é uma prática incomum.

"Se você construir, ele virá." Essa é uma das mais famosas frases hollywoodianas das últimas décadas. No filme *Campo dos Sonhos*, de 1989, Ray Kinsella, fazendeiro de Iowa, interpretado pelo ator Kevin Costner, é instruído por uma voz misteriosa a construir um campo de beisebol no meio de sua plantação de milho — o que resulta na solução para todos os seus problemas. Porém, para os governos dos países pobres, acreditamos que o conselho inverso pode ser ainda mais poderoso: se eles vierem, então você constrói.

Se Eles Vierem, Nós Construiremos...

Quando interessados no desenvolvimento econômico, incluindo empreendedores, profissionais do desenvolvimento e formuladores de políticas, trabalham para desenvolver mercados que exigem infraestruturas, elas têm uma chance muito maior de não apenas sobreviver, mas também prosperar. Assim como as inovações iniciais são geralmente de baixa qualidade, as que identificam uma oportunidade de mercado promissora geralmente se tornam cada vez melhores. O mesmo acontece com a infraestrutura: a que é atraída por uma inovação urgente de criação de mercado é, com frequência, apenas "boa o suficiente" para sobreviver, mas quase sempre melhorará, desde que haja uma boa razão (tipicamente um mercado vibrante). Quando os governos intervêm para desempenhar um papel de apoio, a melhoria pode ser rápida — o que ajuda a atender uma população muito maior.

Pode ser tentador comparar o investimento infraestrutural que as empresas em países pobres devem fazer para obter uma solução "boa o suficiente" com o das empresas em países ricos e concluir que ele é excessivo. Mas o contexto é importante. Em muitas nações de renda mais baixa, se as empresas não podem confiar em seus fornecedores, é melhor integrá-los verticalmente — possuir ou gerenciar partes de seus negócios que normalmente terceirizariam, como distribuição, eletricidade, educação e assim por diante. Esse processo de integração vertical acaba ajudando as empresas a reduzir custos. É quase sempre um passo necessário na fase de criação de mercado. Os custos iniciais serão altos, mas com o tempo os benefícios ficam evidentes. Muitas vezes, um investimento infraestrutural necessário que começou como um centro de custo acaba se tornando um centro de lucro. Muitas das empresas que mencionamos são exemplos claros disso à medida que começam a "vender" a infraestrutura que desenvolvem para outras empresas que precisam dela.

Não há dúvida de que a construção e manutenção infraestruturais são difíceis. Seria *mais fácil* confiar nos governos para assumir a liderança e eliminar essa preocupação e responsabilidade da iniciativa privada. No entanto a história nos mostra que isso não acontece com frequência.

Quando se cria um novo mercado, seus lucros ajudam a custear as infraestruturas atraídas para a economia. Foi assim que muitos dos principais projetos infraestruturais nos Estados Unidos foram desenvolvidos. Por si só, muitas infraestruturas — estradas, trilhos, canais e assim por diante — não eram lucrativas. Contudo, uma vez que foram atraídas para a economia norte-americana, que criava grande valor que precisava ser armazenado ou distribuído, tornaram-se viáveis. A equação de inovação infraestrutural não mudou. Atraí-la para a economia provavelmente será muito mais poderoso em longo prazo.

O Valor Importa

Por fim, devemos nos esforçar para inicialmente criar o *valor* infraestrutural específico que pretendemos armazenar ou distribuir. Se não o fizermos, seremos vítimas da doutrina da "infraestrutura em primeiro lugar" e poderemos nos encontrar em uma situação muito difícil — se bem-sucedidos, poderemos ter construído uma casa sem que ninguém tenha condições de viver nela.

Construir essa casa, no entanto, é atraente, e entendemos bem o fascínio. A Poverty Stops Here, organização de Efosa, levantou dezenas de milhares de dólares e construiu cinco poços antes de entender que a equação não estava funcionando. Os poços concluídos ou, digamos, a infraestrutura hídrica, criaram um sentimento de realização. Como isso não poderia ser uma coisa boa? Porém os poços não estavam relacionados a uma organização capaz de criar valor duradouro a partir deles. Assim, praticamente todos quebraram e permaneceram sem conserto.

Economias em todo o mundo têm mais em comum do que imaginamos. Estamos apenas em diferentes estágios de desenvolvimento. Quando li sobre a Tolaram, por exemplo, ela me lembrou da Ford Motor Company em seus primeiros dias. Quando viajo para a Índia e conheço empresas como a Zoho, que financia programas de treinamento para sua equipe de TI, penso na POSCO e em como ela criou a POSTECH. O desenvolvimento sustentável de infraestrutura é possível e pode acontecer de uma maneira mais previsível. Entretanto, primeiro temos que acertar a equação.

NOTAS

1. "Plans for a weirdly unfinished highway in Cape Town", *The Economist*, 12 de abril de 2017, https://www.economist.com/news/middle-east-and-africa/21720649-road-nowhere-may-finally-reach-end-plans-weirdly-unfinished-highway.

2. Chiponda Chimbelu, "Poor infrastructure is key obstacle to development in Africa", *Deutsche Welle*, 26 de julho de 2011, http://p.dw.com/p/122ya.

3. William Rankin, professor da Universidade de Yale, explica em "Infrastructure and the international governance of economic development" que, nos anos 1950, "os debates sobre a ajuda ao desenvolvimento mudaram a atenção de uma definição econômica de infraestrutura para uma mais concentrada em termos de pré-requisitos gerais." Ele continua ao afirmar que "a teoria do desenvolvimento inicial é frequentemente retratada como centrada em infraestrutura; se existe uma teoria única que representa o pensamento econômico sobre o desenvolvimento nos anos 1950, é a do 'grande esforço', na qual uma enorme infusão de capital de infraestrutura irregular é vista como necessária para superar o círculo vicioso de baixa produtividade, baixa taxa de poupança e baixo investimento que se acreditava existir em países subdesenvolvidos... Somente no contexto do debate internacional sobre desenvolvimento econômico após a Segunda Guerra Mundial, o termo infraestrutura tornou-se um rótulo para os sistemas técnico-políticos necessários ao crescimento e à modernidade... No entanto em nenhum desses usos anteriores da infraestrutura pode-se encontrar a ideia de que os sistemas de engenharia em larga escala, especialmente os de transporte e comunicação, juntos constituem uma base de suporte para outros tipos de atividade econômica. Foi apenas na discussão dos anos 1950 sobre o financiamento internacional para o desenvolvimento econômico que a infraestrutura se tornou reconhecível como um conceito que relaciona a engenharia a maiores preocupações socioeconômicas".

Isso tem implicações significativas para o desenvolvimento econômico, especialmente em países pobres. Se as infraestruturas são agora consideradas pré-requisitos para o desenvolvimento, então tecnicamente não pode haver desenvolvimento sem primeiro desenvolvê-las. E como o modelo predominante é "o governo deve fornecer a infraestrutura", os países pobres se encontram em uma esteira de desenvolvimento econômico, correndo o mais rápido que podem, mas sem chegar a lugar algum.

4. Earl Swift, *The Big Roads: The Untold Story of the Engineers, Visionaries, and Trailblazers Who Created the American Superhighways* (Boston: Houghton Mifflin Harcourt, 2011), 33.

5. Andrew Degrandpre e Alex Horton, "Ghost schools and goats: 16 years of U.S. taxpayer waste in Afghanistan", *Chicago Tribune*, 21 de agosto de 2017, http://www.chicagotribune.com/news/nationworld/ct-us-afghanistan-spending-20170821-story.html.

6. A história do Projeto Mufindi Pulp and Paper é apresentada no livro de Robert Calderisi, *The Trouble with Africa: Why Foreign Aid Isn't Working*. Nele, o autor explica que a Tanzânia não tinha o conhecimento técnico para gerenciar um projeto tão grande, e os funcionários do Banco Mundial não incluíram treinamento ou capacitação em seu custo.

Robert Calderisi, *The Trouble with Africa: Why Foreign Aid Isn't Working* (Nova York: St. Martin's Griffin, 2006).

7. Chris McGreal, "A month ago, the hospitals were overflowing. Now they lie empty", *Guardian*, 6 de dezembro de 2008, https://www.theguardian.com/world/2008/dec/06/zimbabwe-cholera-hospitals.

8. Definição de "infraestrutura" do Dicionário Oxford. Muitas das definições de infraestrutura se assemelham a esta: https://en.oxforddictionaries.com/definition/infrastructure.

9. A ideia de que a infraestrutura deve vir antes do desenvolvimento é compreensível. Em um artigo de César Calderón e Luis Servén, intitulado "Infrastructure and Economic Development in Sub-Saharan Africa", os autores concluem que há "evidências robustas de que o desenvolvimento de infraestrutura — medido pelo aumento do volume de suas ações e melhor qualidade de seus serviços — tem um impacto positivo no crescimento de longo prazo e um impacto negativo na desigualdade de renda". Eles também observam que "uma vez que a maioria dos países africanos está atrasada em termos de quantidade de infraestrutura, qualidade e universalidade de acesso, a conclusão preliminar é que o desenvolvimento infraestrutural oferece um potencial duplo para acelerar a redução da pobreza na África subsaariana: ele está associado ao crescimento superior e menor desigualdade".

Ler um artigo como esse pode levar os formuladores de políticas a fazer investimentos significativos no aumento de ações de infraestrutura no país. Embora elas sejam geralmente boas, esperamos mostrar neste capítulo que, se não estiverem relacionadas a um mercado, serão muito difíceis de manter.

César Calderón e Luis Servén, "Infrastructure and Economic Development in Sub-Saharan Africa", Grupo Banco Mundial, Documento de trabalho sobre pesquisa de políticas 4712, setembro de 2008, https://openknowledge.world bank.org/handle/10986/6988.

10. Ao se referir às infraestruturas na Inglaterra e como elas contribuíram para a Grande Divergência, a economista Deirdre McCloskey afirma que elas "mudaram de localidade, não de quantidade. Elas aumentaram a eficiência, mas não a receita em 2 ou 16 vezes e nem apresentam um fator de correção de qualidade de 100". Deirdre McCloskey, *Bourgeois Dignity: Why Economics Can't Explain the Modern World* (Chicago: University of Chicago Press, 2010), 343.

11. Pritchett prossegue ao observar que, atualmente, o adulto comum em um país pobre recebe mais anos de educação do que o adulto comum de um país desenvolvido recebeu em 1960. Contudo, é claro que as infraestruturas de educação em muitas das nações pobres de hoje não valem tanto quanto aquelas das nações desenvolvidas da década de 1960 e que as recém-construídas não preparam as pessoas para o futuro. Lant Pritchett, *The Rebirth of Education: Schooling Ain't Learning* (Washington, D.C.: Center for Global Development, 2013).

12. "World Development Report 2018: Learning to Realize Education's Promise", Banco Mundial, acesso em 3 de maio de 2018, doi:10.1596/978-1-4648-1096-1, 5.

13. Ibid., 5–6.

14. Dayo Adesulu, "Graduate unemployment, time-bomb in Nigeria", *Vanguard*, 4 de junho de 2015, https://www.vanguardngr.com/2015/06/graduate-unemployment-time-bomb-in-nigeria/.

15. "Did Kenya get a loan to build a railway or vice versa?", *The Economist*, 22 de março de 2018, https://www.economist.com/news/middle-east-and-africa/21739227-chinese-backed-nairobi-mombasa-line-may-never-make-money-did-kenya-get.

16. Simon Romero, "Grand Visions Fizzle in Brazil", *New York Times*, 12 de abril de 2014, https://nyti.ms/2HoVtCo.

17. A pesquisa de Bent Flyvbjerg sobre o desenvolvimento e a evolução de megaprojetos, em qual categoria muitos projetos de infraestrutura são classificados, é vasta. Ele lista os seguintes princípios indiscutíveis e inevitáveis, as leis de ferro, como são chamados, de megaprojetos. Primeiro, a pesquisa de Flyvbjerg descobre que 9 entre 10 megaprojetos incorrem em custos excedentes, e muitos desses excedentes superam 50% do valor orçado originalmente. Esses excessos não são específicos de nenhum local e permaneceram relativamente constantes nos últimos 70 anos. Por exemplo, o Aeroporto Internacional de Denver ficou 200% acima do orçamento. De fato, alguns setores são tão estudados que há excessos esperados. A indústria ferroviária é um exemplo. Espera-se que o projeto ferroviário comum fique aproximadamente 45% acima do orçamento, enquanto os projetos de construção de estradas custem cerca de 20% acima do orçamento. Em segundo lugar, Flyvbjerg observa que 9 entre 10 megaprojetos estão atrasados. Quando muitos projetos de grande escala são propostos, seus custos e cronogramas são utilizados para estimar seus benefícios econômicos e sociais de curto e longo prazo. Como resultado, 9 em cada 10 megaprojetos são superestimados. Depois de criar modelos de muitos projetos de grande escala, Flyvbjerg descobriu que um atraso de 1 ano pode aumentar o custo em até 4,6%. Poucos projetos ilustram esse ponto com mais perfeição do que o Projeto Big Dig Central Artery/Tunnel de Boston, que redirecionou uma rodovia central da cidade para um túnel recém-construído. Em 1982, o preço do projeto era de US$2,8 bilhões (aproximadamente US$7 bilhões hoje), mas segundo o *Boston Globe*, quando for finalizado, custará cerca de US$24 bilhões. O projeto também apresentou um atraso de 9 anos. Essa, no entanto, não é uma situação incomum. Em terceiro lugar, e talvez mais surpreendentemente, os custos excedentes

são um problema para os projetos dos setores público e privado. Flyvbjerg usa como exemplo o Eurotúnel, um túnel ferroviário de 49,8 quilômetros que liga o Reino Unido e a França. Seus proprietários privados estimaram que os custos excedentes provavelmente não ultrapassariam 10%. Os custos de construção ficaram 80% acima do orçamento, e os custos de financiamento, 140%. A economia britânica perdeu US$17,8 bilhões do projeto, e os investidores tiveram um enorme prejuízo de 14,5%.

Bent Flyvbjerg, "What You Should Know about Megaprojects and Why: An Overview", *Project Management Journal* 45, n° 2 (abril a maio de 2014): 6–19.

18. V. Kasturi Rangan, "The Aravind Eye Hospital, Madurai, India: In Service for Sight", Harvard Business School Case 593-098, abril de 1993. (Revisado em maio de 2009.)

19. Ibid.

20. Larry Schweikart, *The Entrepreneurial Adventure: A History of Business in the United States* (Fort Worth: Harcourt College Publishers, 2000), 97.

21. Jack Stewart, "America Gets a D Plus for Infrastructure, and a Big Bill to Fix it", *Wired*, 9 d março de 2017, https://www.wired.com/2017/03/america-gets-d-plus-infrastructure-big-bill-fix/.

22. Larry Schweikart, *The Entrepreneurial Adventure: A History of Business in the United States*, 98.

Seção 4

E Agora?

Capítulo 11

Do Paradoxo da Prosperidade ao Processo da Prosperidade

A maioria das coisas dignas de se fazer no mundo foram declaradas impossíveis antes de serem feitas.

— LOUIS D. BRANDEIS

Resumo da Ideia

Prosperidade para todos? Pode parecer uma impossibilidade. No entanto considere que, ao longo de toda a minha vida, a Coreia do Sul foi considerada economicamente "irrecuperável", um país tão pobre que muitos economistas descartaram. Hoje, entretanto, emergiu da pobreza para a prosperidade, e o fez "mais rápido que os Estados Unidos, a Grã-Bretanha e até o Japão", relata o *New York Times*. Embora o caminho para a prosperidade pareça diferente para diferentes nações e, em última análise, dependa de suas atuais circunstâncias econômicas, acreditamos que o Paradoxo da Prosperidade pode se tornar o Processo da Prosperidade, que é sustentado por um compromisso contínuo com a inovação.

Nós não sabemos as respostas a todos os enigmas de desenvolvimento em nosso mundo. Contudo, esperamos que o nosso livro ofereça um conjunto de novas perspectivas. Desejamos que por meio de alguns dos princípios, das histórias e teorias que analisamos, você possa começar a perguntar a si mesmo e àqueles ao seu redor as questões que podem finalmente nos ajudar a resolver o problema aparentemente insolúvel da pobreza global.

Meu cunhado Reed Quinn passou grande parte de sua carreira como cirurgião cardiotorácico pediátrico no estado do Maine. Pelo que ele me conta, acredito que poderia passar todos os minutos fazendo cirurgias e nunca satisfazer a demanda por seus serviços. Os problemas cardíacos congênitos são a principal forma de defeitos de nascença, ocorrendo em cerca de 40 mil bebês nos EUA a cada ano. Milhares de crianças nascem com defeitos cardíacos tão graves que quase sempre exigem operações complexas e de alto risco para sobreviver. Eu só posso imaginar a dor sofrida por uma família ao descobrir isso. Uma cirurgia cardíaca bem-sucedida, no entanto, pode mudar toda a trajetória da vida de uma criança.

A chance de impactar o máximo de vidas possível é o que motiva Reed, e ele passou toda a sua carreira tentando encontrar maneiras de contribuir mais. "Nunca deixamos de operar alguém que precisasse", disse ele ao *Portland Press Herald* há alguns anos. "Eu não sei quem me paga ou não, e realmente não me importa." Esse é o Reed. Porém, além de servir à população local, ele também atende crianças de países pobres ao redor do mundo por meio da Maine Foundation for Pediatric Cardiac Surgery [Fundação Maine para Cirurgia Cardíaca Pediátrica, em tradução livre], uma organização que ele fundou. Durante suas muitas viagens a diferentes países, incluindo a China e o Quênia, Reed realizou dezenas de cirurgias e treinou vários médicos.

Eu não fazia ideia do que envolvia seu trabalho antes de conversar com ele sobre o assunto. Admiro sua devoção altruísta. Hoje, muitas crianças ao redor do mundo devem suas vidas a Reed e a outros médicos e enfermeiras como ele. Entretanto, não posso deixar de pensar em todos aqueles que nunca terão a chance de conhecer seu próprio "Reed Quinn" — um impasse devastador.

Podemos ficar tentados a desistir e concluir que esse problema é muito complicado e caro demais para ser resolvido nos países pobres ao redor do mundo, distantes dos recursos de um hospital bem financiado. Felizmente, isso é apenas parcialmente verdadeiro. Pode não haver médicos devotados o suficiente para despender seu tempo ajudando crianças a receber cuidados que salvarão suas vidas, mas isso não significa que não possamos encontrar uma maneira melhor de auxiliar as pessoas. Isso requer uma perspectiva diferente para que possamos desenvolver um conjunto de **processos** que dimensionem radicalmente o que médicos como Reed fazem.

É nesse aspecto que a importância da inovação entra em foco. No Capítulo 1, definimos inovação como *uma mudança nos processos pelos quais uma organização transforma mão de obra, capital, materiais e informações em produtos e serviços de maior valor.* Quando a maioria das empresas se forma, muito do que é feito é atribuível aos seus ***recursos*** — particularmente às pessoas. A inclusão ou afastamento de algumas pessoas-chave pode ter uma influência profunda no êxito dos negócios, pois elas, muitas das quais são corajosas e altamente qualificadas — como um empreendedor brilhante ou um médico dedicado —, são difíceis de replicar.

Contudo, é nessa situação que as inovações criadoras de mercado desempenham um papel crítico. Elas nos ajudam a desenvolver os processos necessários para converter serviços complexos e caros em serviços mais simples e acessíveis para mais pessoas. No início, uma organização sobrevive por causa de seus recursos, mas prospera a longo prazo devido a seus **processos**.

Considere o caso da Narayana Health.

O Poder dos Processos

A Narayana Health (NH) é uma rede de hospitais na Índia com várias especialidades, mais de 7 mil leitos hospitalares, 7 centros cardiológicos de nível internacional e 19 unidades de atendimento primário de saúde. Dr. Devi Prasad Shetty, que já foi médico pessoal de Madre Teresa, fundou e construiu a NH na Índia, um dos países mais pobres do mundo e que há muito tempo é assolado pela corrupção e má administração. Seu sonho de "curar os pobres de todo o mundo por menos de 1 dólar por dia" é uma reminiscência da declaração de Henry Ford: "Eu construirei um carro para a grande multidão. [...] ele será tão barato que nenhum homem que tenha um bom salário será incapaz de ter um." E, da mesma forma que essa visão se tornou realidade, o sonho do Dr. Shetty está muito mais próximo de acontecer hoje do que em julho de 2000, quando fundou a NH. Tal como Ford, o Dr. Shetty se concentrou em melhorar o *processo* pelo qual sua rede de hospitais atende. Ao fazer isso, ele democratizou o acesso a alguns dos procedimentos cirúrgicos mais complexos e caros, incluindo cirurgias cardíacas, cerebrais e de coluna.

O foco obsessivo e o compromisso da NH com o desenvolvimento dos processos necessários para criar um novo mercado que ofereça cuidados médicos de qualidade e acessíveis para muitos na Índia estão no cerne do que impulsiona a empresa. Mesmo em países ricos, referir-se a cuidados de saúde como "acessíveis" é praticamente um equívoco. Nos Estados Unidos, por exemplo, são gastos cerca de US$3,3 trilhões (US$10.348 por pessoa) em assistência médica todos os anos, o que torna os serviços de saúde inacessíveis para muitos.[1] Na Grã-Bretanha, considera-se que o Serviço Nacional de Saúde esteja "em risco" ou "em crise" e precise de um novo modelo para sobreviver.[2] A assistência médica acessível nos países pobres é um problema diferente, pois a maioria deles não pode fornecer serviços básicos de saúde aos seus cidadãos, muito menos cuidados terciários avançados, como tratamento cardíaco, neurocirurgia e outras intervenções médicas e cirúrgicas complexas. Considere as cirurgias cardíacas, uma área de especialidade da NH; no Reino Unido e nos EUA, a cirurgia de coração aberto pode custar até US$70 mil e US$150 mil, respectivamente. A maioria dos indianos não ganha essa quantia durante suas vidas. Como resultado, na época em que a NH iniciou suas atividades, menos de 5% das 2,4 milhões de pessoas que precisavam de cirurgia cardíaca a cada ano a realizaram. Nessa dificuldade, Dr. Shetty enxergou uma oportunidade para criar um novo mercado para o tratamento cardíaco. E de fato o fez.

Hoje, a rede de hospitais realiza cirurgias de coração aberto por um preço entre US$1 mil e US$2 mil, ao mesmo tempo em que mantém suas taxas de mortalidade e infecção semelhantes às de muitos hospitais nos EUA.[3] Além disso, o hospital agora oferece assistência médica de qualidade em mais de 30 especialidades, incluindo oncologia, neurologia, ortopedia e tratamentos gastrointestinais, a dezenas de milhares de indianos anualmente. Por conseguinte, a NH agora vale cerca de US$1 bilhão, emprega diretamente mais de 14 mil pessoas e treinou milhares de profissionais da saúde que agora trabalham em outros hospitais no país e no exterior.

Superficialmente, o que o Dr. Shetty criou pode parecer impossível. Contudo, consideramos sua realização de forma diferente. A rede de hospitais do Dr. Shetty pode servir como um modelo da possibilidade de progresso para problemas aparentemente insolúveis nos serviços de saúde ou em outras áreas. Ele obteve sucesso não apenas porque enxergou uma maneira melhor de resolver problemas cardíacos na Índia, mas também porque criou processos internos que poderiam dimensionar o que ele pessoalmente era capaz de fazer.

Com o tempo, as capacidades de uma organização mudam principalmente de seus recursos para seus processos, com o modelo de negócios determinando o que deve ser priorizado. À medida que as pessoas trabalham juntas para resolver tarefas recorrentes, os processos são aperfeiçoados e definidos; conforme o modelo de negócios toma forma e tornam-se evidentes quais tipos de atividades necessitam de maior importância, as prioridades se conjugam. Considere como o Dr. Shetty se concentrou em construir processos em sua organização.

Sobretudo, ele sabia que a NH tinha que proporcionar cuidados de excelente qualidade. Por isso, desenvolveu um modelo de negócios com processos que garantiam uma alta utilização dos recursos da organização que são caros — médicos, enfermeiros, instalações, equipamentos e assim por diante. O pensamento do Dr. Shetty era o seguinte: se sua rede de hospitais pudesse aumentar a utilização, isso reduziria o custo unitário de cada transação por paciente. Por exemplo, o hospital administrava seus aparelhos de exame de sangue mais de 500 vezes por dia, enquanto outros hospitais o faziam apenas algumas vezes. No início, a NH realizava 19 cirurgias de coração aberto e 25 procedimentos de cateterismo diariamente, mais de 700% a mais do que um hospital indiano comum. Quatro anos depois de sua fundação, ela realizava quase 200 cirurgias anuais por profissional, um volume maior e em um ritmo mais rápido do que muitas instituições de saúde de nível internacional.[4] Isso possibilitou que a NH não apenas reduzisse seu custo, mas também oferecesse qualidade superior. Afinal, à medida que os cirurgiões realizavam mais procedimentos, melhores ficavam.

A rede de hospitais também desenvolveu um modelo de negócios tão inovador que seus processos eficientes permitiram que ela atendesse os indianos ricos e pobres de forma lucrativa. Além de aumentar sua utilização de recursos, de seus equipamentos para seus médicos, a NH ofereceu serviços diferenciados aos pacientes. A organização percebeu que os mais ricos provavelmente pagariam por serviços extras, como quartos individuais para ter privacidade e outras comodidades especiais. Ela também cobrava pacientes por procedimentos, dependendo do nível de renda, dentro de um limite de valor. Dessa forma, as cirurgias cardíacas custam aos pacientes de baixa renda menos de 60% do preço cobrado dos pacientes mais ricos que podem pagar pelo procedimento — e mesmo assim a cirurgia custa cerca de US$2 mil, enquanto outros hospitais indianos cobram aproximadamente US$5.500. A NH nunca recusou um paciente. Em 2017, a organização gerou mais de US$280 milhões em receitas e faturou mais de US$12 milhões.[5]

Ela entendeu o valor de atrair internamente muitas infraestruturas que não estavam prontamente disponíveis na Índia, começando pela educação. O hospital implementou 19 programas de pós-graduação para profissionais da saúde, desde cirurgia cardiotorácica até tecnologia de laboratório médico. O treinamento oferecido pela NH era tão bom que os enfermeiros do hospital eram reconhecidos em toda a região, tanto por sua excelência técnica quanto clínica, o que acarretava uma desvantagem, já que esses profissionais eram frequentemente recrutados por outras organizações. Entretanto, Rohini Paul, diretora de enfermagem da rede, enxergou a situação de outra forma. "Apesar de pagarmos os salários mais altos, perdemos muitos de nossos enfermeiros porque as habilidades que aprendem aqui lhes renderão remunerações melhores no exterior", observou Paul, "mas isso não nos preocupa, já que há muito outros profissionais esperando para participar [do nosso programa]".[6] E ela não poderia estar mais certa. Quando outra organização contrata um enfermeiro da NH, há uma vaga que deve ser preenchida para continuar o atendimento aos não consumidores. Isso cria mais oportunidades para outras pessoas no país.

O treinamento não foi a única área que a rede de hospitais integrou em seu modelo de negócios. Como descrevemos ao longo deste livro, ao criar um mercado, as organizações devem incorrer em custos de "desenvolvimento de mercado" que muitas podem não considerar "fundamentais" para seu modelo de negócios, mas que são de fato essenciais para que elas sejam dimensionadas e prosperem. A NH, por exemplo, desenvolveu um produto de seguro chamado Yeshasvini. Por apenas US$0,11 por mês, um membro de uma família de baixa renda, normalmente de uma cooperativa agrícola, pode obter um seguro que cobre até US$2.200 em despesas de saúde. Pense nisto: um prêmio que custa US$0,11 por mês pode cobrir uma cirurgia de coração aberto. Desde a sua criação, o produto de seguro foi adquirido por mais de 7,5 milhões de pessoas. O programa foi tão bem-sucedido que o Dr. Shetty foi capaz de atrair apoio governamental. Em 2016, a receita dos prêmios dos segurados chegou a US$14 milhões, enquanto o governo do estado de Karnataka contribuiu com US$26,5 milhões. Mas foi a NH que atraiu o governo, e não o contrário.

A rede fez várias outras coisas que o hospital típico não pôde, como fornecer laboratórios de diagnóstico cardíaco móveis (grandes ônibus com equipamentos médicos, cardiologistas e técnicos) que visitam comunidades carentes. Assim como os executivos da Tolaram questionaram *qual é o objetivo do seu produto se ele é acessível, mas não está disponível?*, os médicos da NH também compreenderam que não havia muito sentido em criar assistência médica acessível se os pacientes não conseguissem chegar até ela. Embora muitos desses investimentos possam parecer uma despesa desnecessária, eles se tornam absolutamente importantes quando as organizações começam a se concentrar na criação de um novo mercado que anteriormente não existia.

Os resultados da NH são exemplares. Embora ela tenha começado apenas com cuidados cardíacos, gradualmente, o Dr. Shetty passou a oferecer outras especialidades com o mesmo rigor para redução de custos, alta qualidade e grande eficiência. A rede diminuiu o custo dos transplantes de medula óssea de aproximadamente US$27 mil, a média nacional, para US$8.900, pouco menos de um terço. A cirurgia cerebral custa em torno de US$1.000 e a cirurgia espinhal, US$550. Isso desencadeou um grande boom do turismo médico na Índia. Somente em 2016, a NH tratou mais de 15 mil pacientes estrangeiros de 78 países diferentes. Considere a atividade econômica que esses pacientes geraram na Índia, de seus voos para o país até a comida que consumiram. Esse é o processo pelo qual o desenvolvimento ocorre.

Quando os membros do governo local em Karnataka, o estado em que a NH foi fundada, souberam do trabalho da organização, eles entusiasticamente decidiram financiar 29 unidades de tratamento coronário. A rede garantiu que esses centros funcionassem de acordo com o nível necessário para fornecer cuidados adequados aos pacientes. Acreditamos que os governos em países com poucos recursos desejam agir corretamente, mas possuem restrições significativas que os impedem de tomar decisões boas e de longo prazo. As organizações de desenvolvimento que apoiam inovadores criadores de mercado podem servir como catalisadoras, acelerando a velocidade com que o desenvolvimento acontece.

A NH não é a única organização de assistência médica na Índia que trabalha para criar um novo mercado que atenda ao vasto não consumo existente no país. No Capítulo 10, apresentamos o Aravind Eye Care System, um dos maiores e mais produtivos hospitais de olhos do mundo. Ele foi fundado em 1976 com apenas 11 leitos e 4 médicos. Hoje, o hospital atende mais de 4 milhões de pacientes e realiza mais de 400 mil cirurgias oculares por ano. Embora o Aravind ofereça serviços diferentes a milhões de indianos de baixa renda, fundamentalmente, a organização é semelhante à NH. O Aravind se concentrou em criar um novo mercado para pessoas que historicamente não tinham acesso a tratamento oftalmológico, incluindo cirurgias. A organização atrai o que precisa para seu modelo de negócios, incluindo treinamento, telemedicina para atingir áreas rurais e até mesmo fabricação de lentes. Como a NH, o Aravind desenvolveu um modelo de negócios que atende a clientes ricos e de baixa renda, com o compromisso de fornecer serviços oftalmológicos de qualidade para qualquer pessoa na Índia. O hospital de 11 leitos que foi fundado em 1976 é agora um instituto de pós-graduação em oftalmologia que treina centenas de profissionais da saúde e médicos na Índia anualmente. Esse processo de desenvolvimento do modelo de negócios para criar um novo mercado que ofereça serviços de atendimento à saúde também pode ser aplicado em outros países.

Do Paradoxo da Prosperidade ao Processo da Prosperidade   263

No Capítulo 7, escrevemos sobre as Clinicas del Azúcar, de Javier Lozano, e como essa rede atua para resolver a crise da diabetes no México. Um outro exemplo é a Dr. Consulta, uma rede de clínicas de saúde no Brasil que hoje emprega mais de 1.300 médicos e trata mensalmente mais de 100 mil pacientes. Desde sua fundação em 2011, a organização cresceu 300% ao ano. Essa rede de clínicas é tão eficiente que consegue cobrar de US$3 a US$30 para exames de diagnóstico, como ressonância magnética, exames de sangue e mamografias. A organização atraiu capital privado da LGT Impact Ventures para financiar sua expansão e agora opera 50 clínicas de gestão da saúde em toda a cidade de São Paulo. No entanto, mesmo com seu rápido crescimento, a Dr. Consulta ainda atende menos de 5% da população brasileira.[7] Imagine o que pode acontecer com o sistema de saúde do Brasil quando a Dr. Consulta atingir 500 clínicas, ou 5 mil. Muitas vezes, essas soluções começam de forma limitada, mas, como constatamos com a NH e o Aravind Eye Care System, elas têm um enorme potencial de expansão. Embora todas essas soluções de cuidados de saúde pareçam diferentes, em seu cerne há aspectos semelhantes. Quando o não consumo é segmentado e um novo mercado é criado, não apenas surge uma imensa oportunidade econômica, mas também uma possibilidade significativa de desenvolvimento.

Se pudermos começar a resolver esses problemas na área da saúde — um dos setores mais complexos —, imagine o que podemos fazer pelas indústrias de alimentos, transporte, finanças, moradia e várias outras. À medida que estudamos organizações e nações pela perspectiva da inovação, percebemos claramente que os inovadores que tiveram o maior impacto o fizeram ao criar processos que lhes permitiram democratizar produtos e serviços para que mais pessoas tivessem acesso a eles.

Mo Ibrahim elaborou processos que permitiram à sua empresa fornecer serviços de telecomunicações acessíveis a milhões de pessoas na África. Henry Ford melhorou o processo pelo qual o Ford Modelo T era fabricado e vendido, criando, assim, um mercado totalmente novo para automóveis nos Estados Unidos. Richard Leftley criou novos processos e parcerias para a venda de seguros em Bangladesh, Índia, Malawi e vários outros países para alcançar as pessoas que mais precisavam. Liang Zhaoxian enxergou o não consumo de fornos de micro-ondas na China como uma oportunidade e desenvolveu novos processos de fabricação, comercialização e venda do produto no país. Isaac Singer, George Eastman e Amadeo Giannini conceberam novos processos para fornecer máquinas de costura, fotografia e serviços bancários a preços acessíveis, respectivamente. Suas inovações mudaram radicalmente essas indústrias.

Da mesma forma que podemos analisar as cirurgias cardíacas pediátricas no Maine e concluir que o problema é grande demais para ser resolvido, podemos refletir sobre a pobreza global e chegar a uma conclusão semelhante. Contudo, é *possível* resolver esses impasses. Nossa capacidade de desenvolver inovações que transformam produtos e serviços complexos e caros em produtos simples e acessíveis tem o potencial significativo de também transformar a vida de bilhões de pessoas no mundo.

No consultório do Dr. Shetty, há uma citação de Louis Brandeis, ex-juiz da Suprema Corte dos EUA, que resume tanto o trabalho que a NH realiza quanto a atuação de muitos dos inovadores mencionados neste livro: "A maioria das coisas dignas de se fazer no mundo foram declaradas impossíveis antes de serem feitas."

Os Princípios da Inovação Criadora de Mercado

Inovações criadoras de mercado podem começar a resolver muitos dos nossos maiores problemas e, no processo, podem inflamar o motor econômico de muitos países que atualmente lutam para prosperar. Por sua própria natureza, essas inovações geram empregos, atraem infraestrutura e instituições, e servem como uma base sólida e catalisadora para o crescimento futuro. Por conseguinte, elas têm o potencial de modificar a dinâmica de muitos países atualmente pobres.

Escrevemos este livro para enfatizar o papel crítico que a inovação desempenha em nos ajudar a criar prosperidade em nosso mundo. Em nosso esforço para compreender o Paradoxo da Prosperidade, lembramos constantemente que a inovação não é simplesmente algo que acontece à margem da sociedade após seu processo de autorreparação. Na verdade, ela é *o* processo pelo qual a sociedade se corrige. Os princípios apresentados neste livro têm o poder de mudar a maneira como consideramos e reagimos à pobreza, ao desenvolvimento e à esperança de prosperidade em todo o mundo.

Para recapitular:

1. **TODA NAÇÃO TEM O POTENCIAL INTERNO PARA O CRESCIMENTO EXTRAORDINÁRIO.** Chamamos isso de "não consumo", e, para nós, é um sinal de que a oportunidade é interna. Há 200 anos vivíamos em um mundo repleto de não consumo de todos os tipos de produtos e serviços que atualmente consideramos comuns. De carros a serviços financeiros, havia muitos produtos que antes eram restritos aos ricos. No entanto hoje as circunstâncias não são as mesmas. Os EUA já foram empobrecidos, e, da mesma forma que essa condição mudou, a de muitas das nações atualmente pobres também pode mudar.

No apêndice, apresentamos várias oportunidades potenciais de inovação criadora de mercado. Por exemplo, considere que, para bilhões de pessoas em nosso mundo, pisos mais higiênicos e acessíveis em suas casas é um luxo. Como seria se um empreendedor desenvolvesse um modelo de negócios lucrativo e expansível que pudesse fabricar, vender, instalar e consertar pisos com um preço acessível? Milhões de pessoas em todo o mundo não consomem cuidados de saúde. O que aconteceria se os empreendedores concebessem um modelo rentável e dimensionável que conseguisse tornar a assistência médica acessível? Há tantas oportunidades prontas para serem exploradas. Porém, para enxergar a oportunidade, precisamos adotar novas perspectivas.

2. **A MAIORIA DOS PRODUTOS NO MERCADO HOJE TÊM O POTENCIAL PARA CRIAR NOVOS MERCADOS DE CRESCIMENTO QUANDO SÃO MAIS ACESSÍVEIS.** Cirurgia cardíaca entre US$1.000 e US$2.000? Cirurgia ocular acessível? Que tal vender seguros de saúde e vida a milhões de pessoas para as quais esses produtos convencionais não eram acessíveis? Enquanto muitos empreendedores que enxergam a oportunidade no não consumo são frequentemente desacreditados, esperamos que essas histórias ilustrem o poder, o potencial e as possibilidades inerentes em suas escolhas.

Considere o mercado de carros elétricos hoje. Muitas empresas — entre elas Tesla, Ford, Hyundai e Nissan — desenvolvem produtos que competem com os carros a gasolina já existentes. Elas vendem esses produtos para a economia de consumo, na qual a concorrência é acentuada e o mercado está saturado. Mas e se essas empresas tivessem segmentado o não consumo? E se focassem seu desenvolvimento de produtos e vendas e marketing na maioria das pessoas do mundo, para quem o transporte e a mobilidade são uma dificuldade diária? Pode não ser tão fácil ou tão simples quanto conceber um produto para a economia de consumo, mas a oportunidade de desenvolver um produto acessível que atenda ao não consumo nesse setor é enorme.

3. **A INOVAÇÃO CRIADORA DE MERCADO É MAIS DO QUE APENAS UM PRODUTO OU UM SERVIÇO.** É todo um sistema que muitas vezes atrai novas infraestruturas e regulamentações, e tem a capacidade de gerar novos empregos locais. Um dos exemplos mais claros desse aspecto é como a Celtel, de Mo Ibrahim, (agora parte da Bharti Airtel) democratizou as telecomunicações na África, abrindo caminho para a criação de uma economia digital totalmente nova, que agora sustenta aproximadamente 4 milhões de cargos. Em 2020, espera-se que o número de empregos apoiados por essa indústria chegue a 4,5 milhões. O produto, no entanto, não é simplesmente um celular barato — é um sistema completo. São as torres de celular, que precisam ser instaladas e mantidas por engenheiros; são os "cartões de raspadinha" (minutos de chamadas pré-pagas), que são vendidos no comércio varejista informal; é a publicidade, que é feita por artistas e designers gráficos criativos; são os contratos elaborados por advogados e os novos projetos financiados por banqueiros; são as regulamentações, que agora podem ser aplicadas e modificadas para atender às necessidades de muitos no país. Na verdade, é um sistema inteiro construído às custas de muitos novos trabalhos locais.

4. **FOCO EM ATRAIR E NÃO EM FORÇAR.** Forçar instituições, medidas anticorrupção e infraestrutura pode temporariamente resolver problemas, mas isso geralmente não ocasiona mudanças de longo prazo como o esperado. O desenvolvimento e a prosperidade podem se consolidar mais facilmente em muitos países quando

desenvolvemos inovações que criam mercados, que *atraem* os recursos necessários de uma sociedade. Uma vez que se cria um novo mercado lucrativo para as partes interessadas na economia (incluindo investidores, empreendedores, clientes e governo), essas partes são frequentemente incentivadas a ajudar a manter os recursos que o mercado *atraiu* — como infraestrutura, educação e até políticas. Estratégias pull garantem que o mercado pronto esteja à espera. Acreditamos que isso cause um impacto significativo na prosperidade sustentável e de longo prazo.

5. **O NÃO CONSUMO REDUZ O CUSTO DA EXPANSÃO.** Uma vez que a oportunidade é identificada no não consumo e um modelo de negócios é concebido para disponibilizar um produto ou serviço a uma grande população de não consumidores, o dimensionamento se torna relativamente barato. O primeiro passo, no entanto, é reconhecer uma área de não consumo. É uma ilusão acreditar que se conseguirá expandir os negócios ao focar a economia de consumo. Pense nas diferentes estratégias de prestação de serviços financeiros para o queniano comum. Uma vez que a Safaricom, a empresa responsável pela inovadora plataforma de dinheiro móvel M-PESA, percebeu que havia uma grande oportunidade de não consumo nesse mercado, ela desenvolveu seu produto. O escalonamento do M-PESA ocorreu sem dificuldades — em menos de uma década, mais de 20 milhões de quenianos o introduziram em suas vidas. Compare esse fato com o custo que a Safaricom teria tido para replicar o sistema bancário convencional, que visava principalmente a economia de consumo.

Inovações criadoras de mercado abrangem localidades, indústrias e fronteiras econômicas, e podem catalisar novas e estimulantes oportunidades de crescimento para muitas nações empobrecidas atualmente. Perscrutamos uma grande variedade de indústrias neste livro — de cuidados com a saúde a automóveis, de serviços financeiros a pisos e de seguros a alimentos — e constatamos que cada uma delas fornece um terreno fértil para inovações criadoras de mercado. A inovação realmente muda o mundo.

Contudo, para que isso aconteça, devemos estar dispostos a desafiar nossas suposições e nos fazer novas perguntas. Dessa forma, adentramos um mundo de possibilidades que jamais imaginamos existir.

Reformulando o Problema

A maioria de nós associa os irmãos Wright à invenção, construção e pilotagem do primeiro avião de sucesso nos Estados Unidos. No entanto, o que muitos não sabem é que eles estavam entre os muitos concorrentes da corrida feroz no país para criar uma "máquina voadora tripulada". De uma determinada perspectiva, suas chances de ganhar não eram grandes: os irmãos Wright não eram os mais conhecidos, respeitados ou financiados. Na época outros, mais notavelmente o astrônomo, físico e inventor Samuel Pierpont Langley, eram considerados apostas mais seguras.

Langley foi professor de matemática e astronomia e, posteriormente, tornou-se secretário do Instituto Smithsonian. Hoje, muitas instalações de aeronaves, incluindo o Centro de Pesquisa Langley da NASA e a Base da Força Aérea de Langley, são nomeadas em sua homenagem. Em seus esforços para criar a primeira máquina voadora tripulada, ele gastou mais de US$50 mil (aproximadamente US$1,4 milhão hoje) do dinheiro dos contribuintes e tinha os recursos do governo norte-americano à sua disposição. Sua ideia de como vencer a corrida era clara: Langley estava convencido de que, se conseguisse gerar energia suficiente, poderia arremessar um avião no ar e fazer com que ele voasse como uma flecha lançada de um arco. Depois de muito alarde, Langley fez uma demonstração de sua ideia em duas tentativas de impulsionar sua aeronave sobre o rio Potomac. Porém, nas duas vezes, seu avião, denominado "Aerodrome", caiu direto na água. Humilhado e ridicularizado no Congresso, Langley acabou desistindo do desafio.

Em contrapartida, os irmãos Wright gastaram cerca de US$1.000 em seus experimentos. Orville e Wilbur eram humildes, não tinham diploma do ensino médio e administravam uma oficina de bicicletas. Entretanto, fizeram algo que Langley não fez: concentraram-se em reformular o problema, o que

Do Paradoxo da Prosperidade ao Processo da Prosperidade 269

resultou em questionamentos diferentes. Enquanto Langley focou a propulsão para fazer seu avião voar, os irmãos Wright queriam primeiro entender outro aspecto. Sua experiência com bicicletas lhes ensinou a importância do equilíbrio. Assim, indagaram: o equilíbrio — em relação ao levantamento e ao arrasto — também é crítico no voo?

Verificou-se que essa era a pergunta certa a ser feita. Não importa o quão poderosamente uma aeronave seja lançada no ar, se ela não estiver equilibrada, não voará. Compreender a função do equilíbrio fez toda a diferença. Apenas 9 *dias* após a tentativa final de Langley fracassar nas águas geladas do Potomac em 1903, Wilbur e Orville realizaram e documentaram o primeiro voo tripulado e controlado bem-sucedido em Kill Devil Hills, na Carolina do Norte. O voo dos irmãos Wright durou apenas 59 segundos ao longo de uma distância de 260 metros. Contudo, esse voo "bom o suficiente" nos ajudou a finalmente entender muitos dos elementos críticos da aviação. Langley foi certamente considerado um sucesso em sua época; ele teve várias construções proeminentes nomeadas em sua homenagem. Porém, ao reformular o problema, os irmãos Wright criaram uma indústria que, por sua vez, mudou o mundo.

Nas minhas décadas de ensino e orientação, descobri que fazer boas perguntas é uma das características mais importantes de inteligentes estudantes e grandes administradores. *Por que fazemos as coisas assim? Por que acreditamos nisso? E se pensássemos de maneira diferente? Qual é a nossa missão e por quê? Por que estamos nesse negócio? Por que realizamos o desenvolvimento dessa forma?* Essas são perguntas simples. Acreditamos, no entanto, que podem levar a percepções poderosas. As pessoas que atuam com desenvolvimento e administração, bem como as que se esforçam para incentivar o empreendedorismo em muitos dos países pobres do mundo, devem compreender que seu trabalho nunca foi tão importante como agora. Esperamos que alguns dos princípios-chave que apresentamos neste livro sejam úteis à medida que você continua a tornar o mundo um lugar melhor.

Sabemos que este não é um livro perfeito, mas o consideramos o início, e não o auge, de nosso trabalho para compreender melhor o papel que a inovação pode desempenhar na criação e sustentação da prosperidade para muitos em nosso mundo — e esperamos que você se junte a nós nessa empreitada. Toda boa teoria, e toda boa ideia, é melhor quando entendemos os aspectos que *não podem* ser explicados e as circunstâncias em que elas são mais e menos relevantes. Convidamos você a desafiar e aperfeiçoar nosso pensamento para nos ajudar a fortalecer as teorias para que, assim, possamos descobrir juntos as respostas mais pertinentes.

Compartilhe de nosso sonho por um momento. Uma pungente tristeza se instaura no coração de centenas de milhões de pessoas em todo o mundo sempre que vemos imagens de crianças pobres que não têm fácil acesso à comida, água, educação e cuidados básicos de saúde. Essas imagens despertam a humanidade em todos nós; elas nos conectam com pessoas que não conhecemos e que provavelmente nunca encontraremos. Porém, se não formos capazes de converter todas essas emoções fortes que essas imagens desencadeiam em ações inteligentes, nossos esforços serão como tentar estancar feridas que nunca param de sangrar. E, com o tempo, desenvolveremos fadiga por compaixão [processo de exaustão devido ao constante contato com o estresse provocado por situações de compaixão]. Assim, imagens de crianças doentes e pobres não mais nos impulsionarão à ação, apenas ao desespero. Ou pior, à apatia.

Entretanto, podemos resolver esse problema. Sim, é possível. Estamos convencidos não porque somos eternos otimistas, mas porque já fizemos isso antes. Quanto mais canalizarmos nossas paixões coletivas para o progresso sustentável, mais reduziremos o problema aparentemente insolúvel da pobreza extrema.

Acreditamos no poder da inovação. E, mais especificamente, acreditamos que investir em inovações criadoras de mercado, mesmo quando as circunstâncias parecem desafiadoras, proporciona uma das melhores chances de gerarmos prosperidade em muitos dos países pobres de hoje. Essa é a solução para o Paradoxo da Prosperidade, e pode nos conduzir ao fim da busca constante pelo desenvolvimento. Os riscos são altos e, nesse caso, não podemos errar.

NOTAS

1. "National Health Expenditure Data: History", Centers for Medicare and Medicaid Services, acesso em 26 de abril de 2018, https://www.cms.gov/Research-Statistics-Data-and-Systems/Statistics-Trends-and-Reports/NationalHealthExpendData/NationalHealthAccountsHistorical.html.

2. Kailash Chand, "The NHS is under threat. Only a new model will save it", *Guardian*, 04 de janeiro de 2018, https://www.theguardian.com/healthcare-network/2018/jan/04/nhs-under-threat-new-model-of-care.

3. Robert F. Graboyes, "High Quality and Low Price Coverage at Narayana and Health City Cayman Islands", *Inside Sources*, 13 de setembro de 2017, http://www.insidesources.com/high-quality-low-price-converge-narayana-health-city-cayman-islands/.

4. Tarun Khanna, V. Kasturi Rangan e Merlina Manocaran, "Narayana Hrudayalaya Heart Hospital: Cardiac Care for the Poor (A)", HBS N° 505078 (Boston: Harvard Business School Publishing, 2011): 20.

5. "Investor Presentations: Investor Presentation — May 2017", Narayana Health, acesso em 26 de abril de 2018, https://www.narayanahealth.org/sites/default/files/download/investor-presentations/Investor-Presentation-May-2017.pdf.

6. Tarun Khanna, V. Kasturi Rangan e Merlina Manocaran, "Narayana Hrudayalaya Heart Hospital: Cardiac Care for the Poor (A)", 10.

7. Sasha Banks-Louie, "How a Small Clinic Is Having a Big Impact on Healthcare in Brazil", *Forbes*, 26 de setembro de 2017, https://www.forbes.com/sites/oracle/2017/09/26/how-a-small-clinic-is-having-a-big-impact-on-healthcare-in-brazil/#358d9e1f3ab5.

Apêndice

O Mundo sob Novas Perspectivas

O empreendedorismo é o caminho mais seguro para o desenvolvimento.

— PAUL KAGAME, PRESIDENTE DE RUANDA

Os inovadores que analisaremos neste apêndice — nos negócios, no desenvolvimento e no governo — veem o mundo sob um novo conjunto de perspectivas. Um mundo em que a dificuldade representa oportunidades, o desenvolvimento foca sua dispensabilidade e o governo se une a empreendedores. O objetivo deste apêndice não é fornecer dicas sobre as melhores oportunidades de mercado (embora algumas delas sejam apenas isso), mas deixar claro que, quando você começa a ver o mundo pela perspectiva do não consumo e das inovações criadoras de mercado, é possível avaliar o risco e a recompensa de forma diferente.

É muito cedo para dizer se qualquer organização ou programa que perfilamos será bem-sucedido em longo prazo, porém, se considerados em conjunto, oferecem muitas razões para sermos otimistas sobre encontrar nosso caminho para um mundo mais próspero.

O Poder das Pessoas Externas

Toda indústria faria bem em agregar pessoas de fora — ou que ainda não são especialistas. Elas são capazes de fazer perguntas simples que muitos especialistas, muitas vezes por boas razões, podem não pensar em questionar. Esses observadores externos não estão imersos em um conjunto de conhecimentos e suposições que às vezes os leva à *atenção seletiva* ou à *cegueira voluntária*, um fenômeno de *cegueira por desatenção,* que faz com que foquem tarefas específicas, e não o ambiente.

Considere, por exemplo, o caso de Malcolm McLean. Muitos nunca ouviram falar dele, mas devemos muito da nossa capacidade de comercializar com mais eficiência em nível global a esse ex-motorista de caminhão que só possuía diploma de ensino médio e ficou milionário. McLean era um caminhoneiro da Carolina do Norte que, em 1937, ao esperar por horas em uma doca de carregamento no dia anterior ao feriado de Ação de Graças, foi surpreendido pela inspiração. Ele pensava em como poderia deixar o porto mais rapidamente para chegar em casa a tempo para o jantar de Ação de Graças, uma tradição honrada nos Estados Unidos. Nessa reflexão, se deu conta de que o método de transporte marítimo dominante na época, de carga fracionada, era muito ineficiente e muito perigoso.[1] Certamente existia uma maneira melhor, pensou.

Ele perguntou a um capataz: "Por que você simplesmente não pega meu caminhão inteiro e o coloca no navio?" O homem, um pouco inseguro do que isso implicaria, riu de McLean. Na época, todos os expedidores **sabiam** que a maneira mais rápida de mover produtos de um lugar para outro era construir navios maiores e mais rápidos. Mas McLean achava que o segredo para um sistema de transporte mais eficiente não era construir navios mais rápidos, mas docas mais ágeis. Como ele não era especialista em navegação, não foi levado a sério. Contudo, era precisamente porque McLean estava de fora que ele podia *ver* o que os outros não percebiam.

Hoje parece óbvio, mas foi só após 20 anos, quando McLean comprou sua própria companhia de navegação e construiu um barco e equipamentos especiais para carregar e descarregar contêineres, que vários outros começaram a acreditar em sua visão. Sua inovação — a *conteinerização* — reduziu os custos de transporte de aproximadamente US$6 a tonelada para apenas US$0,16, bem como o tempo de carga e descarga de uma embarcação de uma semana para 8 horas. A segurança nas docas também era uma grande preocupação, mas a tecnologia de McLean de transportar contêineres inteiros sem descarregá-los reduziu drasticamente os acidentes.[2]

Quando McLean morreu, ele não apenas tinha revolucionado o comércio global, mas também acumulado cerca de US$330 milhões. Nada mal para um graduado do ensino médio da Carolina do Norte.

A conteinerização, um processo que parece tão óbvio em retrospectiva, foi ridicularizada porque não seguia o padrão da época. McLean e sua inovação não são os únicos quando se trata de ir contra a sabedoria convencional, especialmente quando essa atitude tem grande potencial para mudar fundamentalmente a maneira como fazemos as coisas na sociedade.

Considere o caso da **afortunada** descoberta da bactéria *Helicobacter pylori* (*H. pylori*) nos estômagos de pacientes com gastrite e úlceras pelos Drs. Barry Marshall e Robin Warren. Posteriormente, em 2005, eles ganharam o Prêmio Nobel de Fisiologia ou Medicina por essa descoberta, mas não antes de realizar um experimento científico muito interessante.

Marshall, microbiologista, e Warren, patologista, não tiveram sucesso em cultivar a bactéria *H. pylori* no laboratório para mostrar que ela existia no estômago. Eles obtiveram amostras de 100 pacientes, mas só tiveram sucesso quando testaram a 35ª. Como Dr. Marshall mais tarde lembrou: "Isso aconteceu devido a um acidente *afortunado*. As culturas foram deixadas na incubadora durante a longa semana de Páscoa e, assim, as placas não foram examinadas até o quarto ou quinto dia após a biópsia... Em retrospectiva, o tecnólogo percebeu que, até aquele momento, as biópsias da pesquisa haviam sido descartadas após 48 horas, o tempo esperado para que amostras gastrointestinais ou de garganta normais ficassem cobertas de flora comensal e, portanto, inúteis para qualquer outra finalidade diagnóstica. Mas essa regra não se aplicou às culturas de *H. pylori*."[3]

Mesmo depois que os Drs. Marshall e Warren haviam cultivado com sucesso as culturas no laboratório, a comunidade científica ainda não acreditava que o *H. pylori* estivesse em grande parte ligado a gastrite ou úlceras. Posteriormente, em uma entrevista com o Dr. Paul Adams, o Dr. Marshall relatou: "Eu discutia com os céticos há dois anos e não tinha um modelo animal que pudesse provar que o *H. pylori* era um patógeno. Se eu estivesse certo, qualquer pessoa que fosse suscetível à bactéria desenvolveria gastrite e talvez uma úlcera anos depois." Então o Dr. Marshall, com teste negativo para *H. pylori*, bebeu um líquido que continha "duas placas de cultura do organismo". Depois disso, começou a sentir sintomas como inchaço, diminuição do apetite e vômitos. Uma endoscopia mostrou que ele apresentava gastrite severa ativa com infiltrado polimorfonuclear e lesão epitelial. Como o Dr. Marshall observou na entrevista: "A gastrite foi explicada."[4]

Em retrospecto, pode parecer razoável concluir que os membros da comunidade científica estavam sendo irracionais. No entanto, pelo contrário, eles estavam sendo muito racionais. O Dr. Marshall estava prestes a subverter toda a crença sobre a sobrevivência das bactérias no estômago. Cientistas brilhantes desenvolveram essas regras durante décadas, e a noção de que uma de suas premissas fundamentais estava errada, ou talvez não tão correta quanto pensavam, poderia ser devastadora. Contudo, um observador externo teve a capacidade de enxergar a questão sob uma nova perspectiva.

Agora, realizaremos um levantamento de oportunidades em todo o mundo, adotando nossa perspectiva de criação de mercado e de não consumo. É inspirador o potencial desses exemplos que compartilharemos como forma de solucionar muitos problemas globais, criar riqueza significativa e, por fim, desenvolver comunidades mais prósperas.

Eletrodomésticos — Máquinas de Lavar Roupa Portáteis na Índia

A indústria global de máquinas de lavar contabiliza cerca de US$25 a US$30 bilhões, com a Índia responsável por menos de 10% desse mercado, embora o país abrigue 1,3 bilhão de pessoas — quase 20% da população global.[5] Apenas

O Mundo sob Novas Perspectivas 277

9% dos lares indianos têm uma máquina de lavar roupa.[6] Compare essa porcentagem com o Reino Unido, onde 97% das famílias possuem o produto. Na verdade, em termos de propriedade de lavadoras, a Índia de hoje fica atrás do Reino Unido da década de 1970, quando 65% dos lares tinham uma máquina. Podemos analisar esse fato e concluir que a Índia é um país pobre onde seus cidadãos não podem pagar pelo produto existente. Porém também é possível enxergar a vasta oportunidade de não consumo.

Apesar de especialistas estimarem que até 2025 o mercado global de máquinas de lavar chegará a US$42 bilhões, acreditamos que esse valor pode ser maior.[7] Essas estimativas são obtidas considerando-se a máquina de lavar existente, o crescimento na "economia de consumo", que descrevemos anteriormente, e a projeção de vendas. Infelizmente, há muitas limitações no produto.

Por exemplo, as máquinas de lavar existentes são complicadas, caras demais para a maioria da população mundial, consomem muita energia e estão disponíveis principalmente para casas com fornecimento de água encanada. Além disso, comprar uma lavadora e instalá-la quase sempre exige a contratação de um encanador, um custo com o qual muitos lares indianos não podem arcar. As máquinas existentes também exigem eletricidade, e milhões de residências na Índia e em outros mercados emergentes não têm acesso a ela. Assim, deliberadamente, a maioria das lavadoras no mercado exclui grande parte da população indiana e mundial. Mas e se um inovador projetar, fabricar e vender uma máquina voltada especificamente para o mercado de não consumo na Índia e em muitos países como ela?

Um produto que segmenta esse mercado deve ser menor, menos volumoso, mais fácil de instalar e operar, e muito mais acessível do que as máquinas existentes. Ele precisa caber em uma casa pequena com poucas ou nenhumas conveniências e ser capaz de operar sem eletricidade. Além disso, o produto deve ser distribuído mais facilmente para comunidades que não estão nas rotas de distribuição típicas dos principais fornecedores de eletrodomésticos. Quanto mais um inovador pensa nas circunstâncias em que os não consumidores comuns se encontram e nas características que a máquina deve ter para facilitar que lavem suas roupas, fica claro que não falamos sobre o produto em sua forma atual, mas de um totalmente diferente.

Isso pode parecer exagero, mas uma empresa já desenvolveu uma máquina de lavar portátil que se conecta a um balde. Basta adicionar um pouco de água e sabão, colocar as roupas no balde e a máquina faz o resto. Atualmente, ela é vendida por cerca de US$40.[8] Imagine comercializá-la para todas as pequenas empresas que fornecem serviços de lavanderia para as pessoas em seus bairros. Muitas delas lavam a roupa de seus clientes manualmente. Com o produto, elas podem lavar mais, cobrar menos e expandir seus negócios. A empresa que fabrica essa máquina pode fornecer financiamento ou fazer parceria com um banco que financie esses empreendedores — uma ação não tão diferente da praticada por muitos fabricantes de eletrodomésticos em países prósperos. É fácil perceber como isso pode começar a ajudar as pessoas a não apenas ampliar seus negócios, mas também a construir seu crédito.

Se uma empresa criasse um modelo de negócios que desenvolvesse e vendesse esse produto para apenas 10% das residências na Índia, seria gerada uma receita de aproximadamente US$1 bilhão. Esse é o tipo de potencial que aguarda os inovadores dispostos a criar novos mercados nos mercados emergentes.

Remédios Acessíveis na Nigéria

Um estudo do World Economic Outlook mostrou que atualmente existem menos de 25 farmácias na Nigéria por milhão de pessoas. Isso significa que em um país com aproximadamente 180 milhões de habitantes, existem menos de 5 mil farmácias licenciadas. Para se ter uma noção, há mais lojas da Walgreen (acima de 8 mil) nos Estados Unidos do que farmácias na Nigéria, enquanto a maior rede de farmácias da Nigéria tem menos de 100 pontos de venda. Existem aproximadamente 67 mil farmácias nos Estados Unidos (população 325 milhões). Essa estatística surpreendente representa uma oportunidade significativa de criação de mercado. Se os Estados Unidos parecem uma comparação injusta para enfatizar o setor farmacêutico subdesenvolvido da Nigéria, então considere que Gana, outro país pobre da África Ocidental, tem o quádruplo de farmácias per capita. Outra preocupação que muitas farmácias e pacientes existentes enfrentam é a prevalência de medicamentos falsificados no mercado nigeriano, já que muitas vezes é difícil para as farmácias garantir a qualidade de suas cadeias de fornecimento.

Em face disso, esses desafios parecem insuperáveis. Assim, você pode concluir que a Nigéria precisa primeiro corrigir as regulamentações dessa indústria antes de ter qualquer chance de fornecer medicação acessível e genuína às dezenas de milhões de pessoas que adoecem a cada ano. No entanto a Nigéria começará a superar esses desafios, incluindo o aprimoramento das regulamentações e da cadeia de suprimentos, precisamente ao desenvolver uma solução capaz de fornecer medicamentos acessíveis e de qualidade. Um modelo de negócios de farmácia de baixo custo é indispensável para atrair a infraestrutura necessária que também servirá como infraestrutura do país.

Bryan Mezue, um dos meus ex-alunos, está desenvolvendo uma solução (Lifestores Pharmacy) para esse grande problema. Depois de se formar, Bryan passou um ano comigo no Fórum de Crescimento e Inovação, no qual discutimos como as teorias de inovação e gestão podem impactar o desenvolvimento econômico. Nós fomos coautores de um artigo que aborda essa questão, "The Power of Market Creation" ["O Poder da Criação de Mercado", em tradução livre], publicado na revista científica *Foreign Affairs*. Foi a partir dele que identificamos alguns dos temas discutidos neste livro.

A Lifestores está construindo uma rede de farmácias populares e acessíveis em áreas urbanas densamente povoadas e de baixa renda na Nigéria. Além de novas lojas, a equipe da Lifestores está lançando uma plataforma de propriedade compartilhada que permite que as lojas de pequeno porte se profissionalizem sob uma marca principal. A empresa assinou acordos diretos com fabricantes de medicamentos e distribuidores de primeiro nível para garantir a qualidade do produto. Ademais, ela trabalha em estreita colaboração com fornecedores locais como a WAVE Academy (uma empresa social de formação profissional também cofundada por Bryan na Harvard Business School) para treinamento de atendimento ao cliente. Imagine o que aconteceria se a Lifestores se transformasse em uma Walgreen nigeriana. Imagine os empregos que poderiam ser gerados ou, melhor ainda, as vidas que poderiam ser mudadas. É isso o que os investimentos em inovações criadoras de mercado possibilitam.

Conforto — Descanso no Camboja

Costumo dizer às pessoas que uma das melhores maneiras de identificar oportunidades de não consumo é visitar uma nação, encontrar os missionários mórmons e simplesmente experimentar a vida com eles. Eles geralmente estão em algumas das partes mais pobres dos países e, na maioria das circunstâncias, vivem como uma pessoa comum nessa sociedade. Como resultado, muitas de suas dificuldades podem indicar oportunidades de criação de mercado. Considere uma delas no Camboja, trazida à nossa atenção por um mórmon.

Em algumas partes do país, os colchões são raramente usados, especialmente por aqueles que estão na faixa dos rendimentos médios a baixos. Com um PIB per capita de US$1.270, a maioria dos cambojanos se enquadra na categoria de média ou baixa renda. Na verdade, de acordo com o Banco Mundial, quase 30% dos 15,7 milhões de cambojanos "permanecem um pouco acima da linha da pobreza, vulneráveis a voltar à pobreza quando expostos a choques econômicos e externos".[9] A maioria das pessoas dormia em esteiras de bambu ou no chão duro. Algumas das pessoas que o mórmon conheceu usavam apenas protetores de espuma como colchão, que eram volumosos e muito difíceis de armazenar, especialmente em uma casa pequena de um único cômodo.

Superficialmente, pode parecer que um colchão barato resolveria o problema. No entanto, considerando o fato de que muitos no Camboja, e em outros países economicamente pobres, vivem em casas pequenas de um só cômodo, é claro que isso provavelmente não funcionaria. E se um inovador desenvolvesse um colchão de baixo custo, fácil de montar, desmontar e guardar? A segmentação dessa oportunidade poderia criar um novo mercado de compradores de colchões que poderiam ter um melhor descanso à noite. Talvez haja um vasto não consumo de uma "boa noite de sono" no mundo.

Saneamento e Energia — Geração de Energia com Resíduos em Gana

O saneamento é um problema enorme em muitos países pobres e para muitos governos desses países. Se a maioria deles não consegue obter recursos financeiros para pagar professores, médicos e outros funcionários públicos, como eles devem financiar o saneamento? Assim, a gestão de resíduos é frequentemente um problema significativo nessas nações e, com as recentes tendências de urbanização, não parece que vai melhorar. Não é só um perigo mortal para a saúde da população local, mas também é muito caro para a economia. É nesse ponto que a Safi Sana entra em cena.

A Safi Sana construiu uma fábrica que transforma resíduos em energia em Gana, que vem causando um enorme impacto para a população local e o governo. O modelo de negócios da empresa é simples: ela coleta lixo fecal e orgânico de banheiros e mercados de alimentos em favelas urbanas e, em seguida, converte-o em fertilizante orgânico, água de irrigação e biogás. O fertilizante orgânico e a água são usados para cultivar mudas e o biogás é usado para produzir eletricidade. Desse modo, a Safi Sana é capaz de oferecer uma solução viável para o problema de resíduos fecais do país, ao mesmo tempo em que fornece o fertilizante muito necessário para os agricultores e uma fonte de energia limpa para as pessoas.

Além disso, para garantir a escalabilidade e a sustentabilidade em longo prazo, ela administra um modelo de propriedade local — 90% de seus funcionários de fábrica são membros da comunidade que passam por um programa de treinamento intensivo antes da contratação. Ela já forneceu empregos e treinamento para mais de mil ganenses que, do contrário, teriam perspectivas econômicas limitadas.

Automotivo — Carros Elétricos Mexicanos... para Mexicanos

Dos US$374 bilhões das exportações do México em 2016, cerca de US$88 bilhões (23,4%) foram carros, caminhões ou outros componentes de veículos.[10] A maioria desses carros são de marcas estrangeiras, como Ford ou BMW, e movidos a gasolina. Então, quando a Zacua, uma companhia mexicana, começou a projetar e fabricar carros elétricos, muitos mexicanos sentiram um orgulho nacional — finalmente, uma empresa deles. Um jornalista descreveu a situação da seguinte forma: "Como mexicanos, queremos que a Zacua continue a crescer e se torne uma marca relevante em termos de carros elétricos." A empresa planeja vender seu modelo básico por pouco menos de US$ 25 mil. Ele não terá airbag e não está em conformidade com os padrões internacionais. A Zacua planeja vender apenas 300 veículos até o final de 2019.[11]

Entretanto, e se a empresa, em vez de entrar em um mercado de carros elétricos já saturado e muito competitivo, decidisse alavancar a expertise do México na fabricação de automóveis e perseguisse o não consumo? Se ela fizesse isso, não concorreria com empresas como Nissan, Renault, BMW e Ford, que provavelmente venceriam, mas se veria competindo com o não consumo.

É evidente que, embora os mexicanos consigam fabricar carros, caminhões e outros produtos veiculares, o cidadão comum não pode pagar pela maioria dos veículos no mercado. Para cada mil pessoas no México, existem cerca de 280 carros.[12] Compare essa estatística com outros países: EUA, aproximadamente 800, Austrália, 740 e Canadá, 662.[13,14] Assim, um mercado que atenda ao não consumo mexicano, e depois ao da América Latina, está apenas esperando para ser criado. Quem segmentar esse mercado está destinado a ter retornos significativos. O que isso lembra? Talvez o México, e mais especificamente a Zacua, possa seguir o exemplo chinês no que diz respeito a carros elétricos.

Nos últimos anos, tive a sorte de viajar para a China algumas vezes, e fico impressionado com os pequenos carros elétricos em todos os lugares. Só em 2017, o mercado chinês de carros elétricos cresceu mais de 50%, e parece não existir sinais de desaceleração. Cerca de 1 em cada 3 consumidores chineses diz estar propenso a comprar um carro elétrico, e o país é responsável por 40% do investimento no setor.[15]

E se, em vez de a Zacua tentar competir com as empresas estabelecidas, ela desenvolvesse carros elétricos pequenos, baratos e bons o bastante, assim como fazem os chineses? Considere que a ocupação média dos veículos em muitos países é inferior a duas pessoas, portanto um carro de dois lugares poderia funcionar.[16]

Além disso, devemos analisar a média de quilômetros percorridos por passageiro quando muitas nações ricas de hoje eram mais pobres, já que esse número tem subido desde que elas se tornaram mais ricas. Nos Estados Unidos, por exemplo, a média de quilômetros percorridos por passageiro anualmente aumentou 39% desde 1950. Isso implica que carros em mercados emergentes podem não ter que circular tanto quanto em países ricos. Em essência, em vez de inicialmente pensar no que é um carro, precisa se concentrar em qual é seu propósito, quem o usa, em que circunstância e quanto os não consumidores podem pagar. Esse exercício pode ajudar os inovadores a pensar de maneira diferente sobre automóveis e mobilidade. Na verdade, a Zacua pode acabar vendendo quilômetros, e não carros. Afinal, o principal objetivo funcional de um veículo é permitir que as pessoas se desloquem de um lugar para outro.

Repensar o automóvel pode reduzir drasticamente seu custo e torná-lo acessível para o consumidor comum mexicano. Considere o que poderia acontecer se o México fosse capaz de aumentar sua taxa de aquisição de cerca de 280 carros por 1.000 pessoas para 350 carros. Isso representa um aumento de 25%. Imagine todos os trabalhos em produção, distribuição, vendas, marketing e manutenção. É possível. Contudo, exige um tipo diferente de pensamento.

Alimentos — Polpa de Tomate Nigeriana

Os nigerianos adoram tomates. Desde o prato internacionalmente popular *arroz jollof* às muitas sopas do país que usam tomate como base, a Nigéria se tornou a maior importadora de polpa de tomate do mundo. O país da África Ocidental importa 100% desse produto, totalizando aproximadamente US$1 bilhão de importações anuais. No momento de escrita deste livro, nenhuma lata sequer de polpa de tomate é produzida na nação, com uma população de 180 milhões de pessoas. O que é particularmente impressionante no mercado de tomate nigeriano hoje é que os agricultores do país cultivam mais de 2 milhões de toneladas de tomates por ano, porém mais da metade de sua colheita apodrece antes de chegar ao consumidor. Isso remonta ao nosso ponto sobre o fato de que um produto deve ser *acessível* e *disponível* para atingir adequadamente o não consumo e criar um novo mercado.

Além disso, o cidadão comum gasta mais da metade de sua renda em alimentos, o que torna o acesso a tomates de certa forma um luxo, sendo que grande parte do mercado nigeriano desse produto é subexplorado.[17] Considerando a baixa renda per capita da Nigéria, os desafios de infraestrutura, e o fato de que a classe média não está crescendo tão rápido quanto os especialistas pensavam, a sabedoria convencional sugere que não há oportunidade ou ela é muito arriscada no país. No entanto, quando adotamos uma perspectiva diferente para avaliar o cenário, percebemos uma grande oportunidade de criação de mercado que pode ser aproveitada.

Uma empresa nigeriana, a Tomato Jos, começou a capitalizar essa oportunidade. Mira Mehta, CEO da companhia e graduada pela Harvard Business School, entende o significativo potencial desse mercado. Primeiramente, a Nigéria não precisa importar polpa de tomate. Isso por si só representa uma oportunidade de US$1 bilhão. Em segundo lugar, melhorar a acessibilidade e a disponibilidade de tomates aumentará o tamanho real do mercado, à medida que mais pessoas, especialmente as não consumidoras, terão acesso a tomates frescos e molho de tomate. No momento, essa lacuna de produção entre o que o país pode consumir e o que é produzido é avaliada em mais de US$1,3 bilhão. Em terceiro lugar, a Nigéria é um microcosmo para outros países africanos e de baixa renda. Se a Tomato Jos for capaz de capitalizar essa oportunidade, ela transformará a vida de muitas pessoas na Nigéria e também agradará muito seus investidores. Em 2018, a empresa fechou uma rodada de investimentos de US$2 milhões.

Lazer/Entretenimento — Disney World em Detroit

Disney em Detroit? É difícil imaginar um local menos provável. Nas últimas décadas, a cidade tem sido manchete por sua decadência urbana, suas batalhas deprimentes contra o crime e as drogas e seu futuro duvidoso. Detroit entrou com pedido de falência em 2013, depois de acumular uma dívida estimada em US$18 bilhões.

Esse fato apresenta uma notável divergência com a cidade de apenas algumas décadas atrás. Nos anos 1950, Detroit era o alicerce da inovação nos Estados Unidos. Lar de aproximadamente 1,8 milhão de pessoas, a cidade se agitava com os automóveis e a Motown. Hoje, Detroit abriga apenas uma parcela desse número, com apenas 700 mil habitantes. Embora a cidade se esforce para se recuperar, ela ainda está repleta de prédios abandonados, terrenos baldios, postes de luz quebrados e sonhos destruídos. Desde 2008, mais da metade dos parques da cidade fecharam.[18] No entanto, enquanto muitos enxergam desamparo, vemos em Detroit novas oportunidades de lazer e entretenimento.

Muitas pessoas podem pensar que essa percepção é insensata, afinal, Detroit não deveria se concentrar primeiro em aspectos mais essenciais? Esse pensamento é semelhante a como se pode ter avaliado Nollywood, a indústria cinematográfica nigeriana, quando começou. Hoje, considerando o volume de filmes produzidos anualmente, ela é a segunda maior indústria cinematográfica do mundo, ficando atrás apenas de Bollywood. O setor vale mais de US$3 bilhões e emprega mais de 1 milhão de pessoas, de acordo com o Nigerian Bureau of Statistics.[19] A Disney poderia fazer o mesmo em Detroit.

Contudo, a empresa teria que pensar de maneira diferente. Replicar a Disney World de Orlando provavelmente seria muito caro para construir e manter. A sugestão é que uma família de quatro pessoas reserve cerca de US$3.500 para hospedagem, entradas para os parques e alimentação para uma viagem de uma semana ao parque da Flórida, sem incluir as passagens de avião. Um passe de um dia para um adulto pode custar até US$124.[20] E aqueles que já foram ao parque sabem que é impossível limitar-se a apenas um dia, pois você se entrega à experiência da Disney. No entanto é provável que o morador comum de Detroit não consiga pagar por isso. É aí que os criadores de novos mercados se sobressaem ao enxergar as oportunidades de forma diferente.

Não somos especialistas em entretenimento, mas recorremos a nossas próprias experiências e memórias familiares. Podemos começar a imaginar um novo tipo de entretenimento que cumpriria o mesmo Trabalho que a Disney na Flórida faz para muitos de seus clientes: uma fuga do estresse diário da vida para um mundo mágico onde todos são felizes e os sonhos se realizam.

A Disney é um lugar que proporciona bons momentos familiares. Esse desejo faz parte de todos nós, ricos ou pobres. É um Trabalho a Ser Feito.

A ideia não é reproduzir a Disney World de Orlando. Entretanto, a Disney pode replicar sua magia para que os habitantes de Detroit e as pessoas de muitas cidades pequenas, para as quais as férias na Disney estão fora de alcance, possam ter essa incrível experiência. Para muitos moradores da cidade, a Disney de Detroit não competiria com nada.

Habitação — Pisos em Ruanda e na África Subsaariana

Mais da metade das 1,2 bilhão de pessoas na África vive em áreas rurais. Isso por si só não é um problema, pois há benefícios em viver longe das cidades, muitas vezes altamente povoadas e poluídas. A dificuldade está nas condições de vida experimentadas por muitas dessas pessoas. Em quase todas as métricas de desenvolvimento, desde o acesso à eletricidade até o acesso às clínicas, os africanos que vivem em áreas rurais têm mais dificuldades quando comparados às suas contrapartes urbanas. Uma das métricas frequentemente negligenciada, mas que apresenta uma oportunidade significativa, é a falta de pisos mais higiênicos e acessíveis em casas rurais. Em Ruanda, onde aproximadamente 80% das cerca de 2 milhões de residências têm piso de terra, a situação é particularmente problemática.[21] Isso significa que, quando chove, poças de água podem facilmente se tornar locais de reprodução de mosquitos nas casas. Além disso, os pisos de terra são simplesmente desconfortáveis para dormir e muitas vezes deixam as roupas e os pertences sujos, o que pode afetar ainda mais a saúde das pessoas.

A solução alternativa, pavimentar os pisos, é muito cara para muitos em Ruanda e na África subsaariana, onde a renda anual per capita é de aproximadamente US$705 e US$1.461, respectivamente.[22] Em Ruanda, por exemplo, a conversão de pisos de terra em concreto para a casa comum custa mais de dois meses de salário. Como pode existir oportunidade em um país onde a renda média anual per capita é menor que o preço de um novo iPhone? No entanto, onde a sabedoria convencional enxerga pobreza e risco, vemos dificuldade, não consumo e oportunidade de criar um novo mercado considerável.

A EarthEnable já está visando essa oportunidade e, se for bem-sucedida na execução de um modelo de negócios inovador em Ruanda, e depois em outros países africanos, poderá se tornar uma empresa multibilionária com dezenas de milhares de funcionários.

Por cerca de US$4 por metro quadrado, a EarthEnable é capaz de fornecer pisos acessíveis feitos de cascalho, laterita, areia, argila e água — todos materiais de origem local. A casa comum em Ruanda é de apenas 20 metros quadrados. Se a empresa for capaz de fornecer piso para apenas 20% da população ruandesa, ela gerará mais de US$25 milhões em receita.[23] Agora imagine como esse número pode aumentar se a empresa escalonar para Uganda, Quênia, Burundi, Botsuana, Zimbábue, Nigéria e Camarões. A EarthEnable não apenas gerará receita superior, mas também precisará contratar dezenas de milhares de pessoas para fabricar, comercializar, distribuir, vender e prover seus produtos. Além disso, no que diz respeito às implicações para a saúde, indiretamente, a empresa pode ajudar a reduzir a incidência de tétano, malária e outras doenças propagadas por ambientes sujos.

Eletricidade — Energia em Bangladesh

Bangladesh é economicamente pobre. Com um PIB per capita de US$1.359, aproximadamente 20% dos 163 milhões de pessoas do país vivem em extrema pobreza, com menos de US$2 por dia. Aproximadamente 75% das famílias nas áreas rurais, onde vivem a maioria das pessoas em situação de pobreza, não têm acesso à eletricidade. Isso significa que, ao anoitecer, para ter iluminação, elas precisam comprar querosene, muito caro e poluente, do contrário ficam no escuro. Em outras palavras, quando o sol se põe, o dia também termina para essas pessoas. Elas precisam fechar seus pequenos negócios, seus filhos devem parar de estudar ou brincar e é necessário tomar medidas de segurança para evitar roubo. A vida de dezenas de milhões de cidadãos em Bangladesh é mais precária pela falta de eletricidade. Isso, acreditamos, representa uma oportunidade para um grande mercado se estabelecer.

Nas últimas décadas, o preço das energias renováveis despencou. O que é particularmente interessante é que os empreendedores podem aproveitar essa tecnologia para desenvolver soluções específicas para não consumidores. Em outras palavras, as pessoas não querem necessariamente eletricidade, mas o que a eletricidade lhes proporciona — acender uma luz, assistir a um programa em seus televisores, computadores ou telefones e manter sua comida refrigerada e fresca. Se os empreendedores desenvolverem soluções econômicas que ajudem esses não consumidores a superar suas dificuldades, eles terão maior probabilidade de sucesso.

Considere como a Infrastructure Development Company Limited (IDCOL) está criando um mercado ao capitalizar essa oportunidade em Bangladesh.[24] Na última década, a empresa instalou com sucesso mais de 3,5 milhões de sistemas de energia solar residencial (SHS, na sigla em inglês) em áreas rurais de Bangladesh. Esses sistemas não são complicados e têm três tipos: um deles alimenta apenas uma lâmpada e um carregador de celular; outro aciona uma lâmpada, uma televisão e um carregador de celular; o terceiro alimenta um ventilador, uma lâmpada, uma televisão e um carregador de celular. De acordo com a IDCOL, providenciar SHS para milhões de lares gerou mais de 75 mil empregos e afetou mais de 16 milhões de pessoas. Em 2018, a empresa estava prestes a instalar 6 milhões de SHS em todo o país. Em vez de considerar os cidadãos de Bangladesh muito pobres para aproveitar os benefícios da eletricidade, os inovadores da IDCOL desenvolveram uma solução que segmentou seu não consumo. Os resultados e as vidas transformadas dizem tudo.

Assim como Bangladesh, muitos países da África subsaariana também enfrentam dificuldade de acesso à eletricidade constante. Aqueles que possuem energia frequentemente pagam um preço significativo ao comprar e usar geradores a diesel. Embora seja relativamente fácil perceber o não consumo de eletricidade em uma aldeia rural, é mais difícil identificá-lo em uma próspera cidade africana. Mas o som emitido por cada gerador de energia de uma casa, um prédio de escritórios ou um hospital representa a dificuldade. E, em essência, é um indicativo para uma grande oportunidade de criação de mercado. Alguns cidadãos da Nigéria, por exemplo, pagam até US$0,25 por kWh, mais que o dobro da taxa (US$0,12) que o norte-americano comum paga por eletricidade.[25] Considere que a renda per capita nos EUA é aproximadamente

25 vezes maior que a da Nigéria. A eletricidade não está disponível para a maioria na África e é cara para quem a possui. A Aspire Power Solutions (APS) é uma empresa africana direcionada às pessoas que atualmente pagam taxas exorbitantes dos geradores a diesel. A empresa instala painéis solares para seus clientes e fornece informações sobre o uso para que eles possam otimizar seu consumo de energia. Ao fazê-lo, a APS fornece eletricidade mais confiável e menos cara. No Capítulo 3, observamos que o não consumo não se limita apenas aos pobres ou àqueles que não podem arcar com os produtos existentes. Ele é frequentemente caracterizado por dificuldades e soluções alternativas, e a APS está explorando essa dificuldade e criando oportunidades.

Agricultura — Moringa em Gana

A moringa é uma árvore rica e resistente que cresce em regiões tropicais. É conhecida como "árvore milagrosa", porque quase todas suas partes têm utilidade. A folhagem pode ser cozida e consumida como verdura; as raízes podem ser usadas como substituto do rabanete; a folha pode ser desidratada, triturada e adicionada às refeições como suplemento nutricional; as sementes podem ser torradas e consumidas como nozes, e também podem ser processadas em óleos cosméticos que são bons para a pele. Entretanto, por mais miraculosa que a moringa possa parecer, o dinheiro ainda não cresce nela. Cultivá-la, no entanto, nos apresenta uma oportunidade econômica significativa em Gana e na África Ocidental.

Gana é o lar de milhões de agricultores, a maioria dos quais ganham menos de US$70 por mês. A renda anual per capita do país é de cerca de US$1.513. A nutrição, ou mais precisamente a desnutrição, é conhecida como uma assassina silenciosa — mais de uma em cada cinco crianças são raquíticas e mais da metade das crianças menores de cinco anos são anêmicas.[26] Porém o clima de Gana é muito adequado para o crescimento da árvore milagrosa. De fato, décadas atrás, uma organização humanitária plantou centenas de moringas no país, em um esforço para estimular o desenvolvimento. Infelizmente, o desenvolvimento não acompanhou o crescimento das árvores, pois elas eram apenas uma parte da solução.

Considerando os benefícios nutricionais e econômicos da moringa, é evidente que existe uma oportunidade de criação de mercado para seus produtos. Pode ser significativo se um inovador aproveitá-la. Primeiro, ele poderia ajudar os agricultores de Gana a cultivar e colher a moringa com mais eficiência ao fornecer capital para sementes, fertilizantes e equipamentos. Em segundo lugar, o inovador também teria que conectar os agricultores a um mercado para seus produtos. Como pode um agricultor rural de Gana se relacionar com um mercado de moringa na cidade? Ou até na aldeia vizinha? Essas são algumas das perguntas que a organização humanitária não fez quando plantou centenas de árvores no país. Contudo, esses são os difíceis questionamentos que devem ser feitos ao tentar criar um novo mercado. Essas são as perguntas que a MoringaConnect, uma jovem empresa ganense, está fazendo.

Fundada em 2013 por um engenheiro e por um economista de desenvolvimento, formados no MIT e em Harvard, respectivamente, a MoringaConnect tem como objetivo criar e desenvolver um mercado para óleos e pó de moringa. Desde sua fundação, a empresa já plantou mais de 300 mil árvores e agora trabalha com mais de 2.500 agricultores em Gana. Ao fornecer financiamento e insumos, como fertilizantes e sementes, e conectar os agricultores ao mercado que a MoringaConnect está criando para seus óleos e pó, a empresa conseguiu multiplicar a renda dos agricultores em até 10 vezes.[27]

Praticantes de Desenvolvimento

Uma das satisfações de redigir este livro foi aprender sobre diferentes organizações que, de maneiras significativas, resolvem desafios específicos de desenvolvimento — desde fornecer acesso à água potável a melhorar o acesso à educação. Escrevemos este apêndice para destacar alguns dos trabalhos que essas empresas realizam na esperança de que eles não apenas inspirem os imitadores, mas também desafiem outras organizações do setor a modificar seus modelos de negócios para que possam solucionar de forma mais sustentável algumas dessas dificuldades.

A IDP Foundation

Quando Irene Pritzker fundou a IDP Foundation, Inc. para transformar a educação em algumas das partes mais pobres do mundo, ela evitou os métodos tradicionais de concessão de subsídios baseados em projetos. Em vez disso, optou por tentar usar dólares filantrópicos como capital catalisador para desenvolver uma solução sustentável em países onde muitas crianças não tinham acesso à educação de qualidade. A primeira investida de Pritzker, cerca de uma década atrás, foi em Gana, país da África Ocidental onde menos de 40% das crianças concluem o ensino médio. Porém, em vez de começar com um projeto definido em mente, Pritzker e sua equipe despenderam seu tempo para tentar entender o cenário da educação e as barreiras para fornecer educação de qualidade.

Ao longo de suas pesquisas, eles descobriram que, enquanto pequenos comerciantes que vendem inhame, tomate e abacaxi podem facilmente acessar microempréstimos para expandir seus pequenos negócios, empreendedores esforçados que estabelecem escolas particulares de baixo custo têm pouco ou nenhum acesso a financiamentos. Inhames e batatas, ao que parece, são melhores negócios do que escolas. Isso não fez sentido para a equipe da IDP Foundation, pois a demanda por ensino de baixo custo é extrema. As escolas públicas, que deveriam ser "gratuitas", são muito caras (os pais ainda têm que comprar uniformes e pagar taxas administrativas), ficam em locais distantes ou oferecem um ensino tão precário que frequentá-las pode ser um retrocesso para a família — a criança perde horas preciosas e não aprende o suficiente. Muitas vezes, as turmas estão superlotadas com até cem alunos em uma sala e são ensinadas por professores extremamente protegidos pelo sindicato, os quais sofrem poucas consequências por faltar ao trabalho. Por causa dessa irregularidade das escolas públicas, há uma enorme demanda por escolas particulares, mesmo por famílias muito pobres.

Assim, depois de extensa pesquisa de mercado, na qual Pritzker entrevistou proprietários de escolas em áreas urbanas e rurais, a IDP Foundation viu uma oportunidade de preencher uma lacuna e solucionar um obstáculo de mercado para essas escolas melhorarem o acesso ao capital. A fundação fez uma parceria com a Sinapi Aba, uma instituição microfinanceira (IMF) de Gana, para criar o IDP Rising Schools Program.

Em vez de imediatamente instalar novas salas de aula, o IDP Rising Schools Program abordou o problema de maneira diferente ao reforçar a capacidade dos *proprietários* existentes — empreendedores sociais que já administram escolas privadas em suas comunidades locais — por meio da formação em educação financeira e gestão escolar, associada ao acesso a capital mediante empréstimos às pequenas empresas. Os fundos, juntamente com o treinamento, ajudam as escolas de baixa renda a melhorar seu ambiente de aprendizado e permitem que atraiam mais alunos. As escolas que participam do IDP Rising Schools Program têm turmas com uma média de 22 alunos e os professores são responsabilizados. Desde seu início em 2009, o programa expandiu-se para cerca de 600 escolas e ajudou aproximadamente 140 mil alunos (até agosto de 2017).

O IDP Rising Schools Program já provou ser lucrativo e escalável, e também ajuda as escolas a se tornarem sustentáveis e autossuficientes. A IDP Foundation solicitou uma grande quantidade de pesquisas sobre a eficácia e o impacto do programa. Também tem sido muito ativa em engajar o governo de Gana a impulsionar subsídios para escolas que atendem famílias muito pobres por meio de parcerias público-privadas. Na opinião de Pritzer: "O objetivo da IDP Foundation é ver o IDP Rising Schools Program replicado em todo o mundo. O programa concede acesso à educação de qualidade e oportunidade de um futuro promissor a centenas e milhares de crianças em Gana. Toda organização de desenvolvimento, incluindo o IDP Rising Schools Program, deve se perguntar constantemente: 'Como podemos resolver esse impasse, ao ponto de criar sustentabilidade, para que nossos programas não sejam mais necessários?'"

Esse é um questionamento importante.

O que teria acontecido se a IDP Foundation gastasse milhões de dólares para simplesmente construir escolas para os ganenses? Isso constituiria uma estratégia push, na qual os custos de instalação são definidos, mas o impacto após a execução é menor. Infelizmente, temos uma ideia do que teria acontecido. Visite qualquer país pobre hoje e avalie as escolas públicas ou financiadas por ONGs. Elas nem sempre são sinais de prosperidade. Na realidade, frequentemente simbolizam a pobreza. Aqueles que visitaram países de baixa a média renda sabem o que quero dizer. Quando você vê um excesso de estudantes que superlota as escolas primárias e secundárias, onde a educação é provavelmente inferior, isso não parte seu coração? Ainda não encontrei ninguém que considere essa situação um sinal de prosperidade. Na verdade, é um lembrete aparente das dificuldades contínuas de um país.

Harambe Entrepreneur Alliance

Logo depois que a equipe da IDP Foundation começou a ter sucesso com o Rising Schools Program, tornou-se perceptível que simplesmente educar as crianças em uma economia com poucas oportunidades não era suficiente. O que os estudantes recém-formados fariam *depois* de concluírem a escola? Não era como se vários milhares de bons empregos estivessem disponíveis, esperando que esses alunos terminassem seus estudos. O valor de uma educação não se dissipa abruptamente quando não há empregos para os formados?

Acontece que, como Pritzker e sua equipe descobriram, o "problema educacional" de Gana não é apenas um "problema de educação". Trata-se de um problema de inovação, que pode ser melhor resolvido com a intensificação de financiamento, gerenciamento e parcerias com empreendedores que buscam criar negócios viáveis que possam *empregar* alunos instruídos.

Para tanto, a IDP Foundation fez uma parceria com a **Harambe Entrepreneur Alliance**. Fundada por Okendo Lewis-Gayle, a Harambe é uma rede crescente de mais de 250 jovens empreendedores africanos altamente qualificados que criam empresas em toda a África. Os esforços da organização foram reconhecidos pela *The Economist*, pela *Vanity Fair* e pela rainha da Inglaterra. Empresários da Harambe, alguns dos melhores da África, arrecadaram dinheiro da Chan Zuckerberg Initiative, de Mark Zuckerberg e Priscilla Chan; da Omidyar Network, de Pierre Omidyar; e da YCombinator. Em 2016, por exemplo, a Chan Zuckerberg Initiative investiu US$24 milhões na Andela, uma das empresas cofundadas por empreendedores da aliança. Um dos objetivos da Harambe é ajudar seus membros a criar mais de 10 milhões de empregos na África na próxima década. Assim, a organização desenvolve os sistemas necessários para apoiar a inovação e o empreendedorismo no continente. Para esse fim, a Cisco Foundation investiu US$5 milhões na Harambe e trabalha com a organização para desenvolver um fundo de investimento para seus empreendedores. Tae Yoo, vice-presidente sênior de assuntos corporativos da Cisco que liderou esse esforço, espera que essa prática se torne mais frequente no setor.

A IDP Foundation, a Harambe e a parceria da Cisco Foundation demonstram o que é possível quando consideramos um problema por uma perspectiva diferente — quando percebemos que a solução para um problema educacional não é simplesmente "construir mais escolas". Isso não quer dizer que não haverá dificuldades para a parceria e seus esforços. Esses são desafios extremamente complexos que eles tentam resolver sem recorrer a uma resposta simples. Contudo, esperamos que, com sua perspectiva diferente, essas organizações possam criar uma solução que permaneça ao longo do tempo.

One Acre Fund

A One Acre Fund é uma organização similar no sentido de que pensa sobre os problemas de forma holística. Ela conseguiu desenvolver uma solução baseada no mercado para os agricultores em vários países pobres, porque não vê as dificuldades que eles e, por extensão, muitas pessoas nessas regiões enfrentam simplesmente como falta de alimentos, mas como um problema de falta de acesso a um mercado. A One Acre Fund fornece financiamento (para sementes e fertilizantes), distribuição (de insumos agrícolas), treinamento (em técnicas agrícolas) e facilitação de mercado (para maximizar os lucros das colheitas) para milhares de agricultores em países como Quênia, Ruanda, Burundi, Tanzânia, Malawi e Uganda. Desde a sua criação em 2006, a organização otimizou a produção de quase meio milhão de agricultores e emprega agora mais de 5 mil pessoas.

A One Acre Fund registrou um aumento de 50% na renda dos agricultores e planeja atingir mais de 1 milhão desses produtores até 2020. Andrew Youn, cofundador e diretor-executivo da organização, escreveu em seu relatório anual de 2016: "Em 2006, eu pensava na One Acre Fund apenas como uma organização agrícola. Não considerava todos os outros aspectos que os agricultores precisavam para melhorar suas vidas." Ao focar a melhoria de vida, a organização foi capaz de perceber que a dificuldade enfrentada pelos agricultores pobres não era somente um problema agrícola. Ao fazê-lo, a organização está mais alinhada com o progresso que esses produtores tentam fazer.

Safe Water Network

A Safe Water Network, empenhada em resolver o problema de acesso à água das comunidades pobres, é um exemplo de uma organização que trabalha para eximir a necessidade de seus projetos ao longo do tempo — ela se esforça para garantir a sustentabilidade desses projetos nas comunidades onde atua. A Safe Water Network entende que a solução para uma dificuldade como essa não é simplesmente "construir um poço" ou "fornecer água". Ela percebeu que precisa existir um sistema, ou um mercado, que sustente os investimentos que ela faz.

Em vez de enxergar as pessoas nas comunidades em que trabalha como beneficiárias, a Safe Water Network as considera clientes. Christine Ternent, do Banco Interamericano de Desenvolvimento (o banco de desenvolvimento regional para a América Latina e o Caribe), explica: "Devemos optar não por ver os economicamente pobres exclusivamente pela perspectiva de suas necessidades, mas também pela de seu potencial." A Safe Water Network acata essa declaração e, assim, identifica os empreendedores dentro das comunidades onde trabalha, fornece a eles os equipamentos necessários para bombear e purificar água e os instrui sobre como vender seus serviços. Em essência, ela entra em uma comunidade, reforça a capacidade e possibilita a criação de mercados.

Embora esse modelo demore muito mais tempo para ser executado do que a construção de um poço, ele provou ser mais lucrativo e sustentável, além de ter o benefício adicional de criar empregos para os habitantes locais. Até agora, a Safe Water Network implementou sua solução em 400 comunidades e forneceu água para mais de 1 milhão de pessoas. Assim como o IDP Rising Schools Program, a organização trabalha com parceiros locais e reforça sua capacidade para, por fim, não ser mais necessária na comunidade.

Um dos benefícios da criação de um novo mercado é que suas necessidades são muitas vezes compatíveis com as capacidades das pessoas em um país. Quando as capacidades não existem, o mercado atrai o que é necessário. Isso é pertinente porque, ao estudar alguns dos projetos de desenvolvimento atualmente executados em todo o mundo, notamos que muitas vezes não relacionamos o nível do projeto às capacidades locais. Infelizmente, essa prática deixa muitos países pobres com projetos muito bons, mas altamente técnicos e avançados, que não funcionam em seus contextos. Por exemplo, hospitais são providos com equipamentos médicos avançados que não podem ser usados nem reparados pelos habitantes da região; computadores são doados para locais sem eletricidade; escolas são estabelecidas sem que haja professores treinados e programas de ensino contextuais; e talvez o mais comum, poços são construídos sem que realmente se saiba como serão reparados quando quebrarem.

Não estamos sugerindo que o auxílio seja interrompido em nível mundial, enquanto as economias locais lutam para se endireitar. No entanto essas atividades devem ser consideradas pelo contexto local — devem fazer sentido para a região e se concentrar no objetivo de ajudar a reforçar capacidades que auxiliem a economia local a se desenvolver oportunamente. O auxílio pode ser útil no alcance dessa meta se for direcionado para o lugar certo.

Governos

Os governos têm um papel crítico a desempenhar para garantir que os países permaneçam prósperos ao longo do tempo. Nos últimos dois séculos, no entanto, as responsabilidades impostas aos governos cresceram significativamente. Hoje, eles não apenas são incumbidos de garantir a lei e a ordem na sociedade — uma tarefa difícil para muitos países pobres —, mas também devem garantir que os cidadãos tenham acesso a educação, cuidados de saúde de qualidade, estradas, trilhos e outras infraestruturas públicas, e uma infinidade de programas sociais. De fato, são obrigações governamentais e muitos países pobres tentam cumpri-las. Contudo, poucos governos têm recursos financeiros, técnicos e gerenciais para fornecer os inúmeros serviços pelos quais são responsáveis.

Assim, ano após ano, é cada vez mais difícil que cumpram seus orçamentos e forneçam esses serviços.

Ao estudar as responsabilidades governamentais impostas em todo o mundo, descobrimos que muitas vezes há uma diferença entre o que muitos governos de países de baixa e média renda **devem** fazer e o que eles são **capazes** de fazer. Assim, nesta seção, temos o objetivo de oferecer esperança a todos os governos que se esforçam. Quando eles compreendem a tentativa de progresso das pessoas a quem atendem, se tornam mais eficientes no desempenho de suas responsabilidades. Ao apresentar vários estudos de caso de diferentes países — das Filipinas a Ruanda —, destacaremos as maneiras pelas quais os governos apoiam programas inovadores com os recursos limitados que possuem. Esperamos que seja útil e inspirador.

Nigéria — A Tarefa de Criar Empregos

Há poucos empregos no mundo mais difíceis do que o de um funcionário público em um país pobre ou com poucos recursos. Porém também há alguns que são mais importantes. Milhões de vidas dependem literalmente deles. Quando Akinwunmi Ambode decidiu concorrer a governador do estado de Lagos em 2015, ele mesmo admitiu não apreciar "os números". Segundo algumas estimativas, mais de 20 milhões de pessoas vivem em Lagos, com aproximadamente 85 pessoas se mudando para o estado a cada hora. A rápida urbanização ocasionou uma grave escassez de moradia, emprego e muitos serviços públicos, incluindo escolas, serviços de saúde e boas estradas.

Para seu crédito, o governador Ambode entendeu que não poderia resolver tudo de uma vez, e certamente não sozinho. Com um profundo entendimento de que o papel do governo é desenvolver um ambiente que apoie os empreendedores que buscam solucionar muitos dos problemas da sociedade, logo após sua posse, o governador Ambode criou o Fundo Fiduciário de Emprego do Estado de Lagos (LSETF, na sigla em inglês).

O LSETF de US$70 milhões tem um objetivo simples: criar oportunidades de emprego e empreendedorismo para todos os moradores de Lagos. O fundo tem como meta possibilitar a criação de mais de 600 mil empregos e alcançar a sustentabilidade financeira até 2019. Embora o programa tenha focado extensivamente em pesquisa e estratégia durante seu primeiro ano, o fundo desembolsou mais de US$11 milhões em empréstimos de longo prazo, a juros baixos, para milhares de empreendedores em Lagos até o momento. A empreitada atraiu a atenção do Programa das Nações Unidas para o Desenvolvimento (PNUD), que destinou US$1 milhão para proporcionar formação profissional a milhares de residentes de Lagos.

O governador Ambode selecionou uma equipe de nigerianos jovens, ambiciosos e de alto potencial para administrar o fundo. O conselho, que se reporta diretamente ao governador, é presidido por Ifueko Omoigui Okauru, uma profissional formada em Harvard que já dirigiu a receita federal da nação e atua como consultora em vários outros conselhos influentes do país. Bilikiss Adebiyi-Abiola, outro membro do conselho, é uma empresária respeitada e formada no MIT que foi homenageada por várias organizações proeminentes, incluindo Intel, Cartier, Oracle e muitas outras. Para liderar as operações diárias, o governador Ambode selecionou Akintunde Oyebode, renomado economista conhecido por sua integridade inabalável, com mais de uma década de experiência em algumas das principais instituições financeiras da Nigéria.

Ainda não se sabe se o LSETF cumprirá suas metas ambiciosas de ajudar os empresários nigerianos a criar centenas de milhares de empregos, mas até agora parece estar no caminho certo. Como observamos várias vezes ao longo deste livro, assim como uma empresa não pode, sozinha, desenvolver a Nigéria, um país com mais de 180 milhões de pessoas, uma iniciativa do LSETF também não consegue fazê-lo. Mas os princípios e processos implementados por essa iniciativa podem ter um impacto significativo na trajetória da nação.

Filipinas — O Negócio da Água

A água pode ser vida, mas infelizmente não é de graça. De fato, longe de ser gratuita, a água potável é bastante cara e muitas vezes subsidiada em nações prósperas. Com um PIB per capita inferior a US$3 mil, no entanto, as Filipinas não são um país próspero e cerca de 10 milhões de cidadãos não tinham acesso à água potável em 1995. Na região leste de Manila, a cidade mais densamente povoada do mundo, apenas um quarto das pessoas que moram ali possuíam acesso à água potável e segura. A situação ficou tão grave que o governo foi obrigado a promulgar uma Lei Nacional da Crise da Água, abrindo caminho para que os inovadores trabalhassem em parceria governamental para resolver esse problema. Durante essa crise, foi criada a Manila Water, uma parceria público-privada entre a Metropolitan Water Works and Sewerage System [Autoridade Nacional do Sistema de Água e Sistema de Esgotos, em tradução livre] e o conglomerado mais antigo das Filipinas, a Ayala Corporation.

Quando a Manila Water foi formada, a organização não procurou simplesmente atender apenas os clientes existentes com mais lucratividade. Em vez disso, sua missão consistia em fornecer água de forma sustentável e lucrativa para o maior número de pessoas possível. Fundamentalmente, ela entendia o que os consumidores queriam: acesso fácil e conveniente à água a um preço acessível. Para alcançar o objetivo, a Manila Water concentrou-se no desenvolvimento de sua força de trabalho e na reorganização da estrutura organizacional existente. A organização conseguiu aumentar o acesso à água potável de cerca de um quarto dos moradores para 99% deles. Em 2016, a Manila Water atendeu mais de 6,5 milhões de clientes. Ao fazer tudo isso, ela construiu a infraestrutura necessária para apoiar seu trabalho, aumentar a eficiência e triplicar o volume de água fornecido de 440 milhões de litros por dia para mais de 1,3 bilhão de litros diários.

Os fatos interessantes são que a água e as pessoas sempre estiveram lá, a tecnologia sempre esteve disponível e a necessidade de água sempre existiu. Contudo, a parceria entre o governo e o setor privado, não. Se os moradores e o governo em Manila ainda considerassem a provisão de água uma atribuição exclusiva do setor público, hoje não haveria a Manila Water. Felizmente, não foi o que aconteceu. E como resultado a organização transformou a vida de milhões de pessoas nas Filipinas.

Quando os governos tomam decisões que visam propiciar soluções para seus cidadãos ao apoiar organizações que são tecnicamente, financeiramente e gerencialmente mais capazes de fornecer serviços, vidas e economias são transformadas.

Ruanda — Aberto para Negócios em um Único Lugar

Antes da criação do Conselho de Desenvolvimento de Ruanda (RDB, na sigla em inglês), era extremamente difícil fazer negócios no pequeno país do leste africano, com 12 milhões de habitantes. Para obter uma permissão, registrar uma empresa ou pagar impostos, investidores e empreendedores precisavam interagir com várias agências que não se comunicavam entre si. O sistema era ineficiente e parecia que o governo de Ruanda não queria que as pessoas fizessem negócios no país. No entanto, a situação mudou depois que o governo começou a se fazer algumas perguntas simples que ajudaram a entender melhor seu papel na criação de um ambiente que apoiasse os investimentos, tais como: por que estabelecemos tantos obstáculos para quem tem capital e quer abrir empresas, criar empregos e oferecer oportunidades para os ruandeses? Como podemos tornar o processo mais fácil para essas pessoas? Há uma razão para não simplificar o processo de investimento em Ruanda? Esses foram questionamentos simples que levaram à criação do Conselho de Desenvolvimento de Ruanda.

Criado em 2009, o RDB é hoje uma das organizações mais importantes do país e reporta diretamente ao presidente. O trabalho do conselho é simplificar o processo de investimento para aqueles que procuram fazer negócios em Ruanda. Para tanto, a organização reuniu em um só lugar todas as agências e departamentos com os quais os investidores precisavam interagir. É um balcão único para os investidores que fornece acesso a informações como impostos, licenças, imigração, serviços públicos, registro de hipoteca e muitos outros serviços. O RDB reduziu processos que podem levar semanas e meses a dias e tornou o ambiente de negócios mais transparente. Até agora, a organização tem tido um êxito notável.

Em 2017, o RDB registrou investimentos totais (nacionais e estrangeiros) de aproximadamente US$1,7 bilhão, um aumento de cerca de 50% em comparação a 2016. Os investimentos estrangeiros diretos totalizaram pouco mais de US$1 bilhão, contra cerca de US$8,3 milhões em 2000. O governo de Ruanda, por meio do RDB, espera criar dezenas de milhares de empregos anualmente. Está se saindo bem nessa tarefa: em 2017, mais de 38 mil empregos foram registrados pela organização — um aumento de 184% em relação a 2016.

Faz apenas 25 anos que Ruanda passou por um doloroso genocídio no qual, segundo estimativas, até 1 milhão de pessoas perderam a vida. Parecia haver pouca esperança para esse país pequeno, pobre e sem saída para o mar. Muitos consideraram a nação muito empobrecida, mas o governo mudou a situação ao priorizar sua responsabilidade de serviço e apoio na economia. Embora Ruanda ainda seja pobre atualmente, há esperança de que, se o país continuar em sua trajetória atual, tenha um futuro brilhante. Talvez possa ser um sinal de esperança para muitos outros países africanos, assim como Singapura foi, e ainda é, para muitas nações asiáticas.

Singapura — Empregos por Meio da Inovação

"Nós herdamos um coração sem um corpo." Foi assim que Lee Kuan Yew, o primeiro primeiro-ministro de Singapura, descreveu o nascimento de seu país. "[Singapura] enfrentou tremendas adversidades com uma improvável chance de sobrevivência. Não era um país de verdade." O pequeno país insular tinha todas as razões para sequer existir e, há 60 anos, poucos teriam previsto que ele se tornaria uma das nações soberanas mais ricas do mundo. Com apenas 5,6 milhões de pessoas, o PIB de US$300 bilhões de Singapura é um quinto do PIB da África subsaariana. A nação teve êxito ao priorizar empregos por meio da inovação.

Décadas atrás, o Dr. Goh Keng Swee, um dos ministros de Singapura, ficava de coração partido sempre que via centenas de crianças se formando nas escolas, porque sabia que seu governo precisava encontrar uma maneira de apoiar empresas que lhes empregassem. O Dr. Keng Swee e o governo perceberam que frequentar a escola não era suficiente. O que os estudantes fariam quando se formassem? Essa foi a pergunta que o governo tentava responder. Singapura encontrou sua resposta ao priorizar a inovação, o que não é tarefa fácil. Uma das maneiras pelas quais o país atingiu essa meta foi criando o Conselho de Desenvolvimento Econômico (EDB, na sigla em inglês), que ainda é funcional e influente até hoje.

O trabalho do EDB consistia em atrair investimentos estrangeiros para o país, a fim de criar empregos, que na época eram escassos. Funcionários do governo visitaram investidores em Chicago, Nova York e muitas outras cidades dos EUA, com o objetivo de convencê-los de que Singapura estava aberta para negócios. Os norte-americanos adoraram o fato de que a nação não estava implorando por doações, mas pedindo investimentos. Assim, para deixar claro que o país não pretendia permanecer em sua situação de pobreza para sempre, os funcionários do governo se encontravam constantemente com os executivos norte-americanos, e não com a comunidade assistencial. Quando a notícia de que Singapura era um lugar seguro e lucrativo para investir, o capital fluiu — ou melhor, jorrou. Em 1970, o IED para Singapura foi de cerca de US$93 milhões. Em 2017, o país atraiu mais de US$60 bilhões em IED, mais do que todo o continente africano.[28]

Também é importante notar que o IED de Singapura não apenas aumentou, mas sua natureza também mudou. Hoje, a nação não atrai investimentos para se concentrar na criação de empregos nas indústrias de vestuário, têxteis, brinquedos e madeira, como aconteceu há 50 anos. Em vez disso, atrai investimentos em biotecnologia e indústrias farmacêutica, aeroespacial, eletrônica e outras avançadas, como tecnologia limpa. Apple, Microsoft, Bosch, Novartis e muitas outras empresas têm sua sede regional em Singapura. Isso demonstra que o país se concentrou na inovação, não apenas na industrialização ou nas exportações. O foco não foi apenas criar empregos, mas empregos por meio da inovação, que é uma forma mais dinâmica e sustentável de desenvolver uma economia.

Afirmamos ao longo deste livro que a prosperidade é um processo. O caso de Singapura mostra que devemos aprender continuamente coisas novas se quisermos continuar progredindo.

México — Trocando Lixo por Alimentos

À medida que mais e mais países se urbanizam, muitos governos não apenas precisam lidar com um influxo significativo de pessoas nas cidades, mas também com os resíduos gerados pelos recém-chegados. A Cidade do México sempre teve dificuldades em sua gestão de resíduos, porém a situação piorou quando, em 2012, a capital fechou o aterro sanitário de Bordo Poniente, um de seus maiores. Como um relatório do *Guardian* afirmou, o fechamento do local "salientou a ausência de uma política abrangente para coleta, disposição e processamento de resíduos urbanos" no país.[29] Os moradores da cidade não pararam repentinamente de gerar resíduos porque o aterro foi fechado. Em vez disso, todo o lixo produzido simplesmente foi parar nas ruas da cidade. Isso é, até o governo local criar o Mercado de Trueque, ou Mercado de Barter.

No Mercado de Trueque, os mexicanos podem trocar seu lixo reciclável por vales-alimentação, que podem ser usados em muitos mercados rurais da cidade, que apoiam os agricultores mexicanos locais. Desde o início, o programa tem sido muito popular. Um pequeno agricultor, Alex Castañeda, observou: "É excelente para nós [agricultores]. O preço é bom e o volume é ótimo." O programa também é popular entre um número crescente de mexicanos que agora reciclam ao trocar o lixo produzido por vales-alimentação. Erika Rodriguez, uma cliente regular, disse: "Vale a pena o esforço. Depois de começar, é difícil parar."

O Mercado de Trueque tem sido responsável pela reciclagem de centenas de milhares de quilos de resíduos desde que o aterro foi fechado em 2012. Ao propiciar um mercado pronto para produtos recicláveis e de agricultores, o programa cria empregos para os recicladores e melhora a vida dos agricultores mexicanos. Embora esse programa, por si só, não resolva as dificuldades de lixo da Cidade do México, ele ilustra uma maneira diferente de abordar um problema que pode criar imenso valor para autoridades e cidadãos locais.

Índia — Fintech

Em 8 de novembro de 2016, uma inesperada onda de choque atingiu a Índia. Sem aviso prévio, o governo do primeiro-ministro Narendra Modi declarou obsoletas as notas de 500 e 1.000 rupias, uma medida que quase levou a economia indiana a uma estagnação. Na época, essas notas representavam aproximadamente 86% do dinheiro em circulação na Índia, e cerca de 98% das transações dos consumidores no país eram feitas em dinheiro.[30] A abolição dessas notas causou um tsunami econômico, o que resultou na redução do crescimento do PIB e da produção industrial e na perda de empregos para muitos cidadãos. Dezenas de milhões de indianos ficaram na fila por horas ao tentar converter suas notas antigas para que não perdessem valor. Existem reações variadas à política de desmonetização, mas a maioria concordaria que isso originou uma dificuldade significativa na Índia, a qual desencadeou a inovação por parte de muitos indianos.

Embora a política estivesse repleta de vários problemas de execução — limitação da quantidade de dinheiro que as pessoas poderiam sacar de seus bancos e caixas eletrônicos, e a falta de novas notas suficientes em circulação —, ela também acarretou várias inovações em pagamentos que, de outra forma, levariam muito mais tempo para se concretizar. Até o Google aproveitou essa dificuldade e lançou um aplicativo de pagamentos digitais, um mercado que, segundo analistas, atingirá US$500 bilhões até 2020.[31] Os pagamentos digitais aumentaram mais de 80% depois que a política entrou em vigor.[32]

A política de desmonetização e a continuação da digitalização econômica também afetam outros aspectos da economia indiana. Por exemplo, antes da desmonetização, aproximadamente 3% dos trabalhadores indianos pagavam impostos. No entanto o número de declarações de impostos aumentou 25% no ano após a instituição dessa política, à medida que milhões de cidadãos foram atraídos para a economia digital, na qual adquiriram um perfil digital.[33] Em alguns locais, a arrecadação de impostos aumentou mais de 250%. Além disso, umas das razões para estabelecer a política era desestruturar as redes de tráfico humano e terrorismo no país. Estimativas sugerem que ela tem sido eficaz, pelo menos por enquanto, em reduzir esses males.[34]

A questão aqui não é que outros governos também devem promulgar uma política abrangente de desmonetização, que surtirá efeitos adversos na economia, esperando incentivar alguma inovação que compense o esforço. A circunstância em que cada país se encontra é diferente. Em vez disso, a questão mais ampla é que às vezes o governo tem o poder de criar uma dificuldade suficiente no sistema, o que pode estimular os inovadores a desenvolver produtos e serviços que acabarão facilitando a vida das pessoas. Em grande parte, é isso que a política de desmonetização da Índia — intencionalmente ou não — tem feito.

Nenhuma das iniciativas descritas neste apêndice pode, sozinha, mudar um país, mas esperamos que elas sejam úteis à medida que pensamos em maneiras de gerar prosperidade nas partes mais necessitadas do mundo.

Conclusão

Na disciplina que leciono na Harvard Business School, digo a meus alunos que minha esperança é que eles sejam capazes de utilizar as teorias e os parâmetros que lhes ensino como uma perspectiva que lhes permita ver o mundo de maneira diferente. O propósito deste apêndice foi apresentar oportunidades suficientes em diferentes partes do mundo frequentemente descartadas na esperança de que você comece a vê-las de outra forma. Investir em inovação, e mais especificamente criar um novo mercado, é uma das coisas mais importantes que podemos fazer não apenas para obter grandes retornos, mas também para desenvolver de forma sustentável essas regiões. O mundo está repleto de oportunidades, basta saber o que procurar.

NOTAS

1. A carga fracionada é um processo pelo qual as mercadorias são carregadas em um caminhão e levadas para um armazém portuário onde os trabalhadores, chamados de estivadores, as descarregam do caminhão e as armazenam em um depósito ou, se disponível, em um navio cargueiro.

2. Charles Duhigg, Aaron Bird e Samantha Stark, "The Power of Outsiders", *New York Times*, vídeo, acesso em 29 de janeiro de 2018, https:// www.nytimes.com/video/business/100000004807604/the-power-of-outsiders.html.

3. Na época, cultivar as bactérias por mais de 48 horas teria sido ineficiente. As regras existentes, a sabedoria convencional e a ciência aceita sugeriam que as amostras seriam inúteis para seus propósitos. Assim, havia uma boa razão para os especialistas não cultivarem as bactérias por mais do que dois dias.

4. Marshall Barry e Paul C. Adams, "*Helicobacter Pylori*: A Nobel Pursuit?" *Canadian Journal of Gastroenterology* 22, n° 11 (2008): 895–896.

5. "Sales of washing machines in India from 2007–2016", Statista, acesso em 29 de janeiro de 2018, https://www-statista-com.ezp-prod1.hul.harvard.edu/statistics/370640/washing-machine-market-size-india/.

6. "Electronic Devices: Washing Machine Market Share & Size, Industry Analysis Report, 2025", Grand View Research, dezembro de 2016, https://www.grandviewresearch.com/industry-analysis/washing-machine-market.

7. "Press Room: Washing Machine Market Size to Reach USD 42.16 Billion By 2025", Grand View Research, dezembro de 2016, https://www.grandviewresearch.com/press-release/global-washing-machine-market.

8. Uma empresa indiana, a Metro Electronic Lab, desenvolveu uma máquina de lavar portátil que custa cerca de US$40. A máquina se conecta a um balde, pesa menos de 2,2kg e pode lavar aproximadamente 3kg de roupa em ciclos de 6 minutos. Veja mais em: http://www.waterfiltermanufacturer.in/handy-washing-machine.html#handy-washing-machine.

9. "The World Bank in Cambodia", Banco Mundial, última atualização em outubro de 2017, http://www.worldbank.org/en/country/cambodia/overview.

10. "Exports: Mexico", Observatory of Economic Complexity, acesso em 29 de janeiro de 2018, https://atlas.media.mit.edu/en/profile/country/mex/#Exports.

11. Mau Juárez, "Analizamos a Zacua, la marca mexicana de autos eléctricos: ¿Buena idea o proyecto sin rumbo?", Motorpasión México, 18 de setembro de 2017, https://www.motorpasion.com.mx/autos-mexicanos/analizamos-a-zacua-la-marca-mexicana-de-autos-electricos-buena-idea-o-proyecto-sin-rumbo.

12. "Data: Road Safety, Registered vehicles, Data by country", Organização Mundial da Saúde, última atualização em 11 de novembro de 2015, http://apps.who.int/gho/data/node.main.A995.

13. "National Transportation Statistics", Bureau of Transportation Statistics, acesso em 29 de janeiro de 2018, https://www.rita.dot.gov/bts/sites/rita.dot.gov.bts/files/publications/national_transportation_statistics/html/table_01_11.html.

14. "Motor Vehicle Census, Australia, January 31, 2018", Australian Bureau of Statistics, última atualização em 27 de julho de 2017, http://www.abs.gov.au/AUSSTATS/abs@.nsf/Lookup/9309.0Main+Features131%20Jan%202017?OpenDocument.

15. Anjani Trivedi, "China's Electric Car Market Has Grown Up", *Wall Street Journal*, atualizado em 7 de janeiro de 2018, https://www.wsj.com/articles/chinas-electric-car-market-has-grown-up-1515380940.

16. "Indicators: Occupancy rate of passenger vehicles", European Environment Agency, última modificação em 19 de abril de 2016, https://www.eea.europa.eu/data-and-maps/indicators/occupancy-rates-of-passenger-vehicles/occupancy-rates-of-passenger-vehicles.

17. "Global Consumption Database: Nigeria", Banco Mundial, acesso em 24 de janeiro de 2018, http://datatopics.worldbank.org/consumption/country/Nigeria.

18. Monica Davey e Mary Williams Walsh, "Billions in Debt, Detroit Tumbles Into Insolvency", *New York Times*, 18 de julho de 2013, http://www.nytimes.com/2013/07/19/us/detroit-files-for-bankruptcy.html?page wanted=all&_r=0.

19. Jake Bright, "Meet 'Nollywood': The second largest movie industry in the world", *Fortune*, 24 de junho de 2015, http://fortune.com/2015/06/24/nollywood-movie-industry/.

20. Brad Tuttle, "What It Really Costs to Go to Walt Disney World", *Time*, 15 de maio de 2017, http://time.com/money/4749180/walt-disney-world-tickets-prices-cost/.

21. "Fourth Population and Housing Census 2012", *National Institute of Statistics of Rwanda* (janeiro de 2014): 79, http://www.statistics.gov.rw/publication/rphc4-atlas.

22. "GDP per capita (current US$)", Banco Mundial, acesso em 23 de janeiro de 2018, https://data.worldbank.org/indicator/NY.GDP.PCAP.CD.

23. US$80 por casa multiplicado por 20% das 1,6 milhão de residências com piso de terra.

"Fourth Population and Housing Census 2012", *National Institute of Statistics of Rwanda* (janeiro de 2014): 79, http://www.statistics.gov.rw/publication/rphc4-atlas.

24. "A Infrastructure Development Company Limited (IDCOL) foi constituída em 14 de maior de 1997 pelo governo de Bangladesh. A empresa foi licenciada pelo Bangladesh Bank como uma instituição financeira não bancária (NBFI, da sigla em inglês) em 5 de janeiro de 1998." Saiba mais sobre a IDCOL no link: http://idcol.org/home/about.

25. Jess Jiang, "The Price of Electricity in Your State", NPR, 28 de outubro de 2011, https://www.npr.org/sections/money/2011/10/27/141766341/the-price-of-electricity-in-your-state.

26. "Health and Nutrition: Nutrition, a silent killer", UNICEF, acesso em 30 de janeiro de 2018, https://www.unicef.org/ghana/health_nutrition_7522.html.

27. "Our Story", MoringaConnect, acesso em 30 de janeiro de 2018, http://moringaconnect.com/our-story/.

28. "Foreign Direct Investment, net inflows (BoP, current US$)", Banco Mundial, acesso em 23 de janeiro de 2018, https://data.worldbank.org/indicator/BX.KLT.DINV.CD.WD?locations=SG.

29. Emilio Godoy, "The waste mountain engulfing Mexico City", *Guardian*, 9 de janeiro de 2012, https://www.theguardian.com/environment/2012/jan/09/waste-mountain-mexico-city.

30. Rishi Iyengar, "50 days of pain: What happened when India trashed its cash", CNNMoney, 4 de janeiro de 2017, http://money.cnn.com/2017/01/04/news/india/india-cash-crisis-rupee/.

31. "Google Just Launched a Digital Payments App in India", *Fortune*, 18 de setembro de 2017, http://fortune.com/2017/09/18/google-tez-digital-payments-app-launch-india/.

32. Rajeev Deshpandel, "Demonetisation to power 80% rise in digital payments, may hit Rs 1,800 crore in 2017-18", *Times of India*, 4 de novembro de 2017, https://timesofindia.indiatimes.com/business/india-business/demonetisation-to-power-80-rise-in-digital-payments-may-hit-rs-1800-crore-in-2017-18/articleshow/61500546.cms.

33. Correspondente especial, "Number of income tax returns filed goes up 24.7%", *The Hindu*, 7 de agosto de 2017, http://www.thehindu.com/business/Economy/number-of-income-tax-returns-filed-goes-up-247/article 19446415.ece.

34. Michael Safi, "India currency note ban sparks 'dramatic fall' in sex trafficking", *Guardian*, 22 de dezembro de 2016, https://www.theguardian.com/global-development/2016/dec/22/india-currency-note-ban-sparks-dramatic-fall-sex-trafficking.

Índice

acesso, 49
acordo de livre comércio, 156
Afeganistão, 188, 221
África do Sul, 208
agricultura, 109
alfaiataria, 101
alicerces institucionais
    importar, 180
altos-fornos para aço, 109
Amadeo Giannini, 112–116
American Research and Development
    Corporation, 118
Andrew Carnegie, 125
ansiedades, 53
apoio executivo, 32
aprendizado compartilhado, 183–200
Aravind Eye Care System, 242
atrair, 90
aumento da renda disponível, 30
automóvel
    democratização, 108
autossuficiência, 82

Bank of America, 113–116
Barry Marshall, 275
base teórica, 9
bens de consumo de giro rápido, 93

borracha vulcanizada, 117
Brasil, 240

cadeia de suprimentos, 162
câmera Kodak, 105–126
capital de risco, 118
capital humano, 76
capitalismo clientelista, 179
cargueiros, 109
cavalos
    custo, 109
Celtel, 5–8
Charles Goodyear, 117
Charlie Chaplin, 115
Checoslováquia, 178
Chrysler, 34
cinema, 115
classe média crescente, 30
cliente, 106
Clinicas del Azúcar, 154–156
colchão de baixo custo, 280
Colleganza, 185
comércio, 110
comércio exterior, 141
commodities, 25
    imprevisibilidade, 164
Commonwealth Edison Company, 117

comportamento humano, 184
comunidades afro-americanas, 117
condição financeira, 49–50
conforto, 53
construção naval, 150
consumidores, 179
conteinerização, 275
cooperativas, 116
Coreia do Norte, 141
Coreia do Sul, 141–147
corporações, 39
corrupção, 179, 201–224
    circunstância, 219
    combate, 219
    descarada e imprevisível, 207–209
    velada e previsível, 210–211
cosméticos, 117
costumes, 183
criar um mercado, 5
criminalidade, 42
    redução, 80
cultura, 11, 141, 182–184
    artefatos culturais, 183–200
custos, 205
    internalizar e integrar, 85

decisões circunstanciais, 206
de eficiência
    inovações, 163
democracia, 124
    democratização, 113

desenvolvimento, 81
    de pessoas, 137
    transformador, 107
desobediência, 206
diabetes, 152–153
    tratamento, 154
dificuldade, 5, 165
direitos de propriedade, 179
Disney, 115
distribuição, 81
    mundial, 106–126
dívida pública, 217
dividendo
    demográfico, 30
    salarial, 123

Eastman Kodak Company, 104–106
    princípios fundamentais, 106
economia
    entidades primárias, 38
        cavalos de carga, 38
        corretores de poder, 38
        mágicos, 38
        rentistas, 38
    formal, 191–200
    global, 39
educação, 76, 168–174, 238–239
    digital, 76
eletrodomésticos, 57–59
Ellen Johnson Sirleaf, 209
empregos, 11, 25–26, 35
    criação, 27

globais, 27, 140, 158
locais, 27, 141
escolhas de compra, 50
Eslováquia, 179
Estado de Direito, 177–178
Estados Unidos, 98–117
estradas, 110
estratégias
    pull, 76–77, 267
    push, 74–76
estrutura de custos, 205
extração de madeira, 109

fábricas, 81
fadiga por compaixão, 270
ferrovias, 109
    Baltimore & Ohio, 233
filmes, 104–126
fluxo de caixa
    liberar, 25
Ford Motor Company, 32–34, 107–112
    salário mínimo, 111
    taxa de rotatividade na fábrica, 110
fotografias, 104–106
funcionários, 39

Galanz, 57–59
General Electric, 117
General Motors, 34
geografia, 141
George Eastman, 104–106

Georges Doriot, 118
Geórgia, 188
Grupo Bimbo, 166–174

habilidades, 48
Henry Ford, 107–112
Hewlett-Packard Inc., 115
Honda, 140–141
Hyundai, 145

IguanaFix, 194–195
I.M. Singer, 101–103
Índia, 188
indústria automobilística
    pioneirismo, 109
indústria de extração de recursos, 25
indústrias pesadas, 141
infraestrutura, 80, 81
    categorizações, 236–238
    desenvolvimento, 241–243
    impulso, 232–236
    propósito, 238
    rodoviária, 107
    sucesso, 230
    valor, 246–251
inovações, 11
    criadoras de mercado, 10–11, 26–36
        atributos, 30–32
        força, 34–35
    de eficiência, 25–26, 152, 157
    de processo, 25
    de sustentação, 20–24

estratégia, 22–42
   disruptivas, 18
   processo de desenvolvimento, 87
instituições, 177–195
   forçadas, 180
   reforma, 182–183
integração vertical, 108
interdependência e modularidade, 85
invenção, 19
iPhone X, 24
Irene Pritzker, 291
Isaac Merritt Singer, 98
Isaac Singer, 100–103

Japão, 128–140
Javier Lozano, 152–156

Katrin Kuhlmann, 183
Kawasaki, 140
Kia, 142–143

laboratórios experimentais, 122
lazer
   para os trabalhadores, 111
lei de falências
   nos EUA, 123
leis, 184
LG, 145
liderança, 208
   visionária, 141
livre mercado, 36

lobby, 191, 211–212
logística, 81
lucros, 11, 35

Malawi, 181
maldição dos recursos, 41
mão de obra, 162
maquiladoras, 159
máquinas de lavar, 276
mercado clandestino, 191–200
mercado privado, 36
mercados abertos, 179
México, 152–169
MicroEnsure, 45
milícias, 99
Milton Freidman, 36
minas de carvão, 109
modelo de negócios, 81
Modelo T, 32–34
Mo Ibrahim, 4–8
motocicletas, 139–141
M-PESA, 89
mudança cultural, 35
mudança técnica, 39

não consumo, 30
   desenvolvimento, 59
Narayana Health, 257–264
necessidades agrícolas, 109
Nelson Mandela, 208
nepotismo, 179

Nisshin Education and Training Center, 136
Nollywood, 89

operações
    integrar e internalizar, 220
oportunidade, 5
oportunidades
    de propriedade, 35
Opticas Ver De Verdad, 165–166
Ozeki Hidekichi, 139

paradoxo da abundância, 41
parceria público-privada, 82
Park Geun-hye, 218
pequeno companheiro, 114
Peter Drucker, 194
petróleo e gás
    exportações, 163
    indústria, 25–26
pirataria, 222–223
plantações de borracha, 109
pluralismo democrático, 179
pobreza, 165
POSCO, 145–147
postos de gasolina, 109
potencial, 170
    de não consumo
        barreiras, 48–50
pressionar, 90
princípios, 169
privilégio de classe, 111

procedimentos, 194
processos, 257
produção em massa a baixo custo, 106
produções cinematográficas, 89
produtividade, 40, 111
produtos e serviços
    democratização, 27
progresso, 205
progresso sustentável, 270
prosperidade
    produção e distribuição, 141
publicidade, 104, 106

Quênia, 183

recursos, 257
    não essenciais, 108
rede de valor, 31–32
redução nas despesas
    transporte, 110
República Tcheca, 179
Robin Warren, 275
Roshan, 221
Rússia, 163–164

Safi Sana, 281
salários, 162
Samsung, 143–145
Samuel Insull, 117
saneamento, 72–74, 281
Sarah Breedlove Walker, 117

seguros, 52–56
    tradicionais, 55
serrarias, 109
sistemas de partido único, 179
sistemas judiciários disfuncionais, 179
sobrecontratação, 184
sociedade transparente, 207
Sony Corporation, 129, 131–135
Suzuki, 140–141

Taiwan, 147, 207
Tata Consultancy Services, 76
TaylorMade, 24
tecnologia capacitadora, 30–32
telecomunicações, 4–6
teoria da cultura, 190
terceirização, 160–161
Thomas Edison, 116
Toilet Board Coalition, 87

Tolaram, 78–80
Toyota Motor Corporation, 23, 135–137
trabalho infantil, 99
transparência, 212
    Transparência Internacional, 202
Tratado Norte-Americano de Livre
    Comércio, 156

valores institucionais, 179
vazios institucionais, 180
vendas, 81
Veneza, 185–187
Venezuela, 207
viagens, 110
vidrarias, 109

William Magear "Boss" Tweed, 213–215

Yamaha, 140

Sobre os Autores

Clayton M. Christensen é professor da Harvard Business School, autor de 12 livros, 5 vezes vencedor do McKinsey Award pelo melhor artigo da *Harvard Business Review* e cofundador de 4 companhias, incluindo a empresa de consultoria em inovação Innosight. A Thinkers50, na qual é constantemente reconhecido como um dos pensadores de negócios mais influentes do mundo, observou que "sua repercussão no mundo dos negócios tem sido profunda".

Efosa Ojomo trabalha lado a lado com Christensen como membro sênior do Christensen Institute for Disruptive Innovation, onde lidera a Prática de Prosperidade Global da organização. Seu trabalho foi publicado na *Harvard Business Review*, na *Guardian*, na *Quartz*, na CNBC Africa e na *Emerging Markets Business Review*. Ele se formou com um MBA pela Harvard Business School em 2015.

Karen Dillon é ex-editora da *Harvard Business Review* e coautora dos livros *Como Avaliar Sua Vida?*, best-seller do *New York Times*, e *Competing Against Luck*. Graduada pela Universidade Cornell e pela Medill School of Journalism da Northwestern University, também é diretora editorial da BanyanGlobal Family Business Advisors. Ela foi nomeada pela Ashoka como uma das mulheres mais influentes e inspiradoras do mundo.

CONHEÇA OUTROS LIVROS DA ALTA BOOKS!

Negócios - Nacionais - Comunicação - Guias de Viagem - Interesse Geral - Informática - Idiomas

  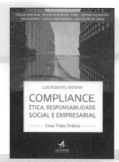 

Todas as imagens são meramente ilustrativas.

SEJA AUTOR DA ALTA BOOKS!

Envie a sua proposta para: autoria@altabooks.com.br

Visite também nosso site e nossas redes sociais para conhecer lançamentos e futuras publicações!

www.altabooks.com.br

/altabooks ▪ /altabooks ▪ /alta_books

ALTA BOOKS
E D I T O R A